청소년을 위한

한 권으로 끝장내는
한국사 요점 정리

청소년을 위한
한 권으로 끝장내는
한국사 요점 정리

1판 1쇄 인쇄 2017년 1월 12일
1판 1쇄 발행 2017년 1월 20일

지은이 화담역사연구
펴낸이 이병우
펴낸곳 화담출판사
등 록 제 제 406-2011-000050호
주 소 경기도 파주시 청암로 28
전 화 031-957-3413
팩 스 031-957-3414
이메일 hwadambooks@hanmail.net

ISBN 978-89-87835-91-4 (43910)

이 도서의 국립중앙도서관 출판예정 도서목록(CIP)은 서지정보유통지원시스템 홈페이지
(http://seoji.nl.go.kr)와 국가자료 공동목록시스템(http://www.nl.go.kr/kolisnet)에서
이용하실 수 있습니다. (CIP제어번호 : CIP2017001100)

화담출판사는 세상의 아름다움을 널리 알리는 그릇입니다.
그 아름다움을 함께할 작가를 모십니다.

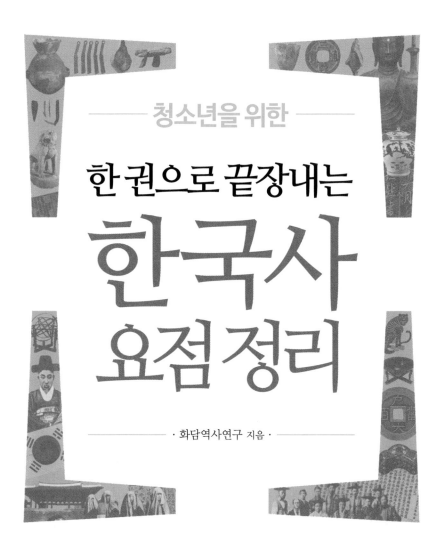

청소년을 위한

한 권으로 끝장내는

한국사 요점 정리

· 화담역사연구 지음 ·

화담출판사

차례

3장 근세 사회

4장 근대 태동기

5장 근대 사회의 전개

6장 일제의 강점과 민족 운동의 전개

7장 현대 사회의 발전

1장

우리 역사의 형성과 고대 국가의 발전

Ⅰ. 우리 민족의 형성

■ 학습 방법
• 도구의 발달 및 유물 유적의 분포와 특징, 사람들의 생활 모습을 시대별로 구분

■ 출제 빈도
上 中 下 구석기 시대
上 中 下 신석기 시대
上 中 下 청동기 시대
上 中 下 초기 철기 시대

1. 인류의 기원

1) 오스트랄로피테쿠스(300~350만 년 전) : 남방의 원숭이
최초의 인류, 직립자세, 아프리카 최초 화석 발견

2) 호모 하빌리스(200만 년 전) : 도구 제작사용인(능인),
도구의 제작사용, 구석기시대의 시작, 아프리카 남 · 동부 발견

3) 호모 에렉투스(70만 년 전) : 곧선사람(직립 원인)
아시아 유럽, 불의 사용, 사냥과 채집생활

4) 호모 사피엔스(20만 년 전) : 슬기사람(고인)
네안데르탈인, 시체매장, 여러 종류 석기 제작

5) 호모사피엔스사피엔스(4만 년 전) : 슬기슬기 사람(신인)
현생인류 직계 조상 추정, 대표신인(크로마뇽인, 그리말디인, 상동인)

2. 선사시대

1) 구석기 시대 : 뗀석기, 기원전 70만 년 전

(1) 도구 : 주먹도끼, 찍개, 주먹찌르개 등 뗀석기 사용

① 전기 : 한 개의 석기를 여러 가지 용도로 사용(주먹도끼, 찍개)

② 중기 : 한 개의 석기로 하나의 용도 사용(밀개, 긁개, 자르개, 찌르개)

③ 후기 : 작은 석기를 이용하여 사용(슴베찌르개, 창, 활)

(2) 그릇 : 나뭇잎(채집한 나무 열매 등을 담는 용도로 사용)

(3) 주거 : 동굴 생활, 강가의 막집(이동 및 무리생활), 불의 사용(약 40~50만 년 전 추정)

(4) 사회 : 무리사회(가족단위로 무리지어 이동생활), 평등한 공동체 사회

(5) 경제 : 사냥, 수렵, 채집, 어로 생활

(6) 문화 : 돌이나 동물의 뼈 및 뿔을 이용하여 조각품 제작(동물의 번성을 비는 주술적 의미)

(7) 유적 : 평남 상원 검은모루 유적, 경기 연천 전곡리 유적(우리나라 대표적 유적), 충남 공주 석장리, 충북 청원 두루봉 흥수골(흥수아이) 등

외날찍개

주먹도끼

슴베찌르개

긁개

2) 중석기 시대

(1) 시기

① 구석기 시대에서 신석기 시대로 넘어가는 과도기 시대

② 빙하기가 지나고 기온의 상승이 시작

③ 동물의 변화에 따른 생활 방식 변화(작고 빠른 동물 출현)

④ 크기가 작은 잔석기 및 활, 창 등 이음도구 사용

3) 신석기 시대

(1) 시기 : 기원전 8000년경

(2) 도구 : 돌을 갈아 만든 간석기(돌괭이, 돌화살, 돌창, 돌보습 등)

구석기 및 신석기 시대 유적지 지도

(3) 그릇 : 덧무늬 토기(초기), 빗살무늬 토기
　　（대표적）

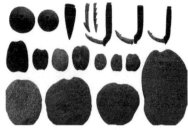

(4) 주거 : 중앙에 화덕, 4~5명이 거주하는 움
　　집(큰강 유역, 해안가)

(5) 사회 : 부족사회(혈연 중심의 씨족사회),
　　족외혼을 통한 부족 형성, 평등 사회

돌로 만든 도구와 무기　　　　**빗살무늬토기**

(6) 문화 : 신앙생활(영혼·조상 숭배), 애니미즘(자연·사물), 토테미즘(특정동물), 샤머니즘
　　(무당, 죽은 자), 흙으로 빚은 구운 얼굴, 동물의 모양 조각품, 조개껍데기 가면 제작

(7) 경제 : 원시적 수공업(가락 바퀴(실 뽑는 기구), 뼈바늘), 농경(조, 피)의 시작

(8) 유적 : 제주 한경 고산리(가장 오래됨), 서울 강동 암사동, 부산 동산 등

4) 청동기 시대

(1) 시기 : 기원전 2000년경 ~ 1500년경

(2) 도구

　① 청동기 : 비파형 동검, 거친무늬 거울 등 무기와 장신구, 제사도구 사용

　② 농기구와 간석기 : 반달돌칼, 바퀴날도끼, 홈자귀 등 생활도구 사용

(3) 그릇 : 미송리식 토기, 민무늬토기(청동기 대표 토기), 붉은 간 토기 등

민무늬 토기

(4) 주거 : 야산이나 구릉지에 움집 생활(규모 커짐, 배산수임 취락형태)

(5) 사회 : 계급사회

　① 생산 경제의 발달로 인구 증가, 사유 재산 제도·군장세력 출현

　② 군장(족장) 출현, 제정일치 사회(군장이 종교적 의식도 주관)

(6) 문화 : 천신 숭배

(7) 경제 : 본격적 농경 시작, 보리·밀·콩 등 밭농사 중심, 벼농사 시작

(8) 유적

미송리식 토기

　① 고인돌 : 군장의 권력 및 경제력 반영(돌널무덤, 돌무지무덤 등)

　② 울산 반구대 바위그림, 고령 양전동 바위그림(부족의 풍요와 안녕 기
　　원)

고인돌

5) 철기 시대

(1) 시기 : 기원전 5세경 보급 ~ 1세기경 널리 사용

(2) 도구

① 철제 농기구(삽, 괭이, 낫 등) : 농업 생산량 증가, 인구 증가

  ② 철제 무기(칼, 창, 화살촉 등) : 정복 활동, 교역, 새로운 국가출현(부여, 고구려, 옥저, 동예, 삼한)

  ③ 청동기가 의식용 도구 사용, 비파형 동검, 세형 동검, 잔무늬거울, 거푸집 등 독자적 청동기 문화 발전

(3) 그릇 : 민무늬토기, 검은 간토기, 덧띠 토기 등

(4) 사회 : 철제무기를 통한 정복 전쟁 활발, 직업 전문화, 연맹왕국

(5) 경제 : 철제 농기구 사용으로 농업 생산력 증가, 여러 국가 출현

  ① 중국 교역 흔적 : 중국 화폐 발견(명도전, 반량전, 오수전),

  ② 한자사용 증거 : 경남 창원 다호리 붓의 발견

(6) 유적 : 널무덤(목관묘: 낙동강 유역), 독무덤(옹관묘: 영산강 유역)

명도전

창원 다호리 붓

독무덤

Ⅱ. 고조선과 여러나라의 형성

▌학습 방법
• 우리나라 최초의 국가인 고조선이 청동기 문화를 바탕으로 건국되었음을 이해
• 단군조선과 위만조선 시기의 사실을 구분
• 부여, 고구려, 옥저, 동예, 삼한 등 철기 시대 여러나라의 발전 과정과 생활 풍습 등을 구분

▌출제 빈도
　　Ⓛ Ⓜ Ⓣ 고조선
　　Ⓛ Ⓜ Ⓣ 부여
　　Ⓛ Ⓜ Ⓣ 고구려
　　Ⓛ Ⓜ Ⓣ 옥저, 동예
　　Ⓛ Ⓜ Ⓣ 삼한

1. 고조선의 건국과 발전

1) 고조선의 건국
기원전 2333년 청동기 문화를 바탕으로 단군왕검이 건국하였다.

2) 세력 범위
만주 요령 지방을 중심으로 한반도로 발전하였으며, 비파형 동검과 고인돌(북방식), 미송리식 토기의 출토로 알 수 있다.

3) 단군 신화
(1) 삼국유사에 최초 기록
(2) 환인, 환웅은 선민사상을 의미하고, 농경사회(풍백, 우사, 운사), 동물(곰, 호랑이)을 숭배했던 토테미즘, 토착민과 유이민(웅녀와 환웅) 세력의 결합

고조선의 세력 범위

(3) 제정일치(단군 : 제사장, 왕검 : 정치적 지배자) 사회

(4) 홍익인간(널리 인간을 이롭게 한다)의 건국이념

(5) 삼국유사 · 제왕운기 · 응제시주 · 세종실록지리지 · 동국여지승람 등에 수록

4) 고조선의 발전

(1) 요령지방과 대동강유역을 중심으로 독자적 문화 형성

(2) 부왕, 준왕 등 강력한 왕의 등장과 왕위 세습

(3) 관직 설치(상(相), 대부(大夫), 장군(將軍))

(4) 연과 대립할 만큼 넓은 지역 통치

5) 위만의 집권

(1) 한 · 진 교체기에 위만이 준왕을 몰아내고 고조선 왕이 되었다.

(2) 철기 문화 수용으로 한 · 진 사이에 중계무역으로 번성

6) 멸망

(1) 한 무제의 침략, 지배층의 내분으로 기원전 108년에 멸망

(2) 4군현(낙랑군 · 진번군 · 임둔군 · 현도군)설치, 엄한 율령 시행(법 조항 60개)

(3) 토착민의 강력한 반발로 점차 약화, 고구려(미천왕 313년)의 공격으로 멸망

7) 고조선의 사회

(1) 계급사회(지배층 : 정치 · 군사 업무, 피지배층 : 생산)

(2) 8조법 제정(한서지리지에 3개조만 전함) : 사회 질서 유지

　① 사람을 죽인 자는 사형에 처한다.(개인의 생명과 노동력 존중, 형벌 발생)

　② 남을 다치게 한 자는 곡물로 갚는다.(농경사회, 사유 재산제)

　③ 도둑질한 자는 노비로 삼고, 용서받으려면 50만 전을 내야 한다.

　　(계급 사회, 화폐 사용, 사유 재산제)

　④ 그 외 여자의 정절을 귀하게 여긴다.(가부장적 가족제도)

2. 여러 나라의 성장

1) 부여

(1) 위치 : 만주 송화강 유역의 평야지대를 중심으로 성장

(2) 경제 : 농경과 목축발달(반농반목), 특산물(말, 주옥, 모피)

(3) 정치

　① 5부족 연맹 왕국, 왕권 미약(국왕선출), 흉년 시 왕에게
　　책임 물음

　② 왕(중앙)아래 마가, 우가, 저가, 구가와 대사자, 사자 등의
　　관리. 각(지방) 가(加)가 행정구역인 사출도를 다스리는
　　형태

(4) 법률 : 4조목법(고조선 8조의 법과 같은 성격)

　① 살인한 자는 사형에 처하고, 가족은 노비로 삼음

　② 남의 물건을 훔친 자는 12배 배상(1책 12법)

　③ 간음 및 투기가 심한 부인은 사형

　④ 형이 죽으면 형수를 아내로 맞음(형사취수제)

여러나라 위치

(5) 풍속 : 순장(왕이 죽으면 많은 사람과 함께 묻음), 껴묻거리
　　(생전 사용했던 물건과 함께 묻음), 우제점복(소의 말굽을 보고 점을 침), 백의 착용

(6) 제천 행사 : 영고(12월) 수렵사회 전통

(7) 의의 : 고구려와 백제 건국 세력의 원류가 됨

2) 고구려

(1) 위치 : 압록강 지류인 동가강 유역 졸본 지방에서 주몽이 건국(BC 37)

(2) 경제 : 산악지대 위치로 농토 부족(정복활동, 약탈경제 의존)

(3) 정치

　① 5부족 연맹 왕국으로 왕권 미약, 왕 밑에 대가들이 독자적 지위 유지, 그 아래 사자, 조
　　의, 선인 등 관리

　② 제가회의(귀족회의): 중대 범죄자 사형에 처할 때 대가들이 모여 결정

(4) 법률

　① 살인한 자는 사형에 처하고, 가족은 노비로 삼음

② 남의 물건을 훔친 자는 12배 배상(1책 12법)

③ 형이 죽으면 형수를 아내로 맞음(형사취수제)

(5) 풍속 : 서옥제(데릴사위제 : 사위가 신부 집에 일정기간 거주), 무예숭상(활, 말타기), 조상신 숭배(유화부인 제사)

(6) 제천 행사 : 동맹(10월), 극동대혈에 모여 제사

3) 옥저와 동예

(1) 위치 : 한반도 북부 동해안(옥저: 함경도, 동예: 강원도 북부 동해안)

(2) 경제

① 옥저 : 해산물 풍부(소금, 어물) – 고구려에 공납, 토지 비옥

② 동예 : 해산물 풍부, 토지 비옥, 특산물(단궁(활), 과하마(조랑말), 반어피(바다표범가죽)), 방직 기술 발달

(3) 정치

① 군장 국가(읍로, 삼로가 자기부족 다스림(왕 없음))

② 고구려의 압박으로 성장 부진 연맹 왕국 단계에는 이르지 못함

(4) 풍속

① 옥저 : 민며느리제(여자 어렸을 때 남자 집에 가서 성장 그 후 남자가 예물을 치르고 혼인 일종의 매매혼), 가족 공동 무덤(세골장, 골장제)

② 동예 : 족외혼(같은 씨족끼리 혼인하지 않음), 책화(정해진 영역 침범 시 소나 말로 배상)

(5) 제천 행사 : 동예는 매년 10월 무천(호랑이에게 제사)

4) 삼한

(1) 위치 : 한강이남 지역에 건국(고조선 유이민, 토착 세력)

① 마한 : 천안, 익산, 나주 지역 중심 54개 소국, 백제국 성장, 마한 지역 통합으로 백제로 발전

② 진한 : 대구, 경주 지역 중심 12개 소국, 사로국 성장 신라로 발전

③ 변한 : 김해, 마산 지역 중심 12개 소국, 가야국 성장 가야 연맹으로 발전

(2) 경제

① 수전 농업 : 철기를 이용한 벼농사(저수지)발달, 두레조직(공동체적 전통)

② 철 생산(변한): 마한, 낙랑, 왜 등에 수출, 철을 이용한 화폐 사용,

③ 거주지 : 초가지붕의 반움집(토실, 마한), 통나무로 만든 귀틀집에 거주

(3) 정치

① 부족 연맹체로 군장(큰군장(신지, 견지), 작은 군장(읍차, 부례))이 각 소국 다스림

② 주도세력 : 삼한 중 세력이 강한 마한의 목지국 지배자가 마천왕으로 추대되어 삼한 전체를 대표하여 중국과 교류

(4) 풍속 : 제사장인 천군이 소도(신성지역)를 독자적 지배, 제천행사 담당, 솟대(소도에 경계의 상징으로 세운 장대), 독무덤, 주구묘

(5) 제천 행사 : 계절제(5월, 10월), 풍년 기원과 추수 감사

Ⅲ. 삼국과 가야의 발전

■ 학습 방법
- 연맹왕국과 고대 국가의 차이점 파악
- 삼국의 성립과 중앙 집권화 과정에서의 각 왕의 업적 숙지
- 삼국간의 항쟁 속에서 가야의 변화 과정과 가야의 경제 및 문화가 끼친 영향에 대하여 파악
- 삼국 왕들의 업적과 삼국간의 정세 변화를 시기별로 파악
- 신라의 삼국 통일 과정을 동아시아 국제 정세 속에서 파악
- 통일 신라와 발해의 주요 왕들의 업적 암기, 발해가 고구려를 계승한 근거 주목
- 삼국과 남북국의 사회 모습 구분, 특히 신라 골품제, 화백회의, 화랑도 등 주요 주제 주목

■ 출제 빈도
- 上 中 下 연맹왕국과 고대국가의 성격
- 上 中 下 초기의 백제
- 上 中 下 초기의 신라
- 上 中 下 가야연맹
- 上 中 下 고대의 정치
- 上 中 下 삼국의 전성기
- 上 中 下 금석문
- 上 中 下 삼국간의 항쟁
- 上 中 下 신라 중대의 정치
- 上 中 下 신라 말기의 정치 변동
- 上 中 下 발해의 건국과 발전
- 上 中 下 고대 국가의 통치 체제
- 上 中 下 삼국의 사회 모습
- 上 中 下 통일신라의 사회 모습
- 上 中 下 발해의 사회구조

1. 고대 국가의 성립

1) 고대 국가의 성립
(1) 발달 : 군장 국가 → 연맹 왕국 → 중앙 집권적 고대 국가
(2) 중앙 집권 기틀 마련 순서 : 고구려(1세기 후반) → 백제(3세기) → 신라(4세기)

2) 고대 국가의 특징
(1) 왕권 강화 : 왕위의 독점적 세습(부자 상속제 확립)
(2) 영토 확장 : 국왕 중심으로 활발한 정복활동을 통한 영토 확장
(3) 체제 정비 : 율령 반포와 통치 체제 정비, 불교 수용으로 국민 사상 통합

3) 삼국의 성립

(1) 고구려

① 주몽(기원전37) : 졸본지방에 부여계 유이민과 압록강 유역 토착민 결합 건국, 졸본성에서 국내성으로 수도 천도

② 태조왕(1C 후반) : 중앙 집권 국가의 기틀 마련

　　㉠ 왕권 강화 : 계루부 고씨의 독점적 왕위 세습

　　㉡ 영토 확장 : 옥저 · 동예 정복, 낙랑 공격, 요동 진출 노력

③ 고국천왕(2C 후반) : 부족적 5부를 행정 5부로 개편, 왕위 부자상속, 진대법 실시

④ 미천왕(4C 초반) : 낙랑군과 대방군 축출, 요동으로 세력 확대

⑤ 고국원왕(4C 중반) : 선비족 미천왕릉 도굴, 백제 근초고왕 침입 전사(국가적 위기)

⑥ 소수림왕(4C 후반) : 불교 수용(전진), 태학 설립, 율령 반포(중앙 집권 체제 완성)

(2) 백제

① 온조(기원전 18) : 하남 위례성(한성)에 고구려 유이민, 한강유역 토착민 결합 건국

② 고이왕(3C 중엽) : 중앙 집권 국가의 토대 마련, 관등제와 관복제도(자,비,청) 정비, 목지국 병합 한강유역 차지, 서진 사신파견

③ 근초고왕(4C 중반) : 백제의 전성기

　　㉠ 왕권 강화 : 부여씨 왕위세습, 진씨 왕비족 결정, 왕위 부자상속 확립,

　　㉡ 영토 확장 : 마한 세력 병합, 고구려 고국원왕 폐사, 평양성 공격, 탐라정벌

　　㉢ 해외 진출 : 중국 요서 · 산둥지방, 일본 아직기 파견(칠지도 하사)

④ 침류왕(4C 후반) : 중국 동진으로부터 불교 수용(384년)

(3) 신라

① 박혁거세(기원전 57) : 진한 사로국에 유이민, 토착민 결합 건국, 박 · 석 · 김(박혁거세, 석탈해, 김알지 후손 미추왕)교대 왕위 계승, 기원전 37년 수도 금성(경주)

② 내물왕(4C 후반) : 중앙 집권 국가의 기틀 마련

　　㉠ 왕권 강화 : 김씨 왕위 독점 세습, 마립간(대군장) 칭호 사용

　　㉡ 영토 확장 : 낙동강 유역 진한 정복, 전진과 수교, 고구려 광개토왕 도움으로 왜구 격퇴(호우명 그릇)

　　㉢ 왕호 변천 과정 : 거서간(군장)→차차웅(제사장, 무당)→이사금(연장자, 계승자)→마립간(대군장)→왕(중국식 칭호)

2. 삼국의 경쟁 관계와 대외 관계

1) 삼국의 전성기

(1) 고구려

① 광개토왕(4C 후반 ~ 5C 초반)

㉠ 삼국의 세력 다툼 본격화(광개토대왕 즉위 이후)

㉡ 영토 확장 : 북부여 정벌, 동예 정벌, 요동지역 확보(후연 격파), 한강 이북 점령(백제 아신왕 항복), 신라 원조 왜구 격퇴

㉢ 광개토대왕릉비 : 장수왕이 광개토왕 업적을 기록한 비석 세움

㉣ 우리나라 최초 연호 '영락' 사용

② 장수왕(5C 전성기)

㉠ 왕권 강화 : 수도를 국내성에서 평양천도(왕권 강화, 넓은 국토 효율적 관리)

㉡ 영토 확장 : 남진 정책(나ㆍ제 동맹체결 영향 433), 한강 유역 차지

㉢ 중원 고구려비(충북 충주) : 장수왕 업적 기록, 고구려의 한강 유역 진출시사

③ 문자명왕(5C 후반 ~ 6C 초반) : 부여를 완전 병합으로 최대 영토 확보

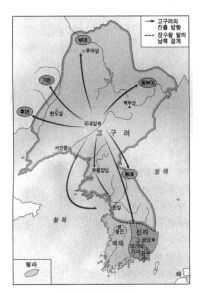

고구려 전성기 지도 5C

(2) 백제의 중흥 노력

① 비유왕(5C) : 신라 눌지왕과 나ㆍ제 동맹 체결(433)

② 개로왕(5C) : 고구려 장수왕에 의해 전사(한강유역 빼앗김)

③ 문주왕(5C) : 웅진성(공주) 천도, 왕권 약화, 귀족 간 분열, 국력 약화

④ 동성왕(5C 후반) : 신라 소지마립간과 결혼 동맹 체결, 신진세력 등용으로 국력 회복 노력

⑤ 무령왕(6C 초반) : 중국의 군현제와 비슷한 22담로라는 행정 구역을 지방에 설치(왕족 및 국왕 자제 파견), 중국 남조 양나라와 교류, 고구려 평산 공격

⑥ 성왕(6C 중반) : 중흥 노력

㉠ 수도 천도(538) : 웅진성(공주)에서 사비성(부여), 국호를 남부여로 변경

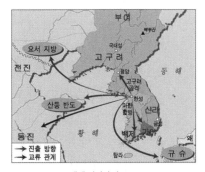

백제 전성기 지도 4C

ⓛ 행정 조직 정비 : 6좌평 이외에 22부로 중앙관제를 확대 개편, 중앙과 지방을 5부 5

방으로 행정 구역 개편

ⓒ 문화 발전 : 불교 장려(겸익), 일본에 불교 전파(노리사치계)

ⓔ 신라와 연합하여 한강유역 확보(551)했으나 신라의 배신으로 성

왕이 관산성 전투에서 전사함. 나·제 동맹 결렬, 백제의 중흥 실패

(3) 신라

① 눌지왕(5C) : 나·제 동맹 체결, 왕위 부자상속, 부족적 의미 6촌에

서 행정적 의미 6부로 정비, 고구려에서 불교 도입

② 지증왕(6C 초반) : 지방의 지배세력 장악, 국호 사로국→신라, 왕호

마립간→왕 사용, 우경(법령) 실시, 군현제(군주파견) 실시, 순장 금

지, 왕비족(박씨) 결정, 우산국 복속(이사부)

신라 전성기 지도 6C

③ 법흥왕(6C 초중반) : 중앙 집권 체제 완비, 율령 반포, 17관등과 공복 제정, 골품제 정비,

병부 설치, 금관가야 정복, 불교 공인(이차돈 순교), 최초 연호(건원) 사용, 양과 통교

④ 진흥왕(6C 중반) : 전성기

㉠ 화랑도 : 인재 양성, 삼국통일에 공헌

ⓛ 불교 장려 : 팔관회, 황룡사 건립, 백좌강회

ⓒ 영토 확장 : 한강 유역차지(단양 적성비), 북한강 유역차지(북한산비), 함경도 진출

(황초령비, 마운령비), 대가야 정복, 낙동강 유역차지(창녕비)

ⓔ 연호 '개국'을 사용, 왕을 '태왕·짐'이라 칭함

❖ 화랑도

• 구성 : 화랑(진골 귀족 자제), 낭도(귀족, 평민 포함)→계층 완화 구실

• 특징 : 원광법사의 세속오계(사군이충, 사친이효, 교우이신, 임전무퇴, 살생유택), 군사훈련, 임신 서

기석, 삼국통일에 기여

• 임신서기석 : 신라의 두 화랑이 학문에 힘쓸 것과 신라에 충성할 것을 맹세하는 내용이 새겨진 비석

(4) 가야 연맹

① 성립 : 낙동강 하류 유역 변한 지역에서 6개의 연맹체가 성립되었다.

② 연맹 왕국 주도권 : 김해 금관가야(2~3C) → 고령 대가야(5C 이후)

㉠ 금관가야 : 전기 가야 연맹 주도, 철의 생산, 낙랑군과 왜 교역, 4

세기 후반 광개토왕이 신라를 도와 가야로 피신한 왜를 공격하

는 과정에서 세력 약화됨. 신라 법흥왕에 의해 멸망(532)

가야 연맹 국가

ⓛ 대가야 : 후기 가야 연맹 주도, 질 좋은 철 생산, 좋은 농업 입지 조건,결혼 동맹(신라
　　법흥왕), 신라 진흥왕에 의해 멸망(562)
　③ 가야문화 : 우수한 철기(철제 갑옷과 투구), 가야 토기, 음악 → 신라와 왜의 고대문화
　　에 영향 미침
　④ 중앙 집권 국가로 발전하지 못한 이유
　㉠ 백제와 신라 사이의 압력으로 정치적 불안
　ⓛ 각 소국들의 독자적 정치기반으로 성장하여 강력한 집권 세력이 없음

2) 삼국의 통치 체제

구분	고구려	백제	신라
중심 세력	왕족 계루부 고씨와 5부출신 귀족	왕족 부여씨와 8개 귀족 가문	김씨 왕위 계승과 귀족
귀족 회의	제가 회의	정사암 회의	화백 회의(만장일치)
관등 조직	10여 관등(~형, ~사자)	16관등(~솔, ~덕)	17관등(~찬)
수상	대대로(막리지)	상좌평(내신좌평)	상대등
중앙 정치	좌보, 우보→ 국상 중외대부	6좌평(고이왕) 22부(성왕)	병부 등 10부
수도 행정	5부	5부	6부
지방 행정	5부(욕살)→성(처려근지, 도사) 3경(국내성,평양성,한성)	5방(방령)→10군(군장) 22담로(왕족파견)	5주(군주)→군(당주), 성(도사) 2소경(동원경,중원경)
군사 조직	왕당(국왕 직속부대) 군관(대모달, 말객) 지휘	5부(500명) 군(700~1,200명) 군관(방령, 군장)	중앙-사자대, 시위부 지방-6정, 서당

3) 삼국의 경제, 사회, 문화

구분	고구려	백제	신라
신분	* 귀족 : 지배층, 정치적 사회적 독점 * 평민 : 대부분 농민, 무거운 조세부담으로 생활 어려움 * 천민 : 대부분 노비, 비자유인, 재산으로 취급함		
토지 측량	경무법(이량단위)	두락제(파종량, 마지기 기준)	결부법(토지면적, 수확량)
조세	호별세와 인두세	조(쌀), 세(포목 ,쌀, 명주실, 베)	조(租), 용(庸), 조(調)

문화 성격	야성적, 패기, 정열(중국북조)	우아, 미의식 세련(중국남조)	소박한 전통(초기) 엄격,조화미 (고구려,백제영향)말기
불교 전래	전진(소수림왕) - 순도	동진(침류왕)-마리난타 일본전파(성왕)-노리사치계	고구려(전래(눌지왕), 공인 이차 돈순교(법흥왕)-묵호자
고분	* 초기-석총(장군총) 통구, 　장수왕, 광개토왕 * 후기-토총(중국영향)굴식돌방, 　무용총, 각저총, 강서대묘, 쌍영 　총 * 벽화-생활도(초기),추상화, 사 　신도(후기)	* 한성시대-적석총(석촌동고분) * 웅진시대-횡혈식석실고분, 무 　령왕릉(벽돌무덤), 　공주 송산리 6호분(사신도, 일월 　도 벽화) * 사비시대-부여 능산리 굴식돌방 　무덤(사신도, 백제금동대향로)	초기(고구려 영향), 후기(백제영 향) 천마총(서역영향), 호우총, 어숙묘(석실묘: 연화문 신장도 벽화)
불상 및 탑	연가7년명금동여래상 요동성탑(광개토) - 목조탑	마애삼존불상(백제미소) 익산 미륵사지 석탑(목탑형) 부여 정림사지 5층 석탑	경주 삼존석불입상 분황사 석탑(모전탑) 황룡사9층목탑 (백제 아비지건축)
향가 및 음악	관악기, 현악기, 타악기등17종 왕산악(거문고)	악기는 고구려와 비슷 일본 음악 영향	* 3죽(대, 중, 소 피리), * 3현(거문고, 가야금, 비파) * 회소곡(여성 길쌈노동 노래)우 　륵(가야금),옥보고(거문고),백 　결(박문량)가야금으로 방아타 　령인 대악 작곡
일본 전 파	* 법륭사 금당벽화(먹,붓,맷돌)- 　담징 * 성덕태자 스승-혜자(영양왕) * 삼론종 개조-혜관(영류왕) * 대안사 주지-도현(보장왕)	* 토도태자 스승-아직기(근초고왕) * 논어,천자문-왕인(근초고왕) * 불상,경론-노리사치계(성왕) * 천문,지리,역법,둔갑방술-관륵 　(무왕)	조선술, 축제술(한인의 연못), 도 자기, 의학, 불상, 음악, 양지(조각)

※ 삼국의 문화는 일본 야마토 정권 성립, 아스카문화 탄생

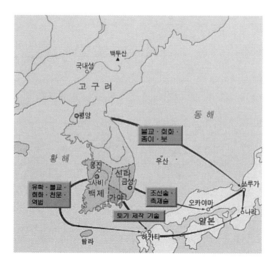

삼국문화 일본 전파

삼국의 고분 및 석탑

▶ 고구려

❶ 고구려 장군총
❷ 강서대묘 사신도
❸ 연가7년명 금동여래입상
❹ 무용총 수렵도

▶ 백제

❶ 익산 미륵사지 석탑
❷ 무령왕릉 무덤내부(벽돌식)
❸ 부여 정림사지 5층 석탑
❹ 금동 대향로
❺ 마애삼존 불상

▶ 신라

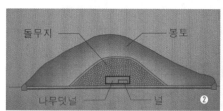

❶ 첨성대
❷ 신라 돌무지덧널무덤 단면도
❸ 천마도
❹ 분황사 모전 석탑
❺ 경주 마애삼존입상

28

Ⅳ. 통일 신라와 발해의 발전

1. 신라의 삼국 통일

1) 고구려와 수·당의 전쟁
 (1) 중국의 정세 변화

   삼국시대(위, 촉, 오 : 3C) → 5호 16국(4C) → 남북조시대(5C) → 수(중국 통일 589) →

   당의 건국(618~907) → 5대 10국(907~960) → 송의 건국(960)

 (2) 여·수 전쟁(4차)

   ① 고구려(영양왕)가 요서지방 선제공격(598)

   ② 수양제 침입

     살수 대첩(612) : 을지문덕 살수에서 수의 별동대(우중문) 격퇴

   ③ 수 멸망(618) : 무리한 전쟁으로 국력 소모, 내란

 (3) 여·당 전쟁(3차)

   ① 당 태종 고구려 침공준비, 연개소문의 천리장성 축조 대당 강경책

   ② 당 태종의 침입

안시성 싸움(645) : 양만춘과 백성 저항 당군 격퇴

(4) 고구려의 승리로 중국의 침략을 저지함으로서 민족의 방파제 역할

2) 백제와 고구려 멸망

(1) 나·당 동맹 체결(648) : 신라 김춘추 당과 동맹 체결로 나·당 연합군 결성

(2) 백제의 멸망(660)

　① 원인 : 귀족 내부 갈등, 충신(성충, 흥수)축출, 의자왕 사치

　② 멸망 : 나·당 연합군 황산벌 전투(계백) 승리, 사비성 함락

　③ 부흥 운동(660~663) : 멸망 후 복신, 도침, 흑지상지 등이 왕자 부여풍 추대, 부흥군의
　　　　내분으로 실패

(3) 고구려의 멸망(668)

　① 원인 : 계속된 전쟁으로 국력 쇠퇴, 연개소문 사후 지도층 내분 및 귀족 분열

　② 멸망 : 나·당 연합군 평양성 함락 (평양에 안동도호부 설치)

　③ 부흥 운동 : 멸망 후 검모잠, 고연무 안승 추대, 안승 신라 망명, 지도층 내분 실패

(4) 나·당 전쟁(670~676)

　① 원인 : 당의 한반도 지배 야욕(안동도호부(평양), 웅진도독부(웅진), 계림도독부(경주)
　　　설치)

　② 전쟁

　　　㉠ 사비성에 소부리주 설치(671) : 백제의 옛 영토 지배권 장악

　　　㉡ 매소성(연천)전투(675) : 김유신 아들 김원술(원술랑) 당의 20만 군사 섬멸

　　　㉢ 기벌포(금강하구)전투(676) : 사찬, 시득 설인귀(당)의 해군 섬멸

　③ 의의 : 우리 민족 최초의 통일, 새로운 민족 문화 형성, 자주적 통일

　④ 한계 : 당의 협조, 대동강이남 영토 통일(옛 고구려 영토 대부분 상실)

| 신라의 시기 구분 |

시기	통일전		삼국 통일 이후	통일 신라 말
왕대	박혁거세 ~ 지증왕	법흥왕 ~ 진덕여왕	태종무열왕 ~ 혜공왕	선덕왕 ~ 경순왕
유사	상고	중고	하고	
왕명	고유 왕명	불교 왕명	중국식 시호	
사기	상대		중대	하대
귀족	성골		무열왕계 진골	내물왕계 진골
수상	상대등		집사부 시중	상대등
정치	귀족 연합 정치		전제 왕권 강화	귀족 연합 정치

2. 남북국 시대의 발전

1) 발해

(1) 발해의 건국

① 건국(698) : 만주 길림성 돈화현 동모산에서 대조영이 건국, 남북조 시대 성립 국호 진(震), 연호 천통(天統), 당의 압력으로 국호 발해 개정(713)

② 구성 : 소수의 고구려인(지배층)과 다수의 말갈인(피지배층)

③ 고구려 계승 의식 : 발해 무왕(727) 일본 외교문서, 발해 문왕(759) 일본 외교문서에 고려국왕 칭호 사용, 정혜공주 무덤과 온돌, 기와문양, 불상 등 고구려와 유사한 모습

(2) 발해의 발전

① 대외관계 : 초기에는 당·신라와 적대관계, 돌궐·일본과는 친선관계, 점차 당·신라 친선관계

② 무왕(8C 초) : 흑수부 말갈 공격(726), 수군 장문휴(거란연합) 당의 산둥지방 등주 공격(732)

③ 문왕(8C 후반) : 친당 정책, 유학생 파견(빈공과 합격), 국가 체제 정비, 신라도 개설

④ 선왕(9C 전반) : 발해의 전성기, 말갈 복속, 최대 영토 확보(해동성국)

(3) 발해의 정치 : 당의 3성 6부 제도를 모방하여 채택하였으나 운영방식은 독자적

① 중앙(3성 6부)

ㄱ 3성 : 정당성(상서성, 정책집행), 선조성(문하성, 정책심의), 중대성(중서성, 정책입안), 정당성 아래 좌사정(충, 인, 의), 우사정(지, 예, 신)

ㄴ 6부 : 이, 호, 예, 병, 형, 공(정당성이 관장)

② 지방(5경 15부 62주)

ㄱ 5경 : 전략적 요충지 설치, 부여의 4출도와 고구려의 5부 계승

ㄴ 15부 : 지방의 행정 중심(도독 파견)

ㄷ 62주 : 부 아래 편성(현승 파견)

ㄹ 촌락은 토착 세력가(말갈인)가 통치함으로써 지배층과 말갈족 조화

발해 5경

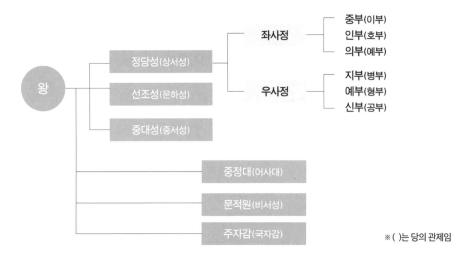

| 발해의 중앙관제 |

왕
- 정당성(상서성)
  - 좌사정
    - 중부(이부)
    - 인부(호부)
    - 의부(예부)
  - 우사정
    - 지부(병부)
    - 예부(형부)
    - 신부(공부)
- 선조성(문하성)
- 중대성(중서성)
- 중정대(어사대)
- 문적원(비서성)
- 주자감(국자감)

※ ( )는 당의 관제임

(4) 발해의 외교 및 문화

① 발해의 외교

ㄱ 당과의 외교 : 조공 책봉 관계, 세력 견제

ㄴ 신라의 외교 : 건국 후 신라(효소왕) 사신 파견(대조영 대아찬 관등 수여), 당의 요청으로 발해 공격(무왕 733), 거란침입 원조요청 수락(911), 거란 침입 원조요청 거절(925)

ㄷ 일본과 외교 : 신라를 견제하기 위해 우호관계 유지, 국교 체결(무왕 727), 선명력 전래

② 발해의 문화

ㄱ 유물, 유적 : 발해 석등, 돌사자상(정혜 공주묘)

ㄴ 무역 : 수출품으로는 모피, 인삼, 토산물, 불상, 자기 등 수공업품 수입품으로는 귀족의 수요품인 비단, 책등

ㄷ 불교 및 도교 : 고구려의 불교 계승(왕실, 귀족 중심), 당의 불교 계승(문왕 적극 장려), 정효공주 묘지의 불로장생 사상(4 · 6변려체)

ㄹ 교육: 주자감 설치, 유학생 파견(당의 빈공과 다수 합격)

ㅁ 예술: 수도 상경성 건설(외성, 내성, 주작대로(당의 장안성 모방)), 육정산 고분군(정혜공주묘, 굴식돌방무덤, 모줄임 구조, 돌사자), 용두산고분군(정효공주묘, 벽돌무덤, 남장여자)

(5) 발해의 멸망과 부흥운동

발해석등

돌사자상

① 멸망 : 거란의 성장과 귀족들의 권력 투쟁으로 국력 약화(9C 후반), 거란족 침입(926)

② 부흥운동 : 발해 유민 압록강 중류 정안국(열만화), 흥요국, 대원국 건국, 내부 분열로 실패, 유민들은 고려, 거란, 여진 등으로 흡수

2) 통일 신라

(1) 전제 왕권의 강화

① 삼국 통일 후 변화 : 영토 및 인구 증가, 민족의식 형성, 왕권 강화, 대외 관계 안정

② 전제 왕권 확립

ㄱ 태종무열왕 : 최초 진골 출신 왕(김춘추)으로 이후 직계 후손 왕위 독점

ㄴ 문무왕 : 고구려 멸망(668), 나·당 전쟁 승리(676), 대왕암(수중릉)

ㄷ 신문왕 : 진골 세력의 반란(김흠돌의 난) 숙청(681), 국학의 설치 (682), 관료전 지급 (687), 녹읍 폐지(689), 지방조직 정비 (9주 5소경), 군사조직 정비(9서당 10정)

(2) 새로운 통치 체제

① 정치 제도

ㄱ 중앙 : 집사부 중심으로 시중(집사부 장관)이 권한 강화, 진골 귀족세력 약화(화백회의 및 상대등 권한 약화), 왕권 강화,

ㄴ 지방

ⓐ 9주 : 전국 9주(신라, 고구려, 백제 지역 각 3주) → 군·현 설치(지방관 파견)

ⓑ 5소경 : 특별 행정 구역으로 군사와 행정의 요지, 수도의 치우침 보완, 지방 세력의 성장 감시, 지방 문화 육성

ⓒ 상수리 제도 : 지방 토착 세력 성장을 감시하기 위해 지방 세력가 및 자식을 일정 기간 수도에 머무르게 하는 제도

② 군사 제도

ㄱ 9서당(중앙군) : 수도와 궁궐 경비(신라, 백제, 고구려, 말갈, 보덕국), 민족융합

ㄴ 10정(지방군) : 지방 각주 1정, 국방상 요지인 한주는 2정

③ 토지 제도 : 국가 수입 증대와 귀족 경제력 기반 약화를 위해 실시

ㄱ 귀족 : 문무 관료전 지급(687), 녹읍 폐지(689)(경덕왕 부활(757))

ㄴ 농민 : 정전(연수유전답) 지급(성덕 722), 조세(조(租), 용(庸), 조(調)) 납부

5소경 10정

④ 신라의 장적

　㉠ 민정문서(촌락문서) : 1933년 일본 도다이사(東大寺) 쇼소인(正倉院) 발견, 촌주가 3년마다 촌락의 크기, 인구 수, 소와 말의 수, 토산물 등을 조사하여 조세 부과, 노동력 징발, 생산자원 파악

(3) 통일 신라의 사회

　① 귀족 : 노비와 사병 소유, 호화주택(금입택)소유, 별장(사절유택)소유, 해도에 우마 방목, 당·아라비아 사치품(비단, 양탄자, 향료 등) 수입, 동남아시아 고급목재 등 수입

　② 농민 : 촌주에 통한 간접지배, 조·용·조의 가혹한 조세부담, 소작농이나 노비, 유랑민 전락

(4) 활발한 대외 무역

　① 당과 서역의 문물 수용 무역 번성(아라비아, 동남아시아 등 상인 왕래)

　② 신라인의 당 진출 : 신라방(신라인 거주지), 신라소(신라인 자치 행정기관), 신라원(사원), 신라관(유숙소), 유학(6두품 출신), 당의 빈공과 합격

(5) 통일 신라의 문화

　① 한학의 발달 : 유교정치이념의 도입으로 전제 왕권의 확립이 필요

　　㉠ 국학 설치

　　　ⓐ 신문왕(682. 당의 제도 도입) → 경덕왕(태화감) → 혜공왕(국학). 교과 3분과, 6두품 중심으로 운영

　　　ⓑ 성덕왕 : 공자, 제자의 화상 안치

　　　ⓒ 필수(논어, 효경), 3경, 예기, 문선, 춘추관(좌전) 등 6과목에서 과정별로 2과목 선택

　　　ⓓ 효소왕(692) : 국립의학대학 설립

　　㉡ 독서삼품과 설치 (기준 : 유교경전 이해능력)

　　　ⓐ 원성왕(788) : 관리채용을 위한 국가고시

　　　ⓑ 독서실력(상품, 중품, 하품, 특채), 3등급과 5경 3사와 제자백가서에능통(특품으로 나누어 등용)

　　　ⓒ 진골 귀족 반대로 실패

　　㉢ 한학자의 활약

　　　ⓐ 강수(6두품) : 대당 선전포고문(답설인귀서), 청방인문서, 불교를 세외교라 하여 비판, 유교도덕을 사회적 출세보다 중시

　　　ⓑ 설총(6두품) : 해동 경학의 종조, 원효의 아들, 이두정리, 화양계(꽃을 통해 왕의 도덕 강조), 유교도덕 정치 강조

ⓒ 김대문(진골) : 자기문화 주체적 인식, 화랑세기, 계림잡전, 고승전, 한산기, 악본

ⓓ 최치원(6두품) : 시무 10조(진성여왕), 계원필경(현존 최고문집), 제왕연대력, 중산복궤집, 토왕소격문, 4산비명(4·6변려체), 난랑비문

② 기술학(잡학)

㉠ 인쇄 : 무구정광대다라니경(불국사 3층 석탑에서 발견, 세계에서 가장 오래된 목판 인쇄물)

| 인쇄문화의 변천 |

구분	시기	내용
다라니경	751년	현존 세계 최고 목판 인쇄본
상정고금예문	1234년	기록상 최고 금속활자본(부전), 이규보(동국이상국집수록)
팔만대장경	1251년	목판인쇄의 절정, 해인사 장경판전
직지심경	1377년	현존 세계 최고 금속활자본
계미자	태종	세계 최고 동활자
갑인자	세종	정교하고 수려함

㉡ 종이 : 닥나무 사용

㉢ 도선비기 : 도선(풍수지리설 수용)

㉣ 천문학 : 담당관청(누각전 : 사천박사) → 고려(태사국과 사천대 : 서운관 통합)

㉤ 역법 : 문무왕(덕복 : 당의 역법인 인덕력 개량)

③ 향가

㉠ 현존 향가 : 삼국유사 14수, 균여전(보현십원가) 11수

㉡ 혜성가(융천사), 천수대비가(희명), 우적가(영재), 서동요(무왕), 원왕생가(광덕), 모죽지랑가(득오), 제망매가, 도솔가(월명사), 찬기파랑가, 안민가(충담사)

㉢ 삼대목 : 진성여왕(888) 각간 김위홍과 대구화상 편찬

㉣ 향가는 화랑과 승려에 대한 기록이 대부분(불교적 성격)

④ 불교의 발달

㉠ 원래 우리나라 불교는 대승불교(모든 중생의 구원을 추구)와 소승불교(개인의 해탈을 중시)의 혼합, 토착 신앙과 결부되어 샤머니즘의 성격

㉡ 교종(5교)성립 : 경전 해석의 교학 불교 성립

ⓐ 삼국 통일 전 : 열반종(보덕), 계율종(자장)

ⓑ 삼국 통일 후 : 법성종(원효), 화엄종(의상), 법상종(진표)

ⓒ 삼국 통일 전 승정기구의 중심사찰인 황룡사 위축, 관사적 성격의 국가 사원인 성
전사원이 정비(신문왕, 5대사찰 건축(감은사, 사천왕사, 봉성사, 영묘사, 영흥사))

교종	내용
화엄종(의상)	- 종파 통합 강조 : 계층간, 귀족간 갈등 해소 노력 - 전제왕권강화 : 일즉다 다즉일의 교리(진골 귀족 환영) → 법맥 고려 균여 계승
법상종(진표)	- 유식학 : 법상종은 원측이 당의 현장에서 유식학을 배워 성립된 종파 - 미륵신앙 : 경덕왕 때 금산사에서 진표가 설법(반신라 : 옛 고구려, 백제 유민유포) - 점찰 법회 : 불교 대중화 기여
법성종(원효)	- 원효가 분황사 개창 통불교(원효종, 분황종, 해동종)
정토종	- 내세 지향 : 미래불인 아미타불 암송(부처 귀의 - 극락왕생) - 대중 불교 : 원효가 널리 보급(원효 개창하지 않음)
아미타 신앙	- 원효 : 아미타 신앙, 불교 대중화 기여 - 의상 : 아미타 신앙, 관음 신앙(현세구복)

ⓒ 원효(617 ~ 686)

ⓐ 금강삼매경론 : 유심소조의 일심사상 → 일본 불교 영향

ⓑ 대승기신론소 : 불, 법, 승의 불교 이론 조감도 → 중국 화엄학 영향

ⓒ 십문화쟁론 : 화쟁사상을 주장(민중 중심의 화합사상) → 인도 불교 영향

ⓓ 고려시대 의천, 지눌 등에게 큰 영향

ⓔ 의상(625 ~ 702)

ⓐ 진골출신, 화엄사상 정립, 지방에서 활약(영주 부석사, 양양 낙산사)

ⓑ 백화도량발원문 : 낙산사 창건시 저술

ⓒ 화승일승법계도 : 화엄사상의 요체 제시(전제 왕권강화의 이념 도구)

ⓜ 원측(613 ~ 696)

ⓐ 중국에서 활약한 승려, 당 고종 황후 측천무후 살아있는 부처로 존경

ⓑ 장안 서명사 성유식론 강의, 해심밀경소, 성유식론소 저술

ⓑ 혜초(704 ~ 787)

ⓐ 왕오천축국전 : 인도와 서역지방의 연사연구에 귀중한 자료

ⓑ 프랑스 국립박물관 소장, 현존 한국 최고 기록물, 세계 4대 여행기 중 하나

⑤ 예술의 발달

㉠ 귀족 중심의 문화

ⓐ 문무왕 : 궁중 안 인공호수(경주 안압지), 정원 조경술 수준 높음

㉡ 석굴암 : 경덕왕(751) 전생의 부모를 위해 창건(김대성) - 인조 석굴 사원, 전실(사

각형), 후실(원형) 무덤양식과 사찰양식 겸함

ⓒ 불국사 : 경덕왕(751) 현생의 부모를 위해 창건(김대성) - 다보탑,

3층 석탑(석가탑), 청운교, 백운교

석굴암

ⓔ 범종

   ⓐ 성덕왕(725) 오대산 상원사 동종(현존 최고)

   ⓑ 혜공왕(771) : 성덕대왕 신종(봉덕사종, 에밀레종 : 아연이 함유된

     청동)

ⓜ 조각 : 무열왕릉의 이수와 귀부의 조각, 성덕왕릉 둘레돌의 12지

신상 조각(의인화), 불국사 석등, 법주사 쌍사자석등

ⓗ 석탑 : 통일기에 3층 석탑 양식 유행, 안동 신세동 7층 전탑(최고

최대 벽돌탑)

❶ 불국사 ❷ 다보탑 ❸ 석가탑

ⓢ 고분

   ⓐ 불교의 영향으로 화장법(다비)이 유행(문무왕 대왕암)

   ⓑ 고분양식 : 돌무지 덧널무덤에서 굴식 돌방무덤으로 변화

   ⓒ 무덤 봉토주위 : 호석(열석) 12지신상 조각 → 고려, 조선시대까

     지 계승

ⓞ 서예

   ⓐ 김생 : 해동필가 조종, 왕희지체, 타자사 낭공대사 비석, 집자

     비문

   ⓑ 요극일 : 구양순체, 삼랑사비, 흥덕왕릉비

상원사 동종   성덕대왕 신종

ⓩ 회화

   ⓐ 김충의 : 당에서 유명

   ⓑ 하대에는 불화, 귀족, 승려의 초상화가 그려짐, 화엄경 변상

     도(불교 경전을 시각적으로 조형화)

⑥ 통일 신라 문화의 일본 전파

   ㉠ 삼국 : 아스카 문화, 견신라사를 통해 신라문화 수입

   ㉡ 심상 : 화엄종 전파

   ㉢ 8C 말 일본은 수도를 헤이안 천도(외국문화 영향에서 벗어나려

     는 움직임)

     ⓐ 신석기문화 → 조몬문화 ⓑ 청동기문화 → 야요이문화

❶ 무열왕릉 이수와 귀부
❷ 법주사 쌍사자석등
❸ 안동 신세동 7층 전탑

ⓒ 삼국시대 → 아스카문화 ⓓ 통일신라 → 하쿠오문화

3) 통일신라 말기 정치 변동과 후삼국의 성립

(1) 신라 말기 정치 변동

　① 전제 왕권의 약화

　　㉠ 진골 귀족간의 권력 다툼 : 혜공왕 피살(8C 말) 이후 왕위 쟁탈전, 왕권 약화, 지방
　　　통제력 약화, 골품제 동요(150여 년간 20명의 왕 교체)

　　㉡ 지방의 반란 : 귀족의 왕위 쟁탈전(김헌창의 난(822), 장보고의 난(846))

　② 새로운 세력의 등장

　　㉠ 호족 세력 : 지방의 세력가, 스스로 성주 또는 장군 칭함, 지방의 행정권과 군사권
　　　및 경제권 장악, 반독립적 세력, 농민 지지, 호족 세력 확대

　　㉡ 6두품과 선종 : 골품 제도에 불만, 진골 위주의 사회 체제 반발, 새로운 정치 이념 추
　　　구, 선종 승려와 왕거인, 최치원 6두품 지식인의 반발

　　㉢ 농민의 봉기 : 귀족의 부패와 사치, 향락으로 재정 궁핍에 따른 정부 과도 세금 독
　　　촉, 흉년, 자연재해, 전염병 발생, 진성여왕(9C 말) 사벌주 원종과 애노의 난(889),
　　　적고적(붉은 바지) 농민봉기

(2) 후삼국의 성립

　① 후백제

　　㉠ 건국(900) : 견훤(상주 지방 농민출신)이 완산주(전주)를 도읍으로 전라도와 충청도
　　　일대 장악

　　㉡ 활동 : 후당과 국교(남서해 해상권 장악), 신라 금성(경주)침공(경애왕 피살 927), 공
　　　산전투(고려 장군 신숭겸, 김락 전사 927)

　　㉢ 한계 : 신라에 적대적, 호족 포섭 실패, 고창 전투(930)패배로 주도권 상실

　② 후 고구려

　　㉠ 건국(901) : 궁예(신라 왕족출신)가 왕건 부자의 도움으로 송악(개성)에 도읍, 강원
　　　도와 경기도 일대 장악

　　㉡ 국호 및 연호 : 후고구려(901)→ 마진(904)무태, 성책 → 태봉(911) 수덕만세, 정개

　　㉢ 활동 : 옛 신라지역 절반이상 점령, 관제정비(광평성, 내봉성, 순군부, 원봉성)9관등
　　　제 실시

　　㉣ 한계 : 지나친 조세 수취, 미륵 신앙을 이용한 전제 정치로 민심 황폐

2장
중세 사회

Ⅰ. 중세 사회의 성립과 전개

■ 학습 방법
- 후삼국 통일 과정에서의 인물별 활약과 사건의 전개 과정 파악
- 고려 초기 태조, 광종, 성종의 업적과 통치 체제 주목
- 고려 후기 무신 집권기 최충헌과 최우, 말기 공민왕의 업적에 대해 주목
- 거란, 여진 몽골과의 항쟁 과정을 시기별로 파악하고 활약한 인물에 대해 주목

■ 출제 빈도
- ⊕ ㊥ ㊦ 후삼국 시대 및 고려의 건국 과정
- ⊕ ㊥ ㊦ 태조, 광종, 성종의 정책
- ⊕ ㊥ ㊦ 고려의 통치 체제
- ⊕ ㊥ ㊦ 고려의 대외관계
- ⊕ ㊥ ㊦ 이자겸의 난과 묘청의 서경 천도 운동
- ⊕ ㊥ ㊦ 무신 집권기의 상황
- ⊕ ㊥ ㊦ 원 간섭기의 상황
- ⊕ ㊥ ㊦ 공민왕의 개혁 정치

1. 고려의 성립과 민족의 재통일

1) 고려의 건국

(1) 송학 출신의 호족인 왕건, 해상무역을 통해 성장

(2) 예성강 하구, 혈구진, 패강진 등의 해상 호족 세력과 연합

(3) 궁예의 신하가 되어 영토 확장에 기여(한강유역, 나주 금성)

(4) 궁예를 축출하고 고구려 계승이념을 바탕으로 고려 건국(918)

(5) 국호 → 고려, 연호 → 천수, 수도 → 송학으로 정함

2) 태조 왕건의 정책 및 후삼국 통일

(1) 북진 정책 : 평양을 서경으로 삼고 북진 정책을 추진하여 청천강에서 영흥 만에 이르는 영토를 확장하고 거란에 대하여 강경하게 대응함.

(2) 호족세력 포섭 및 견제

　① 회유책 : 혼인정책(왕의 외척이 된 호족세력간의 권력다툼 발생) → 왕위 계승 다툼, 사성정책(지방의 호족에게 왕씨 성을 하사하여우대) → 신흥세력 구축

② 견제책 : 사심관 제도(출신지에 대한 권한 행사를 할 수 있는 권리와책임을 부여), 기인

　　제도(호족의 자제를 서울에 인질로 데려와그 지방 행정의 고문 역활을 담당)

(3) 훈요 10조 : 후대 왕들에게 남기는 고려의 기본 통치 방향

(4) 민생 안정 정책 : 취민유도(백성에게 조세를 거둘 때 법도가 있어야 한다고 세율을 10/1로

　　조세 감면), 흑창 설치(고구려의 진대법을 계승하는 빈민 구제기구)

(5) 민족 통합 정책 : 후백제 견제하여 고립, 신라에 적극적 우호정책, 발해 유민포섭

(6) 불교 장려 : 연등회, 팔관회

(7) 다양한 사상 포용 : 불교, 유교, 풍수지리설, 도교 등

(8) 후삼국 통일

　① 발해 멸망(926)

　② 신라 경순왕 투항(935)

　③ 후백제 멸망(936)

　④ 후삼국 통일(936)

3) 고려 건국의 의의

(1) 지배세력의 교체 : 지방 호족 세력,6두품

(2) 민족문화 토대 마련 : 고구려, 백제, 신라의 문화 융합(다양성, 개방성)

(3) 실질적 민족통일 : 옛 삼국 출신과 발해인까지 통합

4) 왕권 강화 정책

(1) 혜종, 정종 : 지방 호족 세력의 왕위 계승 다툼으로 인하여 혼란한 시기

(2) 광종(949 ~ 975)

　① 독자적 연호 사용 : 칭제 건원(광덕, 준풍), 개경(황도), 서경(서도)

　② 주현공부법(949) : 지방의 각 주현 단위로 조세 징수 → 국가 재정 확보 목적

　③ 노비안검법(956) : 호족이 불법으로 차지한 노비 양인으로 해방 → 호족 군사력 및 경

　　제 기반 약화

　④ 과거제 실시(958) : 쌍기의 건의로 능력 있는 신진세력 등용→ 개국공신 권한 약화

　⑤ 백관 공복 제정(960) : 자삼, 단삼, 비삼, 녹삼 → 지배층 위계질서 확립

　⑥ 송과 통교(962) : 국교수립 → 경제적, 문화적 도움, 송의 연호 사용(963)

(3) 성종(981 ~ 997)

① 유교 통치이념 확립 : 최승로의 시무 28조 수용 → 중앙 집권 체제 강화

② 당의 3성 6부 정비(982) : 2성 6부의 중앙관제 체제 확립

③ 12목 설치 : 처음으로 지방관 파견, 향리 제도 시행

④ 10도 양계 : 18품계, 문산계와 무산계 정비

⑤ 노비환천법 : 귀족 중심의 사회질서 강화

⑥ 민생 안정 : 흑창 → 의창(빈민구제기구), 상평창(물가조절기구), 재면법(흉작에 따라 세금 감면), 고리대 제한,

⑦ 화폐 발행 : 철전 건원중보(996) → 최초의 화폐

⑧ 국자감 정비(992), 도서관(비서성, 수서원)설치, 문신월과법(문신 유학진흥), 연등회 및 팔관회 폐지(국가재정 확보, 민생 안정), 교육조서 반포(유교 교육 강조)

⑨ 거란 1차 침입(993) : 소손녕 80만 대군 → 서희 외교담판(강동6주 설치)

(4) 현종(1009 ~ 1031)

① 거란 2차 침입(1010) : 강조의 정변 원인 → 초조 대장경 조판시작(1010)

② 거란 3차 침입(1018) : 송과 국교재개 원인 → 강감찬 귀주대첩 승리(1019), 나성 축조

③ 지방제도 정비(1018) : 5도 양계, 4도호부, 8목, 경기제 시행

④ 7대 실록 편찬 : 태조 ~ 목종(최항, 김심언)

⑤ 주현공거법 : 과거를 지방으로 확대 → 향리 자제의 과거시험 허용

⑥ 면군급고법 : 70세 이상 노부모 부양하는 정남의 군역 면제

2. 고려 통치체제 정비

1) 중앙 통치 체제

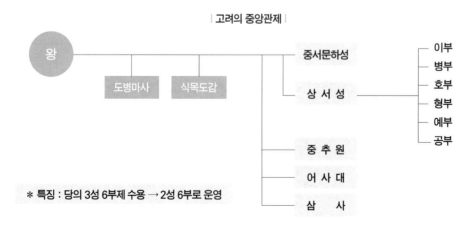

| 고려의 중앙관제 |

* 특징 : 당의 3성 6부제 수용 → 2성 6부로 운영

(1) 2성

  ① 중서문하성 : 최고 정치 기구, 문하시중의 국정을 총괄하고 정책 결정

  ② 상서성 : 정책 집행, 6부(실제 정부 담당) 관할

(2) 도병마사, 식목도감

  ① 도병마사 : 국방문제를 담당→ 원의 간섭이후에 도평의사사로 개칭→ 국정 전반 중요

    사항을 관장하는 최고기구로 도당(중서문하성의 재신과 중추원의 추밀로 구성)

  ② 식목도감 : 고려의 독자적인 기구(도병마사, 식복도감)로 대내적인 법제와 격식문제를

    다루는 회의기관.

(3) 중추원 : 2품이상(추밀 : 군국기밀, 군사기밀), 3품이하(승선 : 왕명출납, 궐내숙위)

(4) 어사대 : 관리들의 비리를 규찰하고 감찰, 풍속 교정.

(5) 삼사 : 송과는 달리 단순히 화폐와 곡식의 출납에 대한 회계만 담당.

(6) 대간 : 중서문하성의 낭사와 어사대의 관원으로 구성, 간쟁(왕의 잘못), 봉박(왕의 잘못

  된 명령), 서경권(관리 임명과 법령의 개폐)행사,왕권의 정치 운영에 대한 견제와 균형

  추구.

2) 지방 행정 조직

지방관제가 정비되지 못하여 호족 세력의 자치에 의존하다가 성종 때 12
목을 설치하여 최초로 지방관을 파견하고, 현종때 전국을 5도와 양계로
나누고 그 아래에 3경과 4도호부를 설치하고, 군·현·진을 설치함.

고려 지방 행정 조직

(1) 5도 : 일반 행정구역, 안찰사 파견, 주·군·현 설치, 중앙 집권 미흡,
  조세와 곡물의 징수는 향리 담당.

(2) 양계 : 북계와 동계로 나누어진 군사 행정구역, 병마사 파견, 국방상
  요충지에 진을 설치함.

(3) 3경 : 풍수지리설과 밀접한 관계

  ① 태조 : 개경(송악, 개성), 서경(평양), 동경(경주)

  ② 숙종이후 : 개경, 서경, 남경(서울)

(4) 4도호부, 8목 : 4도호부(군사적 요지), 8목(행정 중심지), 3경 → 지방 행정의 실질적인
  중심부, 상표진하(국왕 생신 및 경축일 축하문 작성), 향공선상(지방의 과거 1차 합격생
  중앙에 추천)

(5) 그 밖의 조직

  ① 촌 : 토착 세력인 촌장이 자치적 지배, 말단 행정기구

  ② 향·부곡·소 : 특수 행정 구역, 하층 양민, 일반 양민보다 많은 세금 부담, 향·부곡은 농업, 소는 수공업, 향리가 통치

(6) 지방 행정 관리

  ① 향리 : 성종(983) 향직 개편, 조세, 공물, 부역 업무 담당(일품군 지휘), 외역전, 과거응시(문반 상승 가능), 고려후기 사대부 형성

  ② 수령5사, 봉행6조 : 외관속관제로 수령의 행정적 지원(판관, 서기, 문사)

  ③ 감무파견 : 고려초(예종) ~ 조선초(태종)까지 약200년, 말단 지방행정위에 현령보다 낮은 지방관(감무) 파견, 조선(태종)때 감무에서 현령으로 개칭.

3) 군사 제도

(1) 중앙군 : 2군 6위로 구성, 직업군인 편성, 군인전 지급, 역은 세습

  ① 2군(현종) : 음양군, 용호군 → 20 ~ 60세 군반씨족.

  ② 6위(성종) : 좌우위, 신호위, 흥위위(전3위 핵심, 개경방위 및 국방방위 담당), 금오위(경찰), 천우위(의장), 감문위(궁수비).

(2) 지방군 : 군인전 없고 주현군은 의무병으로 구성

  ① 주현군(5도) : 보승군(국방, 치안), 정용군(기병), 일품군(공역)

  ② 주진군(양계) : 초군, 좌군, 우군(상비군), 보창군(북계), 영새군(동계) → 최고 군 지휘관 도령

(3) 특수군

  ① 광군 : 정종때 거란족의 침입에 대비 호족의 군대를 연합하여 편성

  ② 별무반 : 숙종때 윤관의 건의로 여진족을 정벌하기 위해 편성, 신보군(보병), 신기군(기병), 항마군(승병)

  ③ 연호군 : 고려 말 왜구의 침입에 대비 농민과 천민으로 구성된 부대.

  ④ 삼별초 : 최우의 집권시 편성, 도방과 함께 최씨 정권의 사병화됨.

(4) 중방 : 2군 6위의 상장군, 대장군으로 구성된 군사 최고회의기관, 무신정변 후 최고의 권력 핵심기구.

4) 관리 등용 제도

(1) 과거제도

① 목적 : 왕권 강화 및 호족세력 억제
로 광종(958)때 실시, 경종(천시),
성종(복시), 인종(완비) → 갑오개
혁 폐지

② 응시자격 : 양인층 이상(천민과 승
려 자제는 제외)

③ 종류 : 문과, 잡과, 승과

   ㉠ 문과

     ⓐ 제술과(진사과) : 한문학(시, 부, 송, 책)에 대한 논술로 응시, 가장 중시

     ⓑ 명경과(생원과) : 유교경전(3경, 춘추, 예기)에 대한 독해

   ㉡ 잡과 : 기술관, 농민이 응시

   ㉢ 승과

     ⓐ 교종선 : 화엄경으로 왕륜사에서 실시 합격한 자 수좌, 승통 수여

     ⓑ 선종선 : 전등록으로 광명사에서 실시 합격한 자 대선사, 선사 수여

④ 단계

   ㉠ 1단계 : 중앙(상공, 개경), 지방(향시, 향공), 외국인(빈공)

   ㉡ 2단계 : 사마시(국자감시, 진사시), 국자감생, 12공도, 현직관리 시험

   ㉢ 3단계 : 예부시(동당감시), 삼장연권법(조장, 중장, 종장), 합격한 자 홍폐와 등 과전
(토지)지급, 실직에 근무, 문한직 임용

> • 초기 : 국자감생, 12공도, 향공 등에게 2단계를 거치지 않고 예부시 허용
> • 중기이후 : 국자감시를 거쳐 예부시 응시

⑤ 문과 중시, 무과는 실시하지 않음, 좌주(시험관)과 합격자 결속강화로 관직 진출

(2) 음서 제도

① 과거 시험을 거치지 않고 벼슬을 할 수 있는 제도, 성종 때 확립

② 대상 : 왕족 후예, 공신 후손, 5품이상 고관 자손

③ 세습, 공음전의 특권을 통해 문벌 귀족사회 강화

④ 문한직 제한 : 한직제의 제한은 없으나, 국자감시에 응시 문한직 진출도모

⑤ 전품음서의 시행 : 관직자를 다시 올려주기 위한 음서

⑥ 산직임용 : 음서를 통해 관직한 자 → 남행관(음관), 예비관료(동정직)

(3) 천거 제도

    ① 성종 이후 비정기적 시행, 남반잡로(궁역잡역), 성중애마(국왕호위 측근)

3. 문벌 귀족 사회의 성립과 동요

1) 문벌 귀족 사회의 성립

  (1) 형성 : 지방 호족, 6두품 출신

  (2) 정치적 기반 : 음서제도와 과거제도를 통해 주요관직 차지, 왕실과 혼인

  (3) 경제적 기반 : 전시과, 공음전, 고리대 등을 통해 부 축적하여 경제력 독점

  (4) 모순 : 주요 관직의 독점과 세습으로 귀족과 관리들의 경제적 수탈, 과다한 조세부담으
     로 신진 세력 불만과 백성 고통 심화

2) 이자겸의 난(1126)

  (1) 배경

    ① 왕실과 거듭된 혼인관계로 외척 가문인 경원이씨 가문 성장(문종~인종까지 이자연~이
      자겸의 딸(예종, 인종)외척, 80여 년간 정권 독점)

    ② 국왕 측근세력(김찬, 안보린)과 갈등

  (2) 이자겸의 정책

    ① 대내적 : 문벌 귀족 중심의 질서 강화, 대외적

    ② 대외적 : 금나라와 타협하는 정치적 성향

  (3) 경과

    ① 인종 측근세력 제거 : 도참설(十八子爲王說)을 내세워 척준경과 난

    ② 인종 이자겸 제거 : 척준경 회유, 이자겸 제거(척준경도 정지상에 의해 탄핵)

    ③ 유신지교 15조 반포 : 왕권 회복, 민생 구휼

  (4) 결과 : 왕권 하락, 문벌 귀족 사회의 붕괴 촉진, 서경천도론 대두

3) 묘청의 서경 천도 운동(1135)

  (1) 배경 : 인종의 왕권 회복, 민생안정, 국방력 강화 추진, 금나라 압박, 문벌귀족의 정치 독점

(2)정치적 대립

	개경파	서경파
중심세력	김부식(문벌귀족)	묘청(승려), 정지상(신진관료)
사상	시대적 유교사상	풍수지리설, 자주적 전통사상
계승의식	신라 계승의식	고구려 계승의식
외교	보수적, 금과 사대관계	개혁적, 금국 정벌, 칭제건원주장

(3) 경과

① 묘청은 서경(대위국), 연호(천개), 군대(천견충의군)라 하여 난을 일으킴

② 김부식, 윤언이(윤관의 아들)의 관군에 의해 토벌

(4) 결과

① 고구려의 자주 의식 확인, 지배층의 사상적 대립으로 내부 분열

② 서경의 분사제도, 개경파 정권으로 인한 무신란의 배경이 됨

③ 신채호(조선사연구초 1923) : 서경 천도 운동은 '조선 역사상 일천년래 제일사건'이라며 자주성 평가

묘청의 난 진압

4) 무신 정변(1170)

(1) 배경

① 문벌 귀족 지배체제의 모순 심화(이자겸, 묘청의 난으로 귀족간 갈등)

② 숭문천무 정책 : 무학재(무과 강예재)폐지, 문반의 군사 지휘권 장악, 무반의 차별대우, 군인전 미지급, 의종의 사치와 향락생활

(2) 전개 : 보현원 사건 후 정중부, 이의방 등의 무신들이 문신을 제거, 의종을 폐하고 명종을 옹립

(3) 변천

① 무신정권 성립기(1170 ~ 1196)

㉠ 정중부(1170~1179) : 이의방 제거하고 권력 장악, 중방 중심, 토지와 노비 확대, 개인사병 중심으로 무신들 간 권력 쟁탈전 심화

ⓛ 경대승(1179~1183) : 정중부 제거, 개인 사병의 집단 도방(신변경호) 설치,

ⓒ 이의민(1183~1196) : 김보당의 난 때 의종을 제거한 공으로 진출, 천민출신, 중방 중심, 최충헌에게 피살

② 무신정권 확립기(1196 ~ 1258) 문무합작 독재정권(4대 62년, 최충헌, 최우 ,최항, 최의)

ⓐ 최충헌(1196~1219)

ⓐ 봉사 10조 : 사회계혁안 명종에게 제시

ⓑ 무단 정치 강화

　－ 도방 부활 : 신변보호, 비밀탐지, 반대세력 탄압

　－ 교정도감(희종 1209)설치 : 교정별감, 국가 최고정치기구

　－ 흥녕부 : 최충헌 대농장 관리기구(진강부, 진양부)

ⓒ 조계종 성장 : 왕실과 귀족의 교종 억압, 선종 중심 조계종 지원

ⓓ 민란진압

　－ 만적의 난(1198) : 최충헌 사노 만적, 최초 노비해방운동

　－ 최광수의 난(1217) : 고구려 부흥운동

　－ 동경의 난(1202) : 신라 부흥운동

❖ 최충헌 봉사 10 조

1. 새 궁궐을 옮길 것	6. 승려의 고리대금업을 금할 것
2. 관원의 수 줄일 것	7. 탐관오리를 징벌할 것
3. 농민에게 빼앗은 토지 돌려줄 것	8. 관리의 사치를 금할 것
4. 선량한 관리를 임명할 것	9. 함부로 원당(개인사찰)을 금할 것
5. 지방관의 공물 진상을 금할 것	10. 신하의 간언을 용납할 것

ⓛ 최우(1219~1249)

ⓐ 정방 설치(1225) : 문무관 인사권 장악, 정색승선, 문인 등용(신진사대부)

ⓑ 서방 설치(1227) : 문신 자문기구(최자, 이규보, 이인로), 사대부 성장

ⓒ 삼별초 조직 : 좌별초(야별초에서 분리), 우별초(야별초에서 분리), 신의군(몽골에 포로로 잡혔다 돌아온 병사)로 구성되어치안유지, 국고에서 녹봉지출, 사병역할

ⓓ 대몽 항쟁

　－ 1차 몽골침입(1231) : 귀주성 전투(박서)

　－ 2차 몽골침입(1232) : 강화도 천도, 처인성 전투(살리타 사살)

- 3차 몽골침입(1235) : 속장경, 황룡사 9층석탑 소실

- 4차 몽골침입(1247) : 아모간 개경환도 요구

- 5차 몽골침입(1253) : 개경환도 계속 요구, 아모간, 야굴 침입

- 6차 몽골침입(1254) : 강화도 철수 요구

- 7차 몽골침입(1254), 8차(1257), 9차(1258)

  ⓒ 마별초 조직 : 의장대 역할

 ⓒ 강화천도(고종 1232) : 장기적 항몽 목적과 정권유지 목적, 강도시대

 ⓔ 최항, 최의 (1249~1258) : 무오정변(1258), 최의 피살

③ 무신정권 붕괴기(1258 ~ 1270)

 ㉠ 무오정변(1258) : 최의가 김준, 임연에 피살, 최씨 정권 붕괴

 ㉡ 김준, 유경, 임연, 임유무 : 왕정 복구, 항몽의지 약화

 ㉢ 개경출륙환도 명령(원종 1270) : 홍문계, 송송례가 임연, 임유무 제거

(4) 최씨 정권의 결과

① 정치 : 문벌 귀족 사회 붕괴하고 관료사회로 전환되는 계기

② 경제 : 전시과 붕괴, 지배층에 의한 대토지 소유

③ 사회 : 농민, 노비의 난으로 신분제의 동요, 귀족중심 엄격한 신분제도 변화 계기

④ 문화 : 조계종 발달, 유학 쇠퇴, 운둔적 시조문학 · 패관문학 및 시조 발달

(5) 무신의 권력행사 기구

5) 무신정권 사회의 동요

(1) 반 무신난

① 김보당의 난(1173) : 문신 김보당 의종의 복위 꾀함, 무신의 지배체제가 더욱 강화되는 계기

② 조위총의 난(1174) : 서경 유수 조위총 중앙무신에 항거, 농민전쟁 성격

③ 승려의 난(1174) : 귀법사, 중광사 등 교종승려 봉기

(2) 하층민의 봉기

① 배경 : 신분제의 동요, 무신의 농장 확대로 수탈 강화, 지방체제 붕괴

② 천민, 관노의 난

ㄱ 전주 관노의 난(1182) : 군인이었지만 노비가 최초로 참가한 민란

ㄴ 만적의 난(1198) : 최충헌 사노 만적 신분 해방· 정권탈취 시도, 사전 발각 실패

③ 양민, 농민의 난

ㄱ 망이· 망소이의 난(1176) : 공주 명학소에서 신분해방 요구, 명학소를 중순현으로 승격, 향· 소· 부곡이 해방되는 계기

ㄴ 김사미· 효심의 난(1193) : 무신 집권 최대 규모 민란, 경상도 전역 확산, 신라부흥운동 전개

ㄷ 민란 수습으로 제한적 토지 반환 및 조부 감면, 권농정책 실시, 무신란이후 농민 봉기, 최씨 집권 시 안정

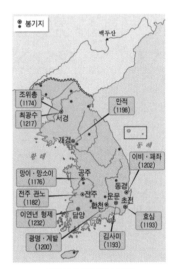

무신 집권기의 민란 봉기지

④ 부흥운동

ㄱ 최광수의 난(1217) : 고구려 부흥운동

ㄴ 동경의 난(1202) : 이비· 패좌, 신라 부흥운동

ㄷ 이연년의 난(1237) : 백제 부흥운동(최우)

⑤ 기타 항쟁 : 석영사의 난(1175), 광명· 계발의 난(1200), 탐라 민란(1202)

4. 대외 관계의 변화

❖ **고려의 대외관계 변천**
송과 통교(962) → 1차 거란침입(993) → 2차 거란침입(1010) → 3차 거란침입(1019) → 윤관 여진정벌(1107) → 이자겸 금 사대수용(1125) →묘청 서경천도(1135) → 강화도 천도(1232) → 팔만대장경(1251) → 개경 환도(1270) → 원 멸망(1368) → 박위 쓰시마섬 정벌(1389) → 고려멸망(1392)

1) 거란의 침입과 격퇴

(1) 배경 : 고려의 북진 정책과 친송 정책으로 거란과
    대립

(2) 거란의 침입

강동 6주와 천리장성

① 1차 침입(성종 993) : 소손녕 80만대군 , 송과 단
    교 및 거란 교류 요청, 서희의 외교담판(강동6주),
    압록강까지 국경확대, 고구려 계승국 인정, 절도
    사 제도 정비

② 2차 침입(현종 1010) : 거란 성종 40만대군, 강조의 정변(목종 폐위사건1009)을 계기로
    강동6주 반환 요구, 개경함락과 왕의 나주 피신, 양규 선전, 문신 하공진의 교섭, 현종
    입조 조건, 초조 대장경 조판 시작

③ 3차 침입(현종 1018) : 소배압 10만대군, 현종 입조 불응, 강동 6주 반환 거부, 귀주대
    첩(1019) 강감찬 승리, 거란과 강화체결

④ 전란의 영향

　　㉠ 극동 정세 안정 : 고려, 송, 요(거란) 삼국간의 국제균형 유지

　　㉡ 나성 축조 : 개경 외곽 축조(현종 1029)

　　㉢ 천리장성 축조 : 압록강에서 도련포, 덕종(1033) ~ 정종(1044)

　　㉣ 7대 실록 편찬, 초조대장경 조판, 원효의 '대승기신론소'거란에 반포

　　㉤ 강동 6주 고려에 인정

2) 여진과의 관계

(1) 여진의 배경

① 초기 말갈족, 고려에게 '부모의 나라'라고 조공 바침

② 완옌부의 추장 부족 통합(12세기 초)

　　숙신 → 읍루 → 물길 → 말갈 → 여진(금) → 만주족

(2) 윤관의 여진 정벌

① 여진정벌(숙종 1104) : 임간, 윤관 기병 부족으로 실패

② 별무반 조직(1104) : 신기군(기병), 신보군(보병), 항마군(승려)

③ 윤관 여진정벌(1107) : 동북 9성 축조(예종 1107)

④ 척경입비도 : 두만강 북쪽 선춘령에 '고려지경'이란 비를 세워 경계를삼은 사실을 그

린 그림

⑤ 9성 환부 : 여진의 요청과 방어의 어려움으로 1년 만에 돌려줌

(3) 금(金)의 건국과 사대 외교

① 금의 건국(1115) : 우야소의 동생 아골타 , 고려에 형제관계 요구(1117)

② 고려 압박 : 요(거란)멸망 시킨 후 고려에 군신관계요구(1125), 이자겸 요구 수용, 고려의 북진정책 좌절

③ 정강의 변(1127) 이후 : 금이 송의 수도 점령(북송 멸망), 남송 성립

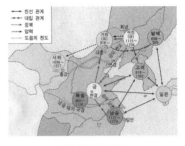

동아시아 외교 관계

3) 몽골과의 관계

(1) 13세기 초 국제 정세

① 칭기스칸(1206) : 몽골제국 건설

② 거란의 일부가 대요소국 건국(1217)

③ 동진국 건국(1217) : 금나라 장군 포선만노

(2) 여 · 몽 접촉

① 거란침입

㉠ 1차 침입 : 몽골에 쫓긴 거란족 고려(제천, 청주)침입(김취려 격파, 1217)

㉡ 2차 침입 : 강동성 포위(1218)

② 강동(성)의 역 : 동진국 · 몽골과 연합 강동성 함락(1219), 몽골 첫 접촉

척경입비도

(3) 몽골의 침입

① 배경

㉠ 여 · 몽 협약(1219), 무리한 공물 요구, 몽골사신 저고여 피살 사건(1225)

② 1차 침입(고종 1231) : 살리타 침입, 박서 귀주성 전투 승리, 개경 포위 요구 수용 다루가치 설치

③ 2차 침입(1232) : 최우 집권기 강화 천도, 김윤후 처인성 전투(살리타 사살), 부인사 초조대장경 소실

몽골 항쟁 강화도

④ 3차 침입(1235~1239) : 고려에 당한 패배에 대한 보복으로 대대적 공격, 팔만대장경

조판(1236)시작, 황룡사 9층석탑 소실(1238)

⑤ 4차 침입(1247~1248) : 아모간 침략(원 황제 정종의 죽음으로 철수), 대장경완성

⑥ 5차 침입(1253~1254) : 야고 침략, 김윤후(충주성)가 지휘하는 민병과 관노 승리

⑦ 6차 침입(1254~1259) : 차라대의 6년의 장기간 침략, 태자(원종) 몽골 입조, 쌍성 총관부 설치(1258), 최씨 정권 붕괴(무오정변, 1258)

⑧ 고려의 항전

　ⓐ 고려 정부 : 백성 산성과 섬으로 피난, 팔만대장경 조판

　ⓑ 일반 민중 : 노비와 부곡 지역 일반 백성까지 대항,

　ⓒ 침입 결과 : 몽골과 강화(1260), 국토의 황폐화, 문화재 소실

대몽 항쟁과 삼별초

(4) 삼별초의 항쟁(1270~1273)

① 배경 : 무신정권의 붕괴, 몽골과 굴욕적 강화 반발, 개경환도 반대

② 전개 : 강화도에서 배중손, 왕족 승화 후 온(溫) 왕 추대, 진도(용장성)저항, 김통정 지휘 탐라(제주) 항전, 여 · 몽 연합군에 함락

③ 의의 : 고려 항몽 사상과 자주의식 고취 몽골 항쟁 강화도대몽 항쟁과 삼별초

5. 고려 후기의 정치 변동

1) 고려의 원 간섭기

(1) 원의 내정 간섭

① 일본 원정 : 몽골은 국호 원으로 개칭하고 일본 원정에 동원

　ⓐ 1차 원정(충렬왕 1274) : 원(흔도, 홍다구), 고려(김방경) 태풍으로 실패

　ⓑ 2차 원정(충렬왕 1281) : 정동행성(일본 원정 준비기구 1280)설치, 일본 가마쿠라(겸창) 막부시대(국방력 강화), 실패

② 영토의 상실

　ⓐ 자주권 상실 : 부마국(원의 공주와 결혼, 원 황제의 부마)

　ⓑ 쌍성총관부(1258~1358)

ⓐ 조휘, 탁정 동북면 병마사 살해후 몽골에 투항

ⓑ 화주(영흥)에 쌍성총관부 설치(조휘 : 총관, 탁정 : 천호)

ⓒ 공민왕(1356) : 동북면 병마사(유인우) 쌍성총관부 탈환

ⓓ 쌍성총관부 폐지 후 화주목 설치

ㄷ 동녕부(1270~1290)

ⓐ 서북면 병마사 최탄 원나라 투항

ⓑ 원(세조) 서경에 동녕부 설치(최탄 : 총관)

ⓒ 충렬왕(1290) : 동녕부 요동으로 이동, 공민왕(1370)동녕부 공격 (요양 이동)

ㄹ 탐라총관부(1273~1301) : 삼별초 저항 진압, 제주도 설치, 목마장 경영, 충렬왕 반환

③ 관제 및 왕실 칭호 격하

ㄱ 관제의 변화

고려 관제		관제 격하
왕의 칭호	짐, 폐하, 태자	고, 전하, 세자
도병마사		도평의사사(독자적, 최고 상설기구)
2성	중서문하성, 상서성	첨의부
6부	이부, 예부	전리사
	병부	군부사
	호부	판도사
	형부	전법사
	공부	폐지
중추원		밀직사

ㄴ 병제의 변화 : 13세기 후반 이후 2군 6위 상비군 기능 상실

④ 내정간섭 기구

ㄱ 다루가치(고종 1231) : 몽골 1차 침입, 원종(1270) 내정간섭기관, 감찰관 파견, 공물 징수 감독

ㄴ 정동행성(충렬왕 1280) : 일본 원정기구로 실패 후 내정간섭 기구로 변질, 의례적인 행사 담당 기구

ㄷ 순마소 : 감찰기관, 반원 인사 색출, 개경 치안 담당

ㄹ 만호부 : 고려의 군사조직에 영향력 행사

⑤ 내정간섭 제도

ㄱ 심양왕 제도 : 남만주 일대 고려인 통치(실제 고려왕 견제 수단)

ㄴ 독로화 제도 : 고려 세자 북경 인질 후 돌아와 왕이 됨(측근 정치성행)

(2) 원의 경제 수탈

   ① 물적 수탈 : 특산물 징발(금, 은, 베, 인삼 등), 응방(매 : 해동청 사육) 설치

   ② 인적 수탈 : 결혼도감 설치(과부처녀추고별감), 공녀 공출, 조혼 성행

(3) 고려의 사회 변화

   ① 왕권이 원에 의해 유지되고 조정에 친원 세력 대두

   ② 풍속의 교류

      ㉠ 몽골풍 : 호복(몽골의복), 채두변발, 족두리, 연지 등

      ㉡ 고려양 : 고려떡, 고려만두, 고려아청, 두루마기등 원에 전함

   ③ 만권당(충선왕) : 은퇴 후 북경에 설치, 조맹부(송설체 유명), 이제현 교류(문화, 학문)

   ④ 친원 세력이 몽골 귀족과 혼인으로 신분상승, 권문세족으로 성장

   ⑤ 성리학 전래 : 충렬왕 때 안향이 성리학(주자학) 소개

(4) 권문세족의 성장

   ① 구성 : 종래 문벌귀족 가문, 무신 집권기 가문, 원과의 관계로 성장한 가문 구성

   ② 성장 : 음서를 통해 고위 관직 독점, 신분 세습, 원과 결탁

   ③ 횡포 : 대농장 소유, 백성 토지약탈 및 노비화(국자재정 궁핍)

2) 원 간섭기 개혁정치

(1) 충렬왕(1236~1308)

   ① 홍자번의 편민 18사 건의 : 수취제도 모순지적, 개혁정치의 효시

   ② 성리학의 소개, 경학, 사학 장려

   ③ 둔전경략사 폐지 및 동녕부, 탐라총관부 반환

   ④ 무비 살해사건으로 퇴위

(2) 충선왕(1275~1325)

   ① 반원, 반귀족 정치 : 정방폐지, 원의 무종 옹립 공헌, 원에 머물며 전지정치

   ② 만권당 설치 : 문화 학문 교류(조맹부, 이제현)

   ③ 재정 개혁 : 의염창 설치(소금 전매제), 전농사 설치(농장, 노비 조사)

   ④ 토지개혁 추진 : 권문세족 반발로 실패

(3) 충숙왕(1294~1339)

   ① 찰리변위도감 : 주로 경제적인 문제 치중(권문세족의 반발로 도감 혁파 실패)

   ② 입성책동 : 고려를 원나라 하나의 성으로 하려는 것

(4) 충혜왕(1315~1348)

　① 편민조례추변도감 : 왕권강화, 국자재정 확보 및 민생안정(기황후계 권문세족의 반발로

　　실패)

(5) 충목왕(1337~1348)

　① 정치도감 : 개혁적 신진사류 중심, 사회모순 해결시도(기황후 일족 기삼만의 반발로 실패)

　② 권문세족의 견제

3) 공민왕의 개혁 정치(1351~1374)

(1) 배경

　① 대내적 : 신진 사대부의 성장

　② 대외적 : 원 · 명 교체기(명 건국:1368)

(2) 반원 정책

　① 친원파 숙청 : 기철, 권겸 가문

　② 정동행성이문소 폐지 : 3성 6부 회복(문종)

　③ 몽골풍 폐지, 원 연호 폐지

(3) 영토 확장

　① 쌍성총관부 탈환(1356) : 철령 이북 회복(유인우, 이자춘)

　② 동녕부 공격 : 요양 정벌(지용수, 이성계 : 1370)

(4) 왕권 강화

　① 정방 폐지 : 왕의 인사권 장악

　② 성균관 정비(1367) : 과거와 교육제도 정비로 신진사대부(이색, 정몽주, 정도전) 등용

　③ 전민변경도감 설치(1366) : 승려 이차돈(신돈)의 등용, 노비해방, 불법소유 토지 돌려

　　줌, 양민 회복, 국가 재정 기반 확충

(5) 개혁 실패

　① 원인

　　㉠ 원의 극심한 간섭

　　㉡ 권문세족 반발 : 신돈 제거, 흥왕사의 변(공민왕 시해하고자 침입 : 1363)

　　㉢ 신진사대부 세력 미약 : 근본적 실패 원인

　　㉣ 홍건적과 왜구의 침입

　② 결과 : 권문세족 권력 독점, 대농장 확대, 정치 기강 문란, 민생 피폐

4) 신진 사대부의 성장

(1) 등장

　① 무신 집권기에 등장 : 최우의 서방을 통해 등장

　② 충선왕 : 사림원을 통해 성장

　③ 성리학(정치 이념)을 바탕으로 과거 통해 진출(명분과 도덕 중시)

　④ 공민왕 때 중앙 진출 성장, 향리, 하급관리 출신

(2) 특징

　① 과거로 진출, 성리학자

　② 재향 중소지주 출신, 친명외교

　③ 개혁 추구, 실천적

　④ 종류

　　㉠ 온건파 사대부(정몽주) : 고려 왕조 유지, 점진적 개혁 주장

　　㉡ 급진파 사대부(정도전) : 새로운 왕조, 사회문제 해결 주장

(3) 성리학

　① 전파

　　㉠ 충렬왕 때 안향에 의해 고려 전파

　　㉡ 충선왕이 만권당을 설치하여 조맹부, 이제현 교류

　　㉢ 남송의 주희가 인간의 본성과 우주의 근본 원리를 철학적으로 탐구하는 신유학인
　　　 성리학 집대성

　② 영향

　　㉠ 신진 사대부의 사회 개혁 사상 수용

　　㉡ 권문세족의 부패와 불교의 폐단 비판(정도전 : 불씨잡변)

| 고려의 세력 변화 |

구분	문벌 귀족	권문 세족	신진 사대부
성장	성종	무신정권 붕괴 후	무신정권 등장, 공민왕 세력화
출신	호족, 6두품, 공신	귀족, 무신, 친원세력	향리, 하급관리
등용	과거, 음서	음서(도평의사사 독점)	과거(유교적 소양)
경제	과전, 공음전	대농장(부재지주)	재향 중소지주
대외	친송, 금과 사대관계	친원 외교	친명 외교
정치	보수적, 사대적	보수적	개혁적, 진취적
종교	불교	불교	불교비판
학문	유교적(훈고학)	비유학자	유학자(성리학, 관료적)

6. 고려의 멸망

1) 고려사회의 모순
  (1) 공민왕의 개혁 정치 실패 : 원의 압박, 권문세족 반발
  (2) 권문세족의 정치·경제력 독점 : 농민 생활 파탄, 국가 재정 파탄

2) 홍건적과 왜구 침입
  (1) 홍건적 침입
   ① 홍건적 : 원나라 말기 백련교도 중심 한족의 농민 반란군
   ② 1차 침입 공민왕(1359) : 모거경 침입, 이승경, 이방실 격퇴
   ③ 2차 침입 공민왕(1361) : 개경함락, 공민왕 안동 피난, 정세
      운, 안우, 이방실, 이성계 격퇴

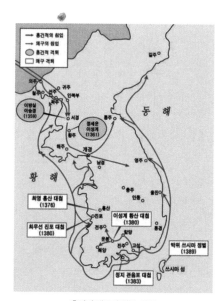

홍건적 왜구의 침입, 격퇴

  (2) 왜구의 침입
   ① 13세기부터 시작하여 14세기 공민왕, 우왕 때 절정
   ② 왜구의 격퇴
       ㉠ 최영(우왕 2년 1376) : 부여의 홍산
       ㉡ 우왕 6년(1380) : 진포에서 최초 화포 사용(최무선), 남
          원의 황산(이성계)
       ㉢ 정지(우왕 9년 1383) : 남해 관음포
       ㉣ 박위(창왕 1389) : 대마도 정벌
   ③ 왜구 침입의 영향
       ㉠ 왜구의 약탈로 연안지방 황폐, 농촌 경제 파탄
       ㉡ 각 지방의 조세의 운반 마비로 국가 재정 미약
       ㉢ 수군의 창설(공민왕 1374), 사수서(해안경비 담당) 설치
       ㉣ 화포 제작 : 우왕(1377) 화통도감 설치
       ㉤ 왜구 토벌 과정에서 백성의 신망을 얻은 최영, 이성계 등 신흥무인세력 등장

3) 사대부의 분열
  (1) 사원 경제의 폐단과 토지의 소유 등 개혁의 방향으로 대립
  (2) 온건파(이색, 정몽주) : 고려 왕조 유지, 점진적 개혁 주장(다수)
  (3) 급진파(이성계, 정도전): 새로운 왕조, 사회문제 해결 주장(소수)

신진 사대부의 분열		
구분	온건파	급진파
인물	정몽주, 이색, 길재	정도전, 이성계, 조준
주장	고려 왕조 유지, 점진적 개혁	왕조 자체 개혁(역성혁명)
정치 · 경제	토지개혁 반대, 대토지 소유 정리	권력가 토지소유 축소
군사	군사력 약함	신흥 무인 세력과 농민군사
종교	불교 폐단을 주로 비판	불교 교리 자체 비판
계승	사학파(사림파 16세기)	관학파(훈구파 15세기)
질서	도덕 강조	형벌로 질서 확립

4) 요동정벌과 위화도 회군

(1) 권문세족(이인임) 제거 후 개혁에 대한 대립(최영, 이성계)

(2) 명의 철령 이북 영토 요구 : 철령위 설치 통보(우왕 1388)

(3) 요동정벌론

　① 친원파 우왕과 최영 주장, 정벌군 파견

　② 친명파 이성계등 4불가론 주장, 요동정벌 반대

위화도 회군

> ❖ 이성계의 4불가론
> 1. 작은 나라가 큰 나라 공격은 불가
> 2. 여름에 군사의 출병은 불가
> 3. 왜구의 침략 가능성이 있다
> 4. 지금 장마철이라 활의 아교 풀리고 군사의 전염병이 생길 우려가 있다

(4) 위화도 회군

　① 이성계 압록강의 위화도에서 회군, 최영 제거, 대명관계 개선으로 새 왕조 개창의 기반 마련

　② 폐가입진론(1389) : 우왕, 창왕 신돈의 혈통이라 폐위, 공양왕 옹립

5) 전제 개혁

(1) 1차 전제 개혁(1388) : 수조권 개편(조준), 소유권 개편(정도전), 이색 등 반대

　① 급전도감 설치(1389) : 토지개혁 추진하여 전국 토지 재 측량

　② 양안 삭제(1390) : 모든 토지 국가 토지로 환수, 권문세족 경제기반 붕괴

(2) 2차 전제 개혁(1391) : 창왕, 최영 제거, 공양왕 옹립

　① 과전법의 공포(1391) : 국가 재정의 확보와 신진관료의 경제적 기반 마련, 농민생활의
　　안정 목적

6) 조선의 개창

(1) 급진파 도평의사사 장악 : 이성계 공양왕 폐위와 신흥사대부 혁명파 추대

(2) 공양왕 폐위 : 도평의사사 의결을 거쳐 선위 형식 이성계 왕위 계승

(3) 조선건국(1392) : 국호를 조선이라 개칭(고려의 멸망)

II. 중세의 경제

1. 고려 경제구조와 사회제도

1) 토지제도

(1) 전시과

① 개념 : 문무 관리부터 군인 · 한인까지 18등급으로 나누어 토지(전지)와 임야(시지)를 지급

② 특징 : 토지의 국유제를 바탕으로 사유지(민전)가 인정, 수조권(토지에서 조세를 수취할 수 있는 권리)만 인정, 퇴직 및 사망시 세습불가의 원칙에 따라 국가에 반납

③ 종류

종류		특징
과전		전시과로 받은 토지, 세습불가, 관리 18등급
세습가능 토지	공음전	5품 이상 관료에게 지급, 문벌귀족의 세력 기반
	군인전	직업 군인에게 군역의 대가로 지급한 토지
	내장전	왕실 경비를 충당하기 위해 지급한 토지
한인전		6품 이하 하급관료의 관직에 오르지 못한 자제에게 지급
구분전		6품 이하 하급 관료와 군인의 유가족에게 지급

구분전	6품 이하 하급 관료와 군인의 유가족에게 지급
공해전	중앙과 지방의 관청에 지급하여 경비로 충당
사원전	불교 사원에 지급된 토지, 면세·면역의 특권 부여
민전	백성 소유의 토지, 매매·상속·증여 가능, 1/10세금 납부

(2) 토지 제도의 변천 과정

① 역분전(태조 940) : 개국공신, 공훈·충성도·인품에 따라 지급

② 시정 전시과(경종 976) : 전·현직 관리에게 관품과 인품에 따라 지급, 최초의 전국적
토지 분급으로 모든 관리에게 차등 지급

③ 개정 전시과(목종 998) : 성종의 18품계 기준 지급(인품배제), 문관 우위 규정, 현직이
전직보다 우위 지급, 토지 분급량 하향조정

④ 경정 전시과(문종 1076) : 전시과 제도의 완성, 한외과 폐지(별정전시과 지급), 토지 지
급액 감소(시지), 무관 지위 상승, 현직 위주 지급

⑤ 전시과 붕괴 : 무신정변 후 대토지 점유 현상

⑥ 녹과전(원종 1271) : 개경 환도 후 일시적 경기 8현 토지 지급, 녹봉 부족분 보충, 충렬
왕 재정비, 과전법 기초

⑦ 과전법(공양왕 1391) : 국가재정확보와 신진사대부 경제적 기반확충

(3) 전시과와 과전법의 비교

	전시과	과전법
차이점	• 전지와 시지 지급 • 전국(하삼도) 지급 대상 • 소유권+수조권=공사전 구분 • 경작권 보장 안됨 • 국가의 수조 대행 • 수전자 장기병휴, 범죄시 토지회수, 몰수 • 유가족 : 과전 환수, 구분전 지급 • 별사전 : 승려, 풍수지리업자 지급 • 군인전 : 중앙군(2급) 지급 • 구분전 : 하급관료, 군인 유가족 지급 • 민전 : 매매 허용 • 별정전 : 악공, 공장, 무산계 지급	• 전지(토지)만 지급, 시지의 소멸 • 경기에 한하여 지급 • 수조권에 따라 공사전 구분 • 경작권 보장 • 관료의 직접 수조 • 수전자 태형 이하 몰수 안함 • 유가족 : 과전→수신전, 휼량전 변경지급 • 별사전 : 준공신(경기 외 토지)지급 • 군전 : 유향품관(지방 한량) 지급 • 구분전 : 읍리, 진척, 역자 지급 • 민전 : 매매 금지
공통점	• 현직 + 퇴직(산직) = 모두 지급 • 18품계 : 차등 지급 • 전주전객제(수조권자(전주), 토지소유자 농민(전객) : 수조권을 소유권보다 우위에 두는 제도)	

2) 수취체제

(1) 조세(토지세, 전세) : 토지 비옥도에 따라 3등급으로 구분 1결당 최고 18석 기준, 민전
   (1/10), 공전(1/4), 사전(1/2)

❖ **조세의 운반**
조운을 통해 개경으로 운반, 육상을 이용하지 않고 수운(강과 바다)을 통하여 운반. 조창(남부 5도에 13개)
에서 경창(개경)으로 운반

(2) 공납(현물세, 호세) : 필요 곡물을 주현, 향·부곡·소에 할당하여 가호마다 그 지역 특
   산물 부과, 상공(정기), 별공(비정기)

(3) 역역(인두세) : 16~60세 정남의 노동력 무상 동원, 국가의 각종 공사(요역), 군역

(4) 기타 : 어염세(어민), 상세(상인)

3) 고려의 경제활동

(1) 농업 기술의 발달 : 권농 정책 시행

  ① 우경에 의한 깊이갈이(심경법) : 일반적 이용

  ② 밭농사 2년 3작 윤작법(조, 보리, 콩 돌려짓기) 고려초기 → 연작법(고려후기)

  ③ 논농사 직파법, 고려 후기 남부지방 일부 이앙법(모내기법) 보급

  ④ 시비법 발달 : 거름 주는 방법의 발달로 휴한농법 극복

  ⑤ 수리시설 발달과 농기구와 품종의 다양화

  ⑥ 문익점(공민왕) : 목화씨 전래로 의생활 혁명

  ⑦ 중국의 농서 도입 : 농상집요(이암 원에서 도입·보급)

(2) 수공업

고려 초기 : 관청수공업과 소(所)수공업이 중심
고려 후기 : 사원수공업과 민간수공업이 발달

  ① 관청수공업 : 관청에 등록된 수공업자가 국가에서 필요한 물품 생산, 농민 부역(무기
     류, 가구류, 금·은 세공품, 견직물)

  ② 소(所)수공업 : 공물 확보 목적 전라도 집중, 공주 명학소 난 이후 해체

  ③ 사원수공업 : 제지, 직포

  ④ 민간수공업 : 가내수공업 중심, 삼베, 모시, 명주

(3) 상업 : 대도시 중심으로 발달

① 사장 개설(태조 919) : 개경(시장, 상점), 지방요지(향시)

② 도시 상업

　㉠ 시전 설치(개경) : 관청, 귀족이 이용

　㉡ 관영 상점 : 개경, 서경, 동경 등 대도시에 다점·주점 등 설치

　㉢ 경시서(문종) : 상행위 감독, 물가 조절, 세금징수

③ 지방 상업 : 관아 근처에 시장을 형성하여 일용품을 판매

④ 현물 화폐 : 물물교역으로 곡물 및 삼베

⑤ 사원의 상업

　㉠ 배경 : 고려의 숭불정책, 많은 토지 및 노비 왕실과 귀족으로부터 기증, 면
　　세·면역의 혜택

건원중보

　㉡ 활동 : 연등회 및 팔관회 거행, 직물·기와·술 등 판매, 원(여관)을 관리, 사
　　원 중심의 상업 활발

　㉢ 폐해 : 농민상대 고리대(장리) 부 축적, 신진사대부에 비판받음

⑥ 고려 후기 상업 활동

　㉠ 개경 : 인구 증가로 상품수요 증가, 시전규모 확대, 도성 밖으로 확대 벽란도
　　등 항구 발달

해동통보

　㉡ 지방 : 행상의 발달, 조운로를 이용한 교역 활발, 원이 발달하여 상업중심지
　　로 성장

⑦ 경제구조 변화

　㉠ 국가재정증대를 목적으로 소금전매제 시행

　㉡ 농민에게 상행위로 조세 부담, 부를 축적한 상인 관리 진출

　㉢ 농민층의 가혹한 수취 및 생산력 한계로 적극적 상업 활동 불가능

삼한통보

(4) 화폐 주조와 고리대업, 보

① 화폐주조

　㉠ 성종(996) : 건원중보(최초의 철전)

　㉡ 숙종 : 주전도감 설치, 활구(은병), 해동통보(최초동전), 해동중보, 삼한통보

　㉢ 공양왕(1391) : 저화(최초의 지폐), 귀족중심 유통

은병

　㉢ 한계 : 자급자족의 경제구조로 인하여 유통 실패, 일반거래 농민 곡식과 포 사용

② 고리대업과 보

　㉠ 고리대업 : 왕실, 귀족, 사원은 고리대로 재산 늘림, 생활 빈곤 농민 상대 고리로 빌

려주고 갚지 못하면 노비가 됨

   ⓛ 장생고 : 사원에 설치한 서민 금융기관, 점차 사원 자체의 영리 사업으로 변질됨

   ⓒ 보의 종류 : 일정한 기금을 만들어 그 이자를 공적인 사업의 경비로 충당

     ⓐ 제위보(광종) : 빈민구제

     ⓑ 학보(태조) : 학교재단

     ⓒ 광학보(정종) : 승려의 면학

     ⓓ 경보(정종) : 불경간행

     ⓔ 팔관보(문종) : 팔관회 경비충당

     ⓕ 금종보 : 현화사의 범종 주조를 위해 만든 재단

이자 취득에만 급급하여 보의 기능 상실

(5) 대외무역

 ① 특징 : 국가의 통제로 인하여 공무역 발달, 대송 무역 중심, 개방적

  · 실리적 무역, 벽란도(예성강 하구) 국제 무역항으로 발달

 ② 송과의 무역 : 고려는 경제적 · 문화적, 송은 군사적 목적으로 교류

   ⓛ 무역로 - 북송(960~1127) : 벽란도 → 옹진 → 산둥반도 → 등주

       - 남송(1127~1279) : 벽란도 → 흑산도 → 명주

   ⓒ 교역품 - 수출 : 금, 은, 인삼, 나전칠기, 화문석, 종이 등

       - 수입 : 비단, 약재, 서적, 자기 등(귀족의 사치품)

 ③ 기타 각국과의 무역

   ⓛ 거란(요) : 수출(곡식, 농기구, 문방구) ↔ 수입(은, 모피, 말)

   ⓒ 여진 : 수출(농기구, 곡식, 포목) ↔ 수입(은, 모피, 말)

   ⓒ 일본 : 수출(곡식, 서적, 인삼) ↔ 수입(수은, 유황)

   ⓔ 아라비아 : 수출(은, 비단) ↔ 수입(수은, 향로, 산호), 고려가 코리아로 알려짐

고려의 대외무역

4) 고려의 사회제도

(1) 고려 사회의 특징

 ① 양천제 : 법제적 - 양민(양반, 중간계층, 일반양민, 하층양민)과 천민(노비) 구성

       사회관념상 - 귀족, 중류층, 양인, 천민 구성

 ② 봉작제 : 고려시대 주제(周制)와 당제(唐制)를 모방해 공(公), 후(候), 백(伯), 자(子), 남

(男)작의 오등봉작제의 작위를 말한다. 문종 때 왕자, 부마 등 왕족은 공, 후, 백의 3등급 작위 수여. 작위가 상속되지 않고 작위 유무가 귀족과 하층을 구분하지 않음.

③ 친족공동체 : 삼국시대에는 7세대 친족공동체이며, 고려시대에는 5세대(8촌)의 대 가족 단위 친족공동체 (귀족~양민)

④ 본관제 및 평민도 성(性)을 가짐, 개방적 사회

(2) 신분 구조

① 귀족(상류계급)

　　㉠ 왕족, 5품이상 문무양반, 귀족자제 3명이상시 1명 출가하여 승려됨

　　㉡ 문무산계 확립(성종), 문무양반은 모두 문산계

　　㉢ 음서제도와 공음전의 혜택으로 문벌 귀족 형성

　　㉣ 무신정변으로 문신중심 문벌귀족 몰락, 권문세족등장

> **계급변천 : 호족 → 문벌귀족 → 무신 → 권문세족 → 신진사대부**

② 중류계급

　　㉠ 서리(관청실무), 남반(궁중실무), 향리(지방행정실무), 군반(직업군인), 역리(지방 역관리) 고려시대 처음 등장, 통치체제의 하부구조를 맡아 중간역할 담당

　　㉡ 직역의 세습과 토지 지급(군인전, 외역전)

　　㉢ 향리 : 호족출신 고려 초 향리로 편제, 과거 응시가능(호장, 부호장), 중앙 하위 품관과 통혼가능

③ 양인(평민계급) : 주·부·군·현에 거주 농업 및 상공업 종사

　　㉠ 대부분 농민(백정) : 민전 경작, 조세·공납·역의 의무, 법제적 과거 응시가능

　　㉡ 하층양민 : 향·부곡민은 농업, 소민은 수공업 종사, 거주 이전 금지, 많은 세금 부과(일반 양민에 비해 차별 받음), 무신란 이후 군현 승격 양민화

　　㉢ 처간 : 왕실, 귀족, 사원(특수부락(장원))의 처에 소속, 처전 경작

④ 천민계급 : 대부분 노비, 상속·증여대상, 일천측천법(혈통), 천자수모법

　　㉠ 공노비 : 입역노비(관청의 잡역), 외거노비(농경종사, 신공납부)

　　㉡ 사노비 : 솔거노비 - 소유주 공동생활
　　　　　　　 외거노비 - 소유주 별도거주, 신분 상승가능, 재산소유가능, 신공납부

(4) 농민의 공동조직

① 공동조직 : 농민들의 일상의례와 공동노동으로 공동체의식 다짐, 대표적 조직은 불교의 신앙조직인 향도

② 향도

㉠ 매향 : 향나무를 땅에 묻는 활동, 위기 시 미륵을 만나 구원받고자하는 염원

㉡ 향도의 역할 : 매향활동 하는 무리에서 시작, 불상·석탑·사원 건립 시 대규모 인력 동원

㉢ 성격변화 : 초기에는 신앙적 성격, 후기에는 자신의 이익을 위한 조직 변모(마을 노역, 민속신앙과 관련된 마을 제사 등 공동체생활을 주도)

(5) 사회 시책과 여러 가지 사회제도

① 사회시책

㉠ 사회 시책 필요성 : 농민들의 과중한 조세 및 잡역 부담, 체제유지를 도모하기 위하여 농민 생활 안정시키는 사회 시책 필요

㉡ 농민 안정책과 권농정책

ⓐ 농번기 잡역 면제

ⓑ 재해 발생 시 피해 입은 농민 조세와 부역 감면

ⓒ 고리대로 인한 농민 몰락 방지 : 법으로 이자율 정함(일본일리차대법)

㉢ 권농정책 : 황무지 개간 및 버려둔 진전 경작 시 일정기간 조세 면세,

② 여러 가지 사회제도

㉠ 의창 : 성종(986) 때 흑창을 개칭, 평상시 곡물 배치 흉년빈민구제(추대추납), 고구려 진대법과 유사한 제도

㉡ 상평창 : 성종(993) 개경·서경·12목에 설치, 물가조절기관

㉢ 동·서대비원 : 가난한 백성 의료혜택 위해 개경에 설치, 문종 때 확충

      ② 혜민국(예종 1112) : 약을 제조, 판매하는 기관

      ⑩ 구제도감 · 구급도감 : 임시기관, 각종 재해 시 빈민구호시설

      ⑭ 제위보 : 기금을 마련한 뒤 이자로 빈민 구제

(6) 법률과 풍속

  ① 법률

      ㉠ 관습법 중시 : 대가족사회 중심의 관습법 중시

      ㉡ 지방관 사법권 행사 : 중요사건 이외에 대부분 지방관 재량권 행사

      ㉢ 효행을 중시 : 부모상 7일 휴가, 70세 이상 노부모 부양가족 없을시 집행보류

      ㉣ 형벌의 종류 : 태(볼기 매질), 장(곤장), 도(징역), 유(유배), 사(사형)5형, 중죄인 3인

           이상합의(삼원신수법), 사형은 3심제로 시행

  ② 풍속

      ㉠ 상장제례

          ⓐ 고려중기 주례가 들어와 장례와 제사는 유교적 규범 시행, 토착신앙과 융합된 불

             교 전통의식과 도교 신앙의 풍속

          ⓑ 장례는 불교의 영향을 받아 화장, 주로 절에서 시행

          ⓒ 제례는 불교식 기일재의 형태로 승려가 의식 주관

      ㉡ 명절 : 정월 초하루, 삼짇날, 단오, 유수, 추석 등 단오 때 격구와 씨름

      ㉢ 불교행사

          ⓐ 연등회 : 성종(정지), 명종(부활), 2월 15일 전국적 거행

          ⓑ 팔관회 : 토속 신앙과 불교가 융합된 행사, 개경(11월 15일), 서경(10월 15일), 왕

             은 법왕사나 궁중에서 하례, 송 · 여진 · 아라비아 상인들이 진상품 바침

(6) 혼인과 여성의 지위

  ① 혼인 : 남자 20세 전후, 여자 18세 전후(몽골 간섭기 이후 조혼 유행)

  ② 혼인 형태 : 고려 초 왕실 친족 간의 혼인 성행, 일부일처제

  ③ 재산 상속

      ㉠ 남편 사후 부인 재산분배권 행사, 자녀 골고루 분배

      ㉡ 전토와 마찬가지로 노비도 상속

      ㉢ 상속자와 피상속자가 참여 문계(文契) 작성

  ④ 여성의 사회적 지위

      ㉠ 여성도 호주가 가능, 딸이 제사를 지내거나 부모를 봉양 가능

ⓛ 호적에 성별의 구분없이 연령별로 기재, 재산은 남녀가 균등하게 상속

　　　ⓒ 여성의 재혼도 비교적 자유로웠으며, 그 소생도 차별을 두지 않았다

　　　ⓔ 일부일처제로 데릴사위가 많았고 사위가 처가의 호적에 오르기도 함

　　　ⓜ 음서제도와 공음전의 혜택은 사위와 외손자에게 상속이 가능하였고, 공을 세운 사
　　　람은 부모, 처부모도 함께 상을 받았다

2. 고려 중세의 문화 발달

▐ 학습 방법
　• 고려 시대 승려들의 활약상과 활동 시기 숙지
　• 역사서 편찬 인물과 시기, 역사서의 특징을 세밀히 숙지
　• 고려의 문화유산들의 특징과 시기 파악

▐ 출제 빈도
　ⓛ ⓜ ⓣ 성리학의 전래 및 역사서
　ⓛ ⓜ ⓣ 교육 정책 및 교육 기관
　ⓛ ⓜ ⓣ 관리 등용 제도
　ⓛ ⓜ ⓣ 고려의 불교
　ⓛ ⓜ ⓣ 고려의 과학 기술 및 건축, 예술 등

1) 유학의 발달

(1) 고려 사상의 특징

　① 유·불의 조화 : 유교는 정치와 관련된 치국의 도, 불교는 신앙생활과 관련된 수신의
　　도로서 서로 보완하는 기능 수행하면서 함께 발전

　② 사장(詞章) 위주의 유학 : 고려 전기는 경학보다 사장에 치중 이론보다 실용성 강조, 이
　　런 경향으로 과거시험 명경업보다 제술업이 중시

(2) 고려 유학의 성격 : 유교가 정치이념으로 채택, 유교적 소양 갖춘 인물들이 과거를 통해
　　문신귀족으로 진출 훈고학 발달

　① 고려 초기

　　ⓐ 태조 : 최언위, 최응 등 유교주의에 입각한 국가 경영 건의

　　ⓑ 광종 : 과거제도 실시

ⓒ 성종 : 최승로의 시무 28조에 의해 유교 정치사상 정립, 유학 교육기관 정비(국자감, 향교)

ⓔ 대표적 유학자 : 최승로(시무 28조), 김심언(봉사 2조 건의)

② 고려 중기

㉠ 문벌귀족사회의 발달로 유교사상도 점차 보수적 성격으로 전환

㉡ 시문 중시하는 귀족 취향의 경향 강함, 유교경전에 대한 전문적 이해가 깊어 유교 문화는 한층 성숙

㉢ 대표적 유학자

ⓐ 최충 : 해동공자로 칭송, 훈고학적 유학에 철학적 경향 새로이 반영

ⓑ 김부식 : 보수적이며 현실적 성격의 유학 대표

| 고려시대 유학의 변천 |

	고려 초기	고려 중기	고려 후기
내용	한,당 유학(훈고학)	보수적 성격	성리학 수용
성격	· 유교 정치이념 확립 · 자주적 성격 · 문화적 자신감	· 문벌귀족사회무사안일 · 무신정변 후 유학쇠퇴	· 의리와 명분 중시 · 신진사대부 지도이념
학자	최승로, 김심언, 이양	최충, 김부식, 정지상	이제현, 정몽주, 정도전

2) 교육 제도

(1) 관학의 정비

① 태조 : 개경과 서경에 학교 설립, 교육 장학재단 학보 설치

② 성종

㉠ 교육조서 반포 : "교육이 아니면 인재를 얻을 수 없다."

㉡ 중앙 (국자감) : 유학부(국자학(3품), 태학(5품), 사문학(7품))

　　　　　　　　　　　기술학부(율학, 서학, 산학(8품 이하, 서민의 자제))

㉢ 지방(향교, 인종) : 지방관 자제 및 평민교육(경학박사, 의학박사 12목 파견)

㉣ 도서관 설치

ⓐ 비서성(995) : 개경(왕립도서관) → 어서원 개칭

ⓑ 수서원(990) : 서경(분사 왕립도서관)

㉤ 문신월과법(성종, 예종) 시행 : 문신은 매월 시부를 지어 바치는 제도

ⓐ 중앙문신 : 시 3편, 부 1편

ⓑ 지방관 : 매년 1번

(2) 사학의 발달

  ① 9재 학당 : 사학의 효시, 문종(1055) 때 최충(해동공자)의 문헌공도전문강좌(9경, 3사

    교육), 무신집권기에도 존속, 공양왕(1391) 혁파

  ② 12공도 : 지공거, 고관출신 개경(서경은 없음)에 사학 설립, 12공도 출현

  ③ 사학의 발달로 관학은 약화, 국자감 위축, 문벌 귀족사회 확립

(3) 관학 진흥책

  ① 숙종(1101) : 서적포(출판소, 국자감에 설치)

  ② 예종 : 국자감 → 국학 개칭, 7재 설치, 양현고(국학에 설치 육영재단), 청연각(비각 궁중

    도서관 1116), 보문각(학문연구소 1116), 도서 편찬(편년통재 속편(삼국시대 역사서)),

    정관정요(치세술), 해동비록(도참서))

  ③ 인종 : 경사 6학 정비, 지방에 향교중심교육, 주현에 향학 설치

  ④ 충렬왕 : 심학전(안향의 건의, 국학생 학비보조), 국학 → 성균관 개칭, 공자사당(문묘)

    인 대성전 건축

  ⑤ 공민왕 : 성균관을 유교 교육기관으로 개편

  ⑥ 공양왕 : 성균관의 유학부와 기술학부 분리, 서적원(주자, 인쇄(금속활자 서적간행))

3) 역사서의 편찬

(1) 고려 초기

  ① 고구려 계승의식 표방, 자주적

  ② 왕조실록 · 건국초기 거란이 침입 소실

  ③ 7대실록 : 태조~목종까지 7대실록(현종~덕종 완성, 현재 전해지지 않음)

(2) 고려 중기

  ① 유교적 합리주의 사관이 대두되고 신라 계승의식 반영

  ② 가락국기(김양감, 문종) : 가야 지방사 현존하지 않음

  ③ 고금록(박인양, 문종) : 편년체 사서, 현존하지 않음

  ④ 속편년통재(홍관, 예종) : 삼한~고려초, 편년체 역사서, 현존하지 않음

  ⑤ 편년통록(김관의, 의종) : 왕건의 가계와 역사, 현존하지 않음

  ⑥ 삼국사기(김부식, 인종) : 기전체 역사서로 현존하는 최고의 역사서, 본기 · 연표 · 지 ·

    열전으로 구성

| 삼국사기와 삼국유사 |

	삼국사기	삼국유사
저자	김부식	일연
편찬시기	귀족사회 전성기(인종 1145)	원 간섭기(충렬왕 1281)
서술양식	기전체(정사)	기사본말체(야사체)
사관	합리적 유교사상	민족적 자주적 사관
계승	신라 계승	고조선 계승
내용	· 삼국부터 왕조 중심 정사 · 신라 계승의식 반영	· 단군 이야기 설화의 야사 · 불교 내용 중심

(3) 고려 후기

① 무신정변과 몽골의 침략으로 자주의식 강조, 전통 문화를 올바르게 이해

② 대표적 역사서

　　㉠ 해동고승전(각훈, 고종 1215) : 교종(화엄종)의 관점, 중국과 대등, 일부만 전함

　　㉡ 동명왕편(이규보, 명종 1193) : 고구려 계승의식, 주몽(동명왕) 영웅서사시

　　㉢ 삼국유사(일연, 충렬왕 1281) : 불교의 중심으로 민간설화나 전대기록 수록, 9편목

　　　으로 구성, 고유문화와 전통 중시, 단군건국 수록

　　㉣ 제왕운기(이승휴, 충렬왕 1287) : 단군부터 서술, 우리역사 중국과 대등 파악, 5언시,

　　　7언시로 지은 역사서

　　㉤ 본조편년강목(민지, 충숙왕 1317) : 우리나라 최초 강목체

③ 성리학적 유교사관

　　㉠ 성리학적 유교사상이 대두, 전통과 명분을 강조

　　㉡ 사략(이제현 공민왕 1357) : 성리학적 유교사관 반영(사략의 사론만 현존), 왕권 중

　　　심으로 국가 질서 회복하려는 의식 반영

④ 기타

　　㉠ 세대편년절요(충선왕) : 본조편년강목의 증보

　　㉡ 천수금경록(정가신 충렬왕), 본조금경록(이색)

| 역사서 서술방식 |

	서술 방법	대표적 사서
기전체	본기 · 열전 · 세가 · 지 · 연표(정사체)	삼국사기, 고려사, 해동역사, 동사
편년체	왕의 업적 연월을 중심(사실편술)	고려사절요, 동국통감, 조선왕조실록

기사본말체	사건을 원인, 결과로 서술	삼국유사, 연려실기술,
강목체	줄거리 대강과 세목으로 구분	본조편년강목, 동사강목, 동국사략

4) 성리학의 전래

(1) 성리학

① 남송의 주희가 인간의 심성과 우주의 원리문제를 철학적으로 탐구하는 신문학인 성리학 집대성(훈고학)

② 5경보다 4서(대학, 논어, 맹자, 중용) 중시, 주자가례, 가묘설치

(2) 성리학의 전래 과정

① 수용 초기

㉠ 불교가 세속화하면서 시대사상의 역할이 퇴색

㉡ 형이상학적 측면보다 실천적 측면 강조

㉢ 권문세족의 횡포와 불교의 타락, 신진사대부는 새로운 사상 이념 모색

② 전래 : 충렬왕(1290) 안향이 도입, 백이정 원에 유학 성리학 연구

③ 발전 : 충선왕때 원의 연경에 설치된 만권당에서 이제현이 이색에게 전파

④ 확산 : 공민왕 때 이색, 정몽주, 권근, 정도전으로 확산

(3) 성리학의 영향

① 신진사대부의 현실의 모순을 개혁할 수 있는 사상으로 수용

② 실천적 측면 강조, 소학 · 주자가례(정도전의 배불론, 불씨잡변 · 심리기편) 중시

③ 권문세족의 횡포와 불교의 폐단 비판

④ 고려의 정신적 지주 불교의 쇠퇴로 성리학이 새로운 국가사회 이념으로 등장

5) 불교사상과 신앙

(1) 불교 발달

① 불교의 성격

㉠ 현세구복적 : 사찰 및 원탑 건립

㉡ 호국적 성격 : 연등회, 팔관회, 대장경 조판

② 고려인의 불교관

㉠ 귀족 : 불교 수신의 도, 유교 치국의 도, 불교의 정치적 이념으로 생각지 않음

㉡ 일반인 : 현세적 기복신앙 숭상, 불교신앙조직 향도(토속, 불교, 풍수지리 융합)를

발전

③ 태조의 숭불 정책

　　㉠ 불교 적극 지원, 사원 건립, 유교 이념과 전통문화 함께 존중

　　㉡ 불교장려 : 훈요 10조로 연등회 · 팔관회를 통해 불교에 대한 숭상 강조

④ 광종의 정책

　　㉠ 귀법사 창건 : 화엄종 재확립 시도

　　㉡ 승과제도 실시 : 승계 수여 및 지위 보장

　　㉢ 국사 · 왕사제도 실시 : 상징적으로 왕권 위에 존재, 불교의 국교화

　　㉣ 승록사 설치 : 교단과 승려 관리

　　㉤ 사원에 토지 지급, 승려 면역의 혜택 수여

　　㉥ 교종과 선종을 각각 통합하여 선교의 대립 극복 노력

⑤ 성종의 억불책 : 최승로 등 유학자의 등용, 연등회 · 팔관회 금지

⑥ 현종 : 연등회 · 팔관회 부활, 현화사 건립

⑦ 문종 : 별사전 지급, 흥왕사 건립

(2) 불교 통합 운동

① 초기 불교

　　㉠ 교종과 선종의 병립 : 화엄종 · 법상종 발달, 선종은 관심

　　㉡ 광종의 불교 종파 통합 : 교종(화엄종 중심), 선종(법안종 중심)

　　㉢ 정토신앙 : 향도조직과 연결 불탑 및 범종 제작

　　㉣ 천태학 부흥 : 천태사교의 · 불교 이론의 차이를 조화시키는 화쟁

　　　사상 제시

의천(대각국사)초상화

② 중기 불교

　　㉠ 화엄종, 법상종 융성

　　　ⓐ 화엄종 : 화엄사상 바탕의 종파(의천의 흥왕사 중심 발전)

　　　ⓑ 법상종 : 유식사상(唯識思想) 중심의 종파(현화사, 인주 이씨)

③ 의천(대각국사)의 교단 통합운동

　　㉠ 원효의 화쟁사상 : 원효에 화정국사 칭호

　　㉡ 교종 통합 : 흥왕사를 근거지로 화엄종 중심의 통합 전개

　　㉢ 천태종 창시 : 교종 중심의 선종을 통합하여 창시(개경 국청사)

　　㉣ 천태종 교리 : 이론의 연마와 실천 강조, 교관겸수

지눌(보조국사)초상화

❖ 교관겸수

1. 교학의 연마와 실천 중심으로 선을 포용

2. 성상겸학 : 성(본질)과 상(표상)의 차이를 인정

3. 내외겸학 : 내(선종)과 외(교종)를 모두 갖춘다

4. 지관 : 잡념을 그치고 지혜로써 사물을 관조

    ⓜ 저서 : 천태사교의주, 원종문류, 석원사림, 신편제종교장총록

    ⓗ 한계 : 불교의 폐단, 정치적 경향 : 폐단 시정의 적극적 대책 부족

천태종과 조계종 비교

구분	대각국사 의천	보조국사 지눌
시기	고려 중기 문벌귀족시기	고려중기 무신집권기
통합기준	교종 중심으로 선종 통합	선종 중심으로 교종 통합
종파	천태종(국청사)	조계종(송광사)
주요사상	교관겸수, 지관	정혜쌍수, 돈오점수, 실천

(3) 결사운동과 조계종(무신집권기)

  ① 지눌(보조국사 1158~1210)

    ㉠ 수선사 결사운동

      ⓐ 명리에 집착하는 불교계의 타락상 비판, 독경 · 선수행 · 노동중시 개혁운동제창

      ⓑ 송광사 중심 결사운동(개혁적 승려, 지방민 지지)

    ㉡ 지눌의 조계종 성립

      ⓐ 정혜쌍수 : 선과 교학이 근본에 있어 둘이 아니라는 사상체계

      ⓑ 돈오점수 : 꾸준한 수행으로 깨달음의 확인 강조(수심결)

      ⓒ 천태종을 중심으로 교종을 포용하는 선교 일치의 사상 완성

    ㉢ 정혜결사(지눌 1190) : 신앙결사단체

    ㉣ 저서 : 권수정혜결사문, 목우자수심결, 진심직설, 화엄론절요

  ② 혜심(1178~1234)의 유 · 불 일치설

    ㉠ 수선사 2대 교주, 유교와 불교의 타협 시도

    ㉡ 성리학을 수용할 수 있는 사상적 토대 마련

    ㉢ 저서 : 선문염송집, 무의자시집, 진각사어록

  ③ 요세의 백련결사 제창

ⓒ 천태교학의 법학사상을 이론적 기반으로 정토신앙 수용, 자신의 행동을 진정으로 참회하는 법화신앙 중점, 강진 만덕사에서 제창

ⓛ 지방 민중기반 확대, 수선사와 양립

| 신앙결사운동 |

구분	선종(조계종)	교종(천태종)
결사체	수선사	백련사
대표승려	보조국사 지눌	원묘국사 요세
중심사찰	순천 송광사	강진 만덕사
특성	지방 지식인 대상, 성리학 수용바탕	정토신앙 강조, 민중의 지지

(4) 원 간섭기

① 사원은 왕실과 권문세족의 후원으로 대토지 소유, 상업관여 부 축적

② 성리학을 사상적 배경 대두한 신진사대부 불교계 사회·경제적 폐단 비판

③ 보우가 9산선문 통합과 한양천도 주장등 교단정비하려고 하였으나 실패

④ 불교의 쇠퇴 : 불교계의 혁신적 결사운동 단절로 수선사 위축, 백련사 변질

6) 대장경의 간행

(1) 간행 배경

① 불교 사상 체계화하는 경전 편찬

② 거란 및 몽골 등 외적 격퇴 염원(호국불교적 성격)

③ 의미 : 경(경전), 율(계율), 논(해석)의 3장으로 구성된 불교 경전 집대성

(2) 대장경

① 초조대장경(1011~1087)

ⓒ 목적 : 현종(1011) 거란의 침입을 막고자 간행, 대장경 완성(선종 1087)

ⓛ 보관 : 대구 부인사 보관(몽골 2차 침입 소실, 1232)

② 속장경(1073~1096)

ⓒ 목적 : 의천 중심 송·요의 주석서를 모아 편찬, 불경보다 논·소·초 중심

초조대장경 인쇄본

팔만대장경 목판

76

ⓛ 선편제종교장총록의 제작, 교정도감 설치(흥왕사)

ⓒ 몽골 침입 때 소실

③ 팔만대장경(제조대장경 1236~1251)

㉠ 목적 : 고종 때 강화도에 대장도감 설치, 몽골 침입 격퇴 의지 제작

ⓛ 개태사 승통 수기 총괄 제작, 목판인쇄술 발달

ⓒ 현재 합천 해인사 보관, 8만개의 목판 세계에서 가장 우수한 대장경

7) 도교와 풍수지리설

(1) 도교의 성행

① 도교의 특징

㉠ 불로장생과 현세구복 추구, 국가 안녕과 왕실번영 기원 초제 성행

ⓛ 태조 구요당 창건, 예종 도교사원 복원궁 건립

② 한계 : 불교적 요소, 도참사상 수용되어 일괄된 체계 성립되지 못한 비조직적인 민간신

앙으로 전개

(2) 풍수지리설

① 특징

㉠ 미래의 길흉화복을 예언하는 도참사상과 결합 유행

ⓛ 개경 · 서경 명당설로 서경천도와 북진정책의 이론적 근거 제공

ⓒ 불교 선근공덕사상과 도교 음양오행설 및 도참사상 결합하여 지맥의 순역에 따라

국가와 개인의 길흉화복이 좌우된다는 지덕사상

② 영향

㉠ 과거제 : 잡업에 지리업, 관청에 산천비보도감을 두어 사원 감독

ⓛ 비보사찰 건립 : 풍수지리설 중시

ⓒ 묘청 서경천도운동(인종 1135) : 서경천도론 실패, 3경제와 분사제도 폐지

ⓔ 묘청란 이후 : 3경제 폐지와 3소(좌소, 우소, 북소) 변경

③ 문헌 : 도선비기, 해동비록

8) 과학기술의 발달

(1) 천문학과 의학

① 과학기술의 발달

ㄱ 고대 전통적 과학기술 계승, 중국·이슬람 과학기술 수용

ㄴ 최고 교육기관 국자감에서 잡학(율학, 서학, 산학)교육

ㄷ 과거제도에서 잡과 실시

② 천문학·역법

ㄱ 천문학

ⓐ 사천대(서운관)설치 : 천문과 역법 담당하는 관청

ⓑ 개성 만월대 첨성대에서 관측 실시

ⓒ 일식, 혜성, 태양 흑점 등에 관한 기록 풍부

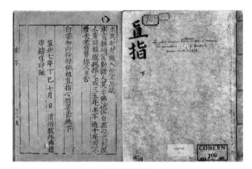

직지심체요절

ㄴ 역법

ⓐ 고려 초기 : 당의 선명력 사용

ⓑ 고려 후기 : 원의 수시력(충선왕), 명의 대통력
(공민왕)

③ 의학

ㄱ 발달 배경 : 의학교육 담당 태의감 설치, 의과 시행

ㄴ 자주적 의학 발달

ⓐ 향약방 : 우리의 체질에 맞는 약재 및 처방법 개발, 의서 편찬

ⓑ 향약구급방 : 13세기 편찬, 현존하는 우리나라 최고 의학서

ㄷ 기타 의서 : 삼화자향약방, 향약고방, 향약간이방

(2) 인쇄술의 발달

① 목판 인쇄술

ㄱ 무구정광대다라니경(신라 경덕왕, 751) : 불국사 3층석탑 발견(1966)

ㄴ 숙종 때 서적포 설치

ㄷ 다량에는 적합, 소량에는 어려움

ㄹ 송의 판본은 고려 목판 인쇄 발달 영향

② 금속활자와 인쇄술

ㄱ 소량 다종 서적 필요성, 목판인쇄술에 청동주조기술 융합 금속활자본 제작

ㄴ 금속활자본에 적합한 먹과 종이기술 발달

ㄷ 상정고금예문(고종, 1234) : 의례서, 서양보다 200년 앞섬, 현존하지 않음

ㄹ 직지심체요절(직지심경, 우왕 1377) : 청주 흥덕사 간행, 현존하는세계 최고 금속활
자본

ⓜ 서적원 설치 : 공양왕(1392)

　③ 제지술의 발달

　　㉠ 닥나무의 재배 장려, 조이 제조 전담 관서 설치

　　㉡ 중국에 수출 호평 받음

(3) 화약무기 제조와 조선기술

　① 화약무기 제조

　　㉠ 배경 : 과학기술의 발달은 국방력 강화 기여

　　㉡ 화약 제조법 도입 : 최무선은 원의 이원으로부터 기술 배움

　　㉢ 화통도감(우왕 1377) 설치 : 화약과 화포 제작

　　㉣ 왜구 격퇴(우왕 1380) : 진포(금강하구)에서 왜구 크게 격퇴

　② 조선기술

　　㉠ 대형 범선 제조 : 송과 해상무역 활발함에 대형 범선 제조(길이 96척)

　　㉡ 조운선 등장 : 1,000석 곡물 선적, 한강 유역 조창에 배치(200석 소형 조운선)

　　㉢ 전함의 건조 : 13세기 후 원의 강요에 따라 일본 원정에 필요 전함 건조, 고려시대
　　　　조선 기술 발달 증거

　　㉣ 화포의 설치 : 고려 말 배에 설치하여 왜구 격퇴

9) 귀족문학의 발달

(1) 고려 전기의 문학

　① 향가

　　㉠ 초기 : 광종 때 균여가 지은 보현십원가 11수가 균여전에 전해짐

　　㉡ 보현십원가 : 균여가 어려운 불경을 향가로 풀이한 것

　　㉢ 초기 향가 유행, 광종 과거제 실시와 성종 유학 성장으로 한문학 발달

　② 한문학

　　㉠ 성행 : 성종 이후 문치주의 성행, 관리들의 필수 교양, 박인량, 정지상 등 등장

　　㉡ 중국 모방에서 벗어나 독자적

(2) 고려 중기의 문학 : 당나라 시와 송나라의 산문 숭상하는 풍조 퍼짐

(3) 무신집권기의 문학

　① 초기 수필형식의 책 유행

　　㉠ 무신의 집권으로 문신의 낭만적, 현실도피적 경향

ⓛ 작품 : 임춘의 국순전(술을 의인화), 이인로의 파한집(한가로움을 깨트리는 뜻)

② 최씨 무신집권기

　　ⓣ 문신들의 형식보다 내용에 치중하여 현실을 제대로 표현하는데 관심

　　ⓛ 작품 : 이규보의 동국이상국집(저자의 고려사 격동기에 겪은 사유와 경험이 담김), 최
　　　　자의 보한집

(4) 고려 후기의 문학

① 신진사대부와 민중이 주축이 되어 큰 변화 만듦

② 경기체가

　　ⓣ 신진사대부의 유교정신과 자연의 아름다움 표현

　　ⓛ 작품 : 한림별곡, 관동별곡, 죽계별곡

③ 설화문학

　　ⓣ 설화 형식으로 현실을 비판

　　ⓛ 작품 : 임춘 – 국순전, 이규보 – 국선생전, 이곡 – 죽부인전

④ 패관문학

　　ⓣ 민간 구전을 한문으로 기록

　　ⓛ 작품 : 이규보 – 백운소설, 이제현 – 역옹패설

⑤ 한시 : 이제현, 이곡, 정몽주 등 유학자 중심 성행

⑥ 속요(장가)

　　ⓣ 서민의 생활감정 표현, 주로 남녀 사랑을 노래

　　ⓛ 작품 : 청산별곡, 가시리, 쌍화점

10) 귀족예술의 발달

(1) 고려의 건축

① 고려예술의 특징

　　ⓣ 귀족사회의 특징 반영 귀족적, 불교적 색채 강함

　　ⓛ 자기, 나전칠기 등과 불교의식에 사용되는 불구
　　　제작 증가. 세련미와 귀족생활 기반으로 발달

② 건축

　　ⓣ 전기

　　　ⓐ 특징 : 경사면에 축대, 계단식으로 건물 배치

개경 만월대 궁궐터

ⓑ 대표적 건축물 : 개경 만월대 궁궐터,
　　　흥왕사, 현화사
　ⓛ 후기
　　ⓐ 특징 : 지붕의 무게를 바치기 위한 짜임
　　　새가 기둥에만 있음
　　ⓑ 대표적 건축물

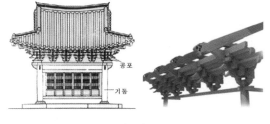

다포 양식

주심포 양식

　　　- 주심포 양식(13세기) : 봉정사 극락전
　　　　(안동), 부석사 무량수전(영주, 배흘림
　　　　기둥), 수덕사 대웅전(예산)
　　　- 다포 양식(원의 영향) : 석왕사 응진
　　　　전, 성불사 응진전(사리원)
(2) 고려의 조각
　① 특징
　　ⓧ 신라 양식 일부 계승, 독자적인 조형감
　　　각 가미
　　ⓛ 다각 다층탑 : 안정감 부족, 자연스러운
　② 석탑
　　ⓧ 고려 전기 : 개성 불일사 5층석탑(백제의

❶ 봉정사 극락전 ❷ 부석사 무량수전 ❸ 수덕사 대웅전 ❹ 성불사 응진전(사리원)

　　　오대산 월정사 팔각 9층 석탑(고구려 전
　　　통, 송의 양식), 흥국사 석탑(신라의 전통), 개풍현화사 7층 석탑(고려 독특한 양식)
　　ⓛ 고려 후기 : 경천사 10층 석탑(목조 양식, 원의 영향)

불일사 5층 석탑

월정사 8각 9층탑

흥국사 석탑

현화사 7층 석탑

경천사 10층 석탑

③ 승탑

　　㉠ 승려의 승탑 부도는 신라말 선종의 유행과 관련

　　㉡ 고려 전기 : 여주 고달사지 원종대사 혜진탑(신라양식, 팔각원형탑975), 원주 법천

　　　　사 지광국사 현모탑(평면사각형 1085)

　　㉢ 고려 후기 : 여주 신륵사 보제존자 석종(인도 영향, 조선시대 선구)

④ 불상

　　㉠ 양식 : 시기와 지역에 따라 자유분방한 제작 기법, 석불·금등불·철불

　　㉡ 고려 전기 : 논산의 관촉사 석조 미륵보살 입상, 안동 이천동 석불, 지역 특색이 잘

　　　　표현된 거대 불상

　　㉢ 고려 후기 : 부석사 소조 아미타여래 좌상(고려 대표한 우수한 불상,신라양식)

광주 춘궁리 철불　　　　고달사지 원종대사 혜진탑법　　　　안동 이천동 석불　　　　부석사 소조 아미타여래 좌상

(3) 고려의 청자와 공예

① 청자

　　㉠ 특징 : 귀족의 생활 도구 및 불교 도구 중심으로 발전, 고려도경(송나라 서긍)에서

　　　　고려청자 평가

　　㉡ 발전과정

　　　　ⓐ 11세기 순수 비색 청자 : 신라와 발해 기술 계승, 송의 자기기술 수용, 중국에서

　　　　　　천하의 명품 극찬

　　　　ⓑ 12세기 중엽 상감청자 : 고려 독창적 상감법 개발, 연료

　　　　　풍부한 지역(전라도 강진, 부안)에서 생산

　　　　ⓒ 원 간섭기 : 원으로부터 북방가마 기술 도입, 청자색이 퇴

　　　　　조, 분청사기로 변화

청자 상감 운학문 매병　　　　청자 참외형 화병

② 공예

    ㉠ 금속 공예 특징 : 불교 도구 중심으로 발전, 청동기 표면을 파내 실처럼만든 은을 채워 넣어 무늬 장식하는 은입사 기술 발달

    ㉡ 금속 공예 대표작 : 청동 향로, 청동제 은입사 포류수금문 정병

    ㉢ 법종 : 신라 양식 계승한 범종 제작, 화성 용주사 종, 해남 탑산사 동종, 부안 내소사 동종

    ㉣ 나전칠기 : 옻칠한 바탕에 자개를 붙여 무늬를 나타냄, 불경을 넣는 경함, 화장 품갑, 문방구 등

청동제 은입사 포류수금문 정병　　　나전 대모국단초문 염주함　　　화성 용주사종

(4) 고려의 글씨, 그림, 음악

  ① 서예

    ㉠ 고려 전기 : 굳세고 힘찬 구양순체 유행(탄연)

    ㉡ 고려 후기 : 원나라때 조맹부의 송설체 유행(이암 문수원장경비)

  ② 그림

    ㉠ 고려 전기

      ⓐ 도화원 설치 : 전문화원 양성, 왕실 및 고위관리 초상, 산수풍경, 각종 행사 등 그리거나 창작함

      ⓑ 대표적 화가 : 인종 때 예성강도(이령), 이령의 아들 이광필

    ㉡ 고려 후기

      ⓐ 문인화 : 문인이나 승려의 사군자(매 · 난 · 국 · 죽) 중심 문인화 유행

ⓑ 천산대렵도 : 공민왕이 그린 그림, 원대 북화가 영향

ⓒ 불화 : 왕실과 권문세족의 구복적 요구에 그려짐, 혜허의 관음보살도 대표작

탄연의 글씨

공민왕 천산대렵도

혜허 양류관음도

③ 음악

㉠ 궁중음악

ⓐ 아악 : 송에서 수입된 대성악이 궁중음악으로 발전, 궁중 제례의식 주로 연주

ⓑ 향악(속악) : 고유 음악 당악의 영향 받아 발달, 동동, 한림별곡, 정읍사, 대동강, 정과정 등이 유명

㉡ 산대극 : 일종의 가면극, 궁중에서 잡귀를 쫓기 위한 나래, 처용무

3장
근세 사회

Ⅰ. 근세의 정치

■ 학습 방법
  • 고려말 신진 사대부와 신흥 무인 세력의 성장 및 조선의 건국 과정 이해
  • 고려와 비교하여 근세 사회의 특징 파악
  • 조선 초기 왕들의 업적과 정도전의 공적 주목
  • 조선의 중앙 및 지방 통치 치제의 특징과 고려와 차이점 파악
  • 조선 초기 대외 관계와 사화, 붕당 정치의 전개 과정 주목
  • 임진왜란, 정묘호란, 병자호란의 배경 및 전개, 결과 주목

■ 출제 빈도
  上 中 下 신진 사대부와 신흥 무인 세력의 성장   上 中 下 중앙 정치 조직 및 지방 제도
  上 中 下 조선의 건국과정   上 中 下 훈구와 사림 및 붕당의 출현
  上 中 下 조선 초기 국왕 중심의 통치 체제 정비   上 中 下 조선 전기의 대외 관계

1. 근세의 세계

1) 근세의 동양

(1) 중국

① 명의 건국(1368) : 주원장(홍무제)이 원을 무너뜨리고 한족의 왕조 명을 건국

② 명의 전성기 : 15세기 초 성종 영락제시대 전성기

③ 명의 쇠퇴기 : 북 몽골족, 남 왜구의 약탈, 16세기말 임진왜란의 출병 후 국력 급격 쇠약, 17세기 여진족이 세운 청이 명을 대신하여 중국 지배

(2) 서남아시아 : 이슬람 세력 강력, 이슬람국가 번영 지속

① 오스만투르크제국(1299~1922) : 서아시아, 아프리카, 유럽의 3대륙에 걸친 제국 발전

② 인도의 무굴제국(1526~1858) : 인도문화, 이슬람 문화 융합

③ 이슬람세력 동남아시아 진출 : 오늘날 인도네시아, 말레이시아 일대 이슬람교 성행

④ 서양세력의 동양 진출 : 16세기 이후 서양세력 진출, 침략 거점 확보

(3) 일본

① 무로마치 막부의 성립(1392) : 몽골의 침입이후 쇠퇴한 가마쿠라 막부를 멸망시키고

정권 수립

② 전국시대 시작 : 15세기 후반 막부 최고직 쇼군의 자리다툼으로 무로마치 막부세력 약
화, 1590년까지 무사들의 지배권 쟁탈전인 전국시대 시작

③ 에도 막부 수립 : 16세기 후반 집권적 봉건제도 마련, 네델란드와 교류 서양문물 수용

2) 근세의 서양

(1) 르네상스

① 14~15세기에 이탈리아 중심 전개, 16세기 알프스 이북 유럽 각지 퍼짐

② 그리스, 로마 문화의 부흥, 인간주의적, 현세적인 근대문화 창조

(2) 유럽 세계의 확대

① 중세봉건사회 무너지고 절대왕정 확립한 중상주의 정책 추진

② 신항로 개척과 신대륙 발견으로 상업혁명, 자본주의 발전

(3) 종교개혁

① 프로테스탄트 교회 성립 : 16세기 독일에서 시작, 루터파, 칼뱅파, 영국교회

② 카톨릭 교회의 개혁운동 : 예수회 창설, 로마카톨릭이 널리 전파

2. 근세사회의 성립과 전개

1) 조선의 건국

(1) 배경

① 신진사대부의 성장 : 원의 간섭기 신진사대부, 왕권과 결합 고려 자주성 회복

② 신흥무인 세력의 등장 : 고려말 홍건적과 왜구 격퇴한 최영과 이성계 등

③ 명의 철령위 요구 : 고려에서는 요동 정벌 요구

(2) 건국과정

① 위화도 회군(1388) : 이성계의 압록강 위화도 회군 개경 장악

② 과전법 실시(1389) : 경제적 실권 장악

③ 신진사대부의 분열 : 온건파(이색, 정몽주), 급진파(조준, 정도전) 분화

④ 조선의 건국 (1392) : 정몽주 등 온건파 신진사대부 제거, 이성계(태조) 추대

(3) 국호 조선으로 개정, 도읍 한양으로 천도

2) 국왕 중심의 통치체제 정비

(1) 태조(1392~1398)

① 국호 조선(1393), 한양 천도(1394)

② 3대 정책 : 숭유억불, 중농억상, 사대교린정책

③ 정도전 등용(재상 중심 정치)

  ㉠ 조선경국전(조선 최초 법전), 경제문감 등 저술, 민본적 통치 규범 마련

  ㉡ 불씨잡변으로 불교 비판, 성리학을 통치 이념 확립

  ㉢ 저서 : 삼봉집, 불씨잡변, 심기리편, 심문천답, 고려국사

④ 삼군총제부를 의흥삼군부로 개칭

⑤ 1차 왕자의 난(1398) : 왕위 계승 분쟁, 방원이 방석과 정도전 제거

(2) 정종(1398~1400)

① 개경 천도(1399)

② 2차 왕자의 난(1400) : 방간이 방원에게 도전, 실패

③ 관제 개혁

  ㉠ 도평의사사 폐지, 의정부(행정 총괄 기구) 설치

  ㉡ 중추원을 삼군부로 개칭

  ㉢ 승정원(왕명출납 사무) 설치

(3) 태종(1400~1418)

① 개국공신 세력을 제거하고 집권(1, 2차 왕자의 난, 정도전)

② 왕권 강화(국왕 중심의 통치체제 정비)

  ㉠ 6조직계제 : 건국 주도세력 제거, 신권세력 견제 의정부기능 축소, 6조가 왕의 명을
     받아 바로 시행하는 국정운영체제

  ㉡ 사병의 폐지 : 하륜 등 건의로 폐지

  ㉢ 사간원 독립 : 대신과 외척을 견제, 중추원 폐지(승정원 개편)

  ㉣ 신문고 설치 : 초기 반왕세력 색출 및 제거 목적, 후에 백성 억울함 직소 기능

③ 국가재정의 확보

  ㉠ 양전사업과 호구파악 : 20년 토지 재측정 양안작성, 3년마다 호적 정리

  ㉡ 호폐법 실시 : 16세 이상 남자, 서울(한성부), 지방(관찰사) 관리, 사후반납

  ㉢ 사원의 토지 몰수, 불법적 노비 해방(노비변정사업, 양인확보)

④ 군사력 강화 : 역모 사전 방지(사병 혁파), 국왕 군사지휘권 장악

⑤ 유교 정책 법제화 : 삼가금지법(과부 재가금지), 서얼차대법(서자 출세 막음)

⑥ 문화적 업적

　ⓐ 5부 학당 설치, 실록편찬(조선왕조실록)

　ⓑ 활자 계미자 주조, 저화(종이 지폐)발행

　ⓒ 혼일강리역대국도지도 : 현존 동양 최고 세계지도

(4) 세종(1418~1450)

① 유교정치의 구현

　ⓐ 의정부 서사제 : 왕의 권한 의정부에 넘김, 재상 등용(영의, 좌의, 우의정), 왕권과 신권의 조화 모색

　ⓑ 유교 윤리 강조 : 주자가례, 국조오례의 시행 장려

　ⓒ 집현전 설치(1420) : 경연, 서연 참여, 국왕 자문 기구 (홍문관(성종) → 규장각(정조))

　ⓓ 유교적 민본 사상 실현 : 인재 등용, 청백리 재상 등용

② 민생 안정책

　ⓐ 의창제 실시 : 빈민구제, 재인ㆍ화척 등 양민화

　ⓑ 공법 재정 : 전제상정소(전분 6등법), 공법상정소(연등 9등법)

　ⓒ 형벌제도 개선 : 노비사형금지법, 태형 폐지, 금부삼복법(사형3심)

③ 영토 확장

　ⓐ 여진 : 4군(압록강, 최윤덕) 6진(두만강, 김종서) 개척(1419), 사민정책

　ⓑ 일본 : 쓰시마 정벌(이종무), 3포 개항, 계해약조(대마도주)

④ 민족문화의 발전

　ⓐ 훈민정음 창제, 반포

　ⓑ 과학기술의 발달 : 측우기, 자격루, 앙부일구 등 발명

　ⓒ 독자적 역법 체계 확립

　　ⓐ 칠정산 내편 : 원의 수시력과 명의 대통력 참조

　　ⓑ 칠정산 외편 : 아라비아의 회회력 참조

　ⓓ 아악 정리(박연), 화폐발행(조선통보, 동전)

　ⓔ 활자 개량 : 경자자, 갑인자(정교하고 수려한 동활자), 병진자, 경오자

⑤ 편찬

　ⓐ 대표서적 : 고려사, 삼강행실도, 효행록, 향약집성방, 농사직설, 총통등록

　ⓑ 예악 : 제사아악부, 조회아악보, 정간보(동양에서 가장 오래된 유량악보), 용비어천가(천명사상, 조선 건국 당위성 강조)

ⓒ 불서 : 석보상절(수양대군), 월인천강지곡(세종)

ⓔ 윤리, 의례 : 삼강행실도, 효행록

ⓜ 의학 : 향약집성방(우리풍토 약재, 치료), 의방유취(동양최대 의학 백과사전), 향약체

취월령, 태산요록(태교, 조리)

ⓗ 기타 : 농사직설(최초 농서), 세종실록지리지(변계량, 팔도 지리지), 치평요람

⑥ 첨사원 설치 : 집현전 학자가 세자를 보좌하는 기관

(5) 세조(1455~1468)

① 배경 : 문종, 단종 때 재상권 대립, 왕권 약화와 왕족 불만 증폭

② 계유정난(1453) : 수양대군 정변 일으켜 왕위 차지하고 왕권강화 정책

ㄱ 김종서, 황보인 제거 후 왕 즉위

ㄴ 단종복위운동에 연루한 생육신, 사육신 등 제거

③ 왕권강화 : 중앙집권정책과 부국강병정책 추진

ㄱ 6조 직계제 부활 : 세종 때 폐지된 6조직계제 재실시 왕권 강화

ㄴ 집현전 폐지, 경연의 폐지로 공신 및 언관 활동 억제, 종친 등용 왕권 재확립

④ 경국대전 편찬 : 통치규범 확립 목적, 호전과 형전 완성, 예종 때 6전 완성, 성종 때 시

행 및 반포

⑤ 국방강화책 : 5위제(중앙군), 진관체제(지방방위)의 확립, 보법 등 군사 제도 정비

⑥ 북방개척 : 경진북정(1460, 신숙주), 정해서정(1467, 남이 · 강순)

⑦ 반란진압

ㄱ 이징옥의 난(1453) : 함경도 종성 대금황제 칭하고 반란, 정종 진압

ㄴ 이시애의 난(1467) : 함경도 지방 차별 반발, 이준 · 조석문 · 남이 등에 진압, 유향

소 폐지 및 호폐법 강화

⑧ 토지제

ㄱ 직전법 실시 : 현직 관리에 한하여 과전의 수조권 지급

ㄴ 수신전, 휼양전 폐지

⑨ 불교 진흥 : 간경도감 설치(1461), 원각사지 10층 석탑 건립(1464)

⑩ 내수사 설치 : 왕실 재정 담당, 장리폐단 자행

(6) 성종(1469~1494)

① 홍문관과 독서당 설치

ㄱ 홍문관(옥당) : 집현전을 계승한 홍문관 강화, 국왕의 학문적 자문역할

ㄴ 독서당(호당) : 젊은 선비 경서 연구 위한 궁중내 설치한 학술진흥기관

② 경국대전 완성 및 반포(1485) : 법치국가 기틀 마련

③ 유교 정치 이념 강화

    ㉠ 사림의 등용 : 훈구파(김종직, 김굉필 등) 견제, 왕권 강화

    ㉡ 유향소 부활 : 성리학적 향촌질서 확립

    ㉢ 도첩제 폐지 : 승려의 출가 금지, 유교주의 심화

④ 관수 관급제 실시 : 국가가 농민에게 직접 세금 징수 후 관리에게 지급

⑤ 오가작통법 제정 : 기근 극복 인보자치조직법

⑥ 편찬 : 동국통감(역사), 동문선(시화와 문선), 동국여지승람(인문지리서), 악학궤범(음악 이론서), 국조오례의(국가의식 규범정리), 고려사절요, 삼국사절요 등

3. 조선의 통치체제의 정비

1) 중앙정치체제

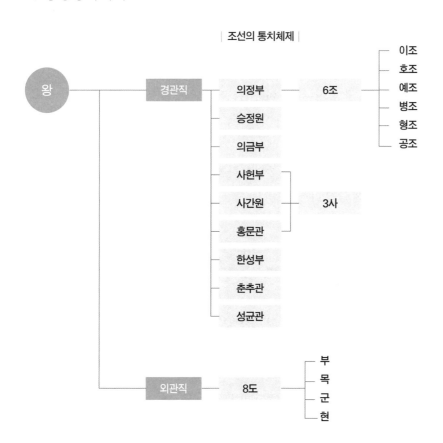

| 조선의 통치체제 |

(1) 기본 정치체제

　① 왕도 정치 구현, 경국대전을 기존법전으로 중앙집권화 추진

　② 도평의사사를 의정부로 개편, 모든 권력은 왕권 중심으로 세분화, 행정권(의정부), 군사권(삼군부), 간쟁권(삼사), 재정권(호조), 왕명출납(승정원)으로 각각 이관

(2) 중앙조직

　① 관리조직 : 문반·무반·양반 구성, 등급 18등급, 당상관·당하관 구분

　② 관직체제 : 경관직(중앙관직), 외관직(지방관직) 구성

(3) 의정부와 6조

　① 의정부 : 재상(3정승)의 합의 원칙, 국정 총괄기구로 최고의 관부

　② 6부 : 행정 실무 집행기관(최고 책임자 판서(정2품), 참판(종2품), 참의(정3품)) 각 조마다 속사·속아문을 두어 직능별 행정 분담

(4) 언론, 감찰기관

　① 3사 : 왕권의 전제성 견제, 신권의 독점과 부정 방지 목적

　　㉠ 사헌부 : 관리 비위를 감찰, 권원의 규찰

　　㉡ 사간원 : 간쟁담당

　　㉢ 홍문관 : 경적과 문서 관리, 왕의 자문기관, 경연담당

　② 경연제도 : 왕과 대신(의정부 정승 이하 고관 참여)이 학술과 정책토론

　③ 서경제도 : 사헌부·사간원으로 구성, 왕이 5품 이하 당하관 임명 시양사(대간)의 동의를 얻어야 하는 제도

(5) 왕권 강화를 위한 기관

　① 의금부 : 왕 직속 상설 사법기관, 대역·모반등 중범죄 다룸, 왕명에 따라 귀족·고관·양반의 중죄 다스림

　② 승정원 : 국왕 비서기관, 국가 기밀, 왕명출납

(6) 사법기관

　① 3법사 : 형조(사법감독기관), 사헌부(감찰기관), 한성부(한양 치안담당)

　② 의금부 : 정치적 중범죄, 왕족의 범죄, 양반의 중죄 다스림

　③ 포도청 : 일반 평민 범죄 처리

(7) 춘추관과 4관

　① 춘추관 : 역사편찬기관(매년 시정기 편찬, 실록 편찬되면 보관)

　② 4관(학술기관) : 예조의 속아문, 교서관(경적간행), 승문원

조선의 8도

(외교문서 작성), 성균관(국립대학), 예문관(왕의교서작성, 사초기록)

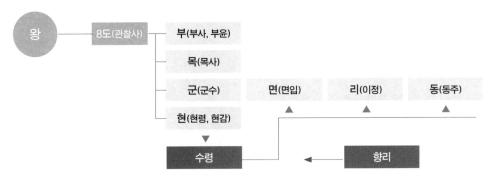

| 군현의 등급 |

2) 지방행정조직

(1) 행정조직 특징

① 행정구역의 정비

　㉠ 전국 8도, 부·목·군·현(350여개), 면·리·통을 두어 향민 중 적임자 선임

　㉡ 관찰사가 병사·수사·부윤 겸직제 발달, 인구와 토지를 기준으로 정비

　㉢ 군·현에 지방관 파견, 속현·향·소·부곡이 없어짐

　㉣ 4유수부 : 개성·강화(종2품), 광주·수원(정2품)

② 중앙집권의 강화

　㉠ 상피제와 임기제 : 자기 출신지 부임금지, 관찰사(1년), 수령(5년, 조선 후기 3년)

　㉡ 향리의 지위 격하 : 6방에 배속, 수령의 보조원 및 행정실무 담당

　㉢ 유향소와 경제소 : 향촌자치 허용, 경제소를 두어 중앙집권 효율적 강화

③ 농민 통제

　㉠ 면리제 : 군·현 아래 면·리 두고 향민 중 적임자 선임, 수령의 명령(인구파악, 부역 징발 담당)을 집행, 지방통치는 군·현 중심, 지방행정은 수령중심

　㉡ 5가작통법 : 중앙·지방 5가(家) 1통, 지방 5통을 1리, 수개의 리를 묶어 면, 성종 때 기근 극복의 인보자치조직법, 조선 중기 역·용 의무수행, 후기 천주교 색출 이용

(2) 지방수령과 향리

① 관찰사(감사, 종2품)

　㉠ 각 도에 파견, 지방수령 감찰, 행정·군사·사법권 행사

　㉡ 상피제 임기제 적용, 감독관과 행정관의 주된 임무, 병마절도사·수군절 도사 겸직

② 지방수령(목민관)

　　㉠ 종6품 참상관 이상만 임명, 행정·군사·사법권 행사

　　㉡ 조세, 공납의 징수가 가장 중요 임무

③ 향리 : 지방 수령의 보좌, 세습적인 아전(서리)로 격하

(3) 특수지방제도

① 유향소(향청)

　　㉠ 지방 양반 사족들이 구성한 향촌 자치적 기구

　　㉡ 수령을 보좌, 향리규찰, 풍속교정, 민정대표의 기능

　　㉢ 향안에 등재된 양반 구성, 좌수(임기 2년)와 별감 선출

　　㉣ 변천 : 폐지(세조 1468)→부활(성종 1488)→향청 변화(선조 1603)

② 경제소

　　㉠ 지방 출신의 중앙 고관을 책임자 임명, 유향소와 중앙정부 연락 담당

　　㉡ 유향소의 임원임명권, 향안 작성, 향규 제정, 부세 운영에 관여

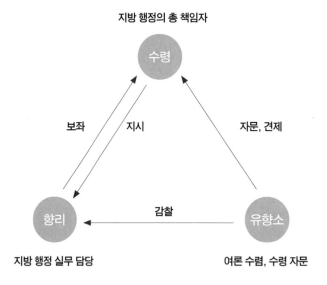

3) 조선의 군역제도와 군사조직

(1) 군역제도

① 양인개병제와 농병일치제

　　㉠ 16세~60세 양인 정남 의무적 군역

　　㉡ 정군(현역군인, 1년 중 4~6개월 복무, 품계지급), 보인(봉족, 정군의 비용 부담)

　　㉢ 종친·외척·공신이나 고급관료의 자제는 고급특수군에 편입

② 군역 면제

　　㉠ 양반· 서리· 향리 등 현직관료 및 학생 면제, 장인· 상인· 어민 군역 면제

　　㉡ 일반평민(정병과 수군, 유방군 편입), 노비(군역 의무 없음), 천인(면제)

(2) 군사조직

① 중앙군

　　㉠ 중앙군제 변천 : 의흥삼군부(태조) → 3군부(태종) → 5위도총부(세조) → 5군영(왜
란 이후) → 2군영(개항이후)

　　㉡ 5위도총부 : 5위 통합 최고 군무기관, 도총관은 문반관료 겸직

　　㉢ 5위(갑사, 정병) : 위흥위· 용양위· 호분위· 충좌위· 충무위(궁궐과 수도방위), 갑
사(핵심)· 특수병(품계와 녹봉 지급), 정병(품계만 받음)

　　㉣ 내삼청 : 국왕의 친위대(내금위· 우림위· 겸사복)

② 지방군

　　㉠ 각 도 병영(육군)· 수영(수군), 군사요충지 진을 설치

　　㉡ 영진군 : 진군(정병), 수성군(노동부대), 선군(수군)

　　㉢ 건국 전후 영진군(남방), 익군(북방)의 이원체제, 세조 원년 군익도체제 일원화, 전
국 군현의 지역단위 방어체제인 진관체제 실시(세조 1457)

③ 잡색군(예비군)

　　㉠ 태종설치, 내륙지방 수호목적, 해안 요새 중심 설치

　　㉡ 전직관료, 서리, 향리, 잡학인, 교생, 신량역천인, 노비 등 구성(농민제외)

④ 지역 방어체제의 변천

　　㉠ 영진군(15C 세종) → 진관체제(15C 지역단위) → 제승방략(16C) → 속오군(17C)
→ 영장체제(17C 중반이후)

　　㉡ 진관체제 : 세조 이후 전국 군현 지역 단위, 대립· 방군수포 등 군역의 폐단

　　㉢ 제승방략 : 유사시 수령이 소속된 군사 파견, 중앙에서 파견된 경장이 지휘

　　㉣ 속오군 : 양반~노비까지 편재, 생업 종사 유사시 전투 동원

4) 교통, 통신체제

(1) 교통체제

① 역 : 공문서 및 관물 운송, 병조 관장, 역전 지급, 마패(역마 사용시)

② 원 : 관민 공공여관, 원주 관할, 원주전으로 경비충당, 빈민구율 업무담당

(2) 통신체제

① 봉수제

　　㉠ 군사기능 중시, 낮(연기) · 밤(불), 인근주민 차출(오장, 봉수군)

　　㉡ 1거(평시), 2거(적출현), 3거(국경접근), 4거(국경통과), 5거(교전)

② 파발제

　　㉠ 임진왜란 때 공문 전달 목적 설치(선조 1597)

　　㉡ 보발 : 북발 · 남발, 공조 관할

　　㉢ 기발 : 서울과 의주간 통신

③ 조운제 : 징수한 물품 주로 수로 이용, 하천 및 해안 조창에서 중앙 경창으로 운송

④ 교통수단 : 사람(말, 가마), 육로(우마의 수레), 수로(목선)

5) 교육과 관리등용제도

(1) 교육제도의 특징

① 양반중심의 교육 : 관리양성 및 과거준비, 양반 자제 중심, 사학이 교육 주도

② 유학교육의 중시와 특전

　　㉠ 문관양성의 유학교육만 중시, 기술학인 잡학 천시, 무관 교육시설은 거의 없음

　　㉡ 학생 군역 면제 특권, 학업과 농사 겸합(사농일치)

　　㉢ 국가가 교육비 부담

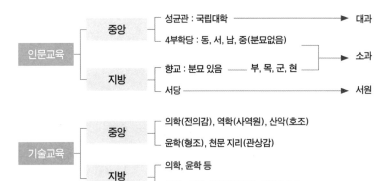

| 조선의 학제 |

(2) 인문 교육기관

① 서당 : 초등교육, 사학, 향교에 입학하지 못한 선비, 평민 자제, 훈동 및 접장 교육

② 중등교육기관

　　㉠4부학당 : 중앙에 설치, 정원 100명, 분묘없음, 소학 · 4서 중심 교수 · 훈도교육

ⓒ 향교 : 지방 설치, 지방양반 · 향리자제 · 양인 입학
③ 성균관
　ⓒ 최고의 교육기관, 생원 · 진사와 15세이상 양반자제 입학, 정원 200명
　ⓒ 교과 : 4서5경, 동국통감, 경국대전, 성리대전과 같이 경학 · 철학 · 윤리 · 역사 · 문학
　ⓒ 공관(등교거부, 권당(단식투쟁), 공재(기숙사 탈출) 등 시위 특권

(3) 기술교육(잡학)
　① 중인 및 서인 자제 교육, 소격서 · 도화서 · 장악원 등 양인과 천민 등 종사, 양반 자제들
　　은 잡학 기피
　② 교육기관은 중앙은 해당관청, 지방은 지방관아에서 담당

| 조선의 인문교육기관 |

(4) 과거제도
　① 과거 응시자격
　　ⓒ 문과 : 양인 신분 이상(수공업자, 상인 제외), 일반백성 경제적 현실적 문과 응시 불
　　　가능, 탐관오리 자제 · 재가녀의 아들 응시제한
　　ⓒ 무과 · 잡과 : 천민 제외 누구나 응시 가능, 주로 서얼과 중간층 응시
　　ⓒ 시행시기 : 3년 주기의 식년시, 증광시(국가경사) · 별시(일반경사) · 정시 · 알성시
　　　부정기적 실시
　② 문과
　　ⓒ 소과(생진과, 사미시) : 경전시험의 생원과, 문예시험의 진사과 초시 거쳐 각각 100
　　　명씩 선발, 백패지급으로 하급관리 임용 및 성균관에 입학 또는 대과에 응시 자격
　　ⓒ 대과 : 생진과 합격생과 성균관 유생이 응시하는 삼시제로 선발, 초시(인구비례 240
　　　명) · 복시(성적순 33명, 홍패 수여), 전시에는 갑(3명) · 을(7명) · 병(23명) 등급결정
　③ 무과
　　ⓒ 삼시제 실시(초시(190명), 복시(28명), 전시(갑 1명, 을 5명, 병 20명))
　　ⓒ 소과, 대과 구분 없고 장원도 없음, 서얼과 중인이 주로 응시, 홍패지급

④ 잡과

ㄱ 양반 서자 및 중인의 자제 응시, 초시·복시 통해 임용, 해당 관청 주관

ㄴ 4과(의과, 율과, 역과, 음양), 나머지 잡학은 실시하지 않고 취재만 있음

⑤ 음서제도 : 2품이상 고위관리의 후손, 무시험 관리 채용, 과거 합격자만 고관 승진 가능

⑥ 기타 선발

ㄱ 취재 : 간단한 시험을 통한 하급관리 선발

ㄴ 이과 : 서리·향리·아전의 선발시험, 훈민정음으로 응시

ㄷ 천거 : 기존의 관리 대상으로 추천 선발

⑦ 인사 관리 제도

ㄱ 상피제 : 권력의 집중과 부정을 방지코저 친족간에 다른 지역에서 근무

ㄴ 서경제 : 인사의 공정성 확보, 대간(사헌부, 사간원)의 동의 거쳐 관리임명

ㄷ 근무 성적 평가

4. 사림의 대두와 붕당정치

1) 훈구파와 사림파의 비교

구분	훈구파(15C, 관학파)	사림파(16C, 사학파)
연원	· 급진개혁파 신진사대부 · 정도전, 조준, 권근 등	· 온건개혁파 신진사대부 · 정몽주, 이색, 길재 등
성장	· 성균관, 집현전을 통해 양성 · 세조 집권 공신세력 · 정치적 실권 장악, 왕실과 혼인	· 영남·기호 지방 사학을 통해 양성
정치	· 부국강병을 통한 중앙집권 · 왕도정치 바탕으로 패도정치 수긍	· 왕도정치에 입각한 향촌자치 · 도학정치에 기반을 둔 왕도정치 지향
경제	· 중앙 기반, 지방 대농장 소유	· 향촌에 기반, 중소 지주
사상	· 불교·도교에 관대, 응용 성리학	· 성리학 이외 이단으로 배척, 정통 성리학
학풍	· 사장(한시 한문학)중심 · 군사적, 기술학 중시 · 격물치지의 경험적 학풍 · 자주적 민족의식(단군숭배) · 경제적, 현실적	· 경학(유학경전)중심 · 의리와 도덕 숭상 · 사변적이고 관념적 학풍 · 중국 중심의 화이사상(기자숭배) · 관념적인 이기론 중심

2) 사림의 정치적 성장

(1) 사림의 정계진출

① 목적 : 훈구세력 견제와 사림과 훈구세력간 균형유지

② 시기 : 성종 때 김종직과 그 문인을 중심 진출

③ 활동 : 과거로 전량, 3사의 언관직 등용, 훈구의 부정부패와 대토지소유 비판

(2) 사화의 발생

① 원인 : 사림세력의 성장에 대해 훈구세력과의 갈등 심화

　㉠ 무오사회(연산 1498) : 김종직의 조의제문 구실 훈구파 사림파 공격

　㉡ 갑자사화(연산 1504) : 윤씨 폐비 사건으로 사림파 피해

　㉢ 기묘사화(중종 1519) : 조광조의 개혁 정치에 대한 훈구세력 반발, 위훈 삭제 사건,

　　조광조 및 사림 피해

　㉣ 을사사화(명종 1545) : 외척 윤씨 간의 대립으로 정치적 혼란 심화

② 사화의 결과

　㉠ 사림파의 세력 약화

　㉡ 사화 이후 사림은 서원과 향약을 통해 향촌사회에서 세력 확대

　㉢ 사림파는 16세기(선조)이 후 중앙정계 장악

> ❖ 조의제문
> 김종직이 쓴 글로 초나라 항우가 진나라 마지막 황제인 의제로부터 왕위를 찬탈한 사건을 비판한
> 글이다. 이 글은 세조가 단종으로부터 왕위를 찬탈한 계유정난을 우회적으로 비판하였다.
>
> ❖ 조광조의 개혁정치
> • 현량과 실시 : 덕행있는 사람을 국왕이 추천에 의거 직접 등용
> • 소격서 폐지 : 불교와 도교와 관련된 종교 행사 폐지
> • 소학교육 강화 : 성리학적 사회질서 강화
> • 향약의 전국적 시행 추진 : 향촌 자치 주장
> • 위훈삭제 추진 : 훈구파 견제

3) 사림의 세력 기반

(1) 서원

① 목적 : 제사, 학문연구, 향촌 사림 결집, 향촌 안정, 지방 양반 자제 교육

② 최초의 서원 : 중종(1543) 때 풍기 군수 주세붕이 세운 백운동 서원(안향추모)

③ 사액서원 : 이황의 건의로 소수서원(명종 1550)으로 사액됨

④ 특권 : 국가로부터 면세 · 면역, 토지와 노비 등 하사받음(국가재정악화)

⑤ 영향 : 학문 · 교육 발전, 사림 당파의 결속 강화하여 붕당의 토대 형성

(2) 향약의 보급

① 향촌 자치 규약 : 권선징악과 상부상조의 전통과 유교윤리의 결합

② 중종 때 조광조에 의해 실시 : 송대 여씨 향약 도입

③ 보급 : 이황(예안향약), 이이(서원향약, 해주향약)

④ 특징 : 사림의 향촌지배, 지방 백성 교화, 유향소를 구성 향촌 질서유지

⑤ 4대덕목(상부상조 정신 강조) : 덕업상권, 과실상규, 예속상교, 환난상휼

⑥ 영향 : 주자가례 대중화, 국가의 농민지배 약화, 사림의 농민에 대한 지배강화

4) 붕당의 출현

(1)붕당의 배경

① 붕당의미 : 같은 학통과 정치적 성향을 가진 무리

② 선조 이후 사림세력이 중앙에 진출하여 정국을 주도

③ 척신정치의 잔재 청산과 이조전랑직 문제로 동인과 서인으로 분당

(2) 붕당의 형성

① 서인(개혁 소극적) : 이이, 성혼 문인중심, 백성 통치에 역점을 두고 제도 개혁을 통한
부국안민 치중(기호학파)

② 동인(개혁 적극적) : 이황, 조식, 서경덕 문인중심, 자기 수양에 역점, 지배자의 도덕적
자기 절제로 부패방지(영남학파)

5) 붕당정치의 전개

(1) 선조(1567~1608)

① 초기 서인에 비해 동인이 우세

② 정여립 모반 사건을 계기로 동인이 남인과 북인으로 분당

③ 남인 온건파 초기 정국 주도, 북인 급진파 임진왜란부터 광해군까지 정국 주도

(2) 광해군(1608~1623)

① 정치상황

㉠ 북인 집권, 명과 후금사이 중립외교실시

㉡ 전후 복구사업 추진하는 과정에서 서인과 남인 배제하여 불만고조

② 북인의 정권독점

ⓒ 광해군은 영창대군 제거와 인목대비 유폐로 도덕적 비난

ⓛ 임진왜란이후 과도한 토목공사로 재정악화, 민심이탈

ⓒ 서인의 인조반정(1623)으로 북인정권 몰락

ⓔ 인조반정 후 서인의 주도하에 남인 참여하는 권력구조

(3) 인조(1623~1649)

① 서인 우세 속에 남인 일부 연합, 상호 비판적 공존체제 형성

② 서원중심 공론 형성, 산림이 여론을 주재, 정치적 여론 반영

③ 서인의 병권 장악 : 어영청, 총융청, 수어청 설치

(4) 현종(1659~1674)

① 붕당 유지 : 서인이 우세, 남인 연합

② 서인과 남인의 대립 격화

ⓒ 예송논쟁 : 효종의 정통성과 서인 남인의 대립

ⓛ 1차 기해예송(1659) : 서인주장

ⓒ 2차 갑인예송(1674) : 남인 승리, 훈련별대 설치

ⓔ 결과 : 남인 우세로 서인과 공존

	기해예송	갑인예송
배경	효종 사망시 자의대비의 복제문제	효종 비의 사망시 자의대비의 복제문제
서인	1년설, 기년복, 천허동례(송시열, 송준길)	9개월설, 대공복, 경국대전 근거
남인	3년설, 차장자설(허적, 허목)	1년설, 기년복, 주례근거
채택	서인 1년	남인 1년

③ 서인 주장 : 사례 중시(송시열), 신권강화 목적

④ 남인 주장 : 왕례의 특수성 강조(허목, 윤후), 신권약화 목적

(5) 숙종

① 경신환국(1680) : 2차 예송 후 서인이 남인을 역모로 숙청 정권 장악

② 기사환국(1680) : 남인이 원자정호 문제로 숙종 환심, 서인 몰아냄

③ 갑술환국(1694) : 폐비민씨 복원운동 반대하던 남인 실권, 소론과 노론 재집권

6) 붕당정치의 성격

(1) 붕당의 원리

① 복수 붕당이 상호 견재와 협력으로 정치 운영

(2) 붕당의 특징

　① 비변사를 통해 여론 수렴 및 공론 중시, 공론 주도하는 산림 출현

　② 상대세력 견제와 자기세력 확대 추구하는 3사 언관과 이조전랑의 정치비중 강화

　③ 지방 사족의 의견 수단인 서원과 향교 중시

(3) 붕당의 성격

　① 사림의 자체분열 : 훈구세력 붕괴로 학연과 지연 바탕 붕당출현, 정권다툼

　② 긍정적 측면 : 정치적 활성화(여론정치), 상호비판과 견제 기능(의회정치)

　③ 부정적 측면 : 당파의 이익 추구, 국가사회발전 지장

　④ 붕당의 한계 : 공론도 지배층만의 의견, 왕권약화, 붕당간의 대립과 분열 격화

| 붕당의 전개 및 성향 |

5. 조선초기의 대외관계

1) 대외관계의 원칙

(1) 사대 관계 : 명과의 친선관계 유지, 정권과 국가의 안정 보장

(2) 교린 관계 : 중국외의 주변 민족(여진, 일본)과 평화 관계 유지

2) 명과의 관계

(1) 명과의 관계 변천

　① 태조 : 정도전의 요동정벌 문제로 갈등

　② 태종 : 요동정벌 포기로 친선관계 유지, 문화교류 활발, 매년 사절교환

조선 초기의 대외관계

③ 세조 : 토목의 변(1449)을 계기로 요동수복운동 전개

(2) 명과의 무역

① 사신파견 : 정치적 목적, 선진문화 수입 목적

② 특징 : 사대정치 유지, 자주적 실리 외교, 공무역

③ 수출품 : 인삼, 화문석, 등 토산물과 수공품

④ 수입품 : 견직물, 서적, 약재, 문방구, 도자기 등

(3) 사대외교의 성격

① 표면상 : 사대외교

② 실제상 : 국가적 실리 추구

(4) 관계 변화 : 16세기 이후 사림의 존화주의로 지나친 친명 정책으로 변질

3) 여진과의 관계

(1) 기본정책 : 교린정책

(2) 회유책

① 관직과 토지, 주택 등 제공하여 귀순 장려

② 유숙소 설치 : 북평관(여진), 동평관(일본), 태평관(명)

③ 무역소 설치 : 국경 무역 허용

(3) 강경책 : 진, 보 설치

① 태조 : 두만강 지역 개척(요동수복운동으로 여진족 회유)

② 세종 : 4군(최윤덕, 이천, 압록강 경계) 설치, 6진(김종서, 두만강 경계)개척

(4) 북방사민정책

① 목적 : 여진 침략 효과적 대응, 자치적 지역 방어 체제 확립, 국토의 균형 발전

② 삼남지방(경상도, 전라도, 충청도)일부 주민 이주정책인 사민정책 실시

③ 토관제도 시행 : 토착민 관리 임명, 지역주민 회유, 국방 강화

4) 일본과 동남아시아의 관계

(1) 기본정책 : 교린정책

(2) 일본과의 관계

① 관계의 변천 : 왜구의 침략(고려말~조선초)→병력강화, 무기개발로 왜구 격퇴노력→
왜구의 평화적 무역요구

② 회유책

　　　　⊙ 3포 개방 : 부산포, 염포, 제포

　　　　ⓛ 계해약조 체결(세종 1443) : 제한된 범위내 교역 허가

　　　③ 강경책 : 쓰시마 섬 토벌(이종무 1419)

　　　④ 무역품 : 쌀, 인삼, 무명 등(수출), 구리, 황, 향료 등(수입)

　　(3) 동남아시아

　　　① 류큐, 시암, 자바 관계 : 조공과 진상 형식의 토산물 및 문방구 등 거래

6. 양난의 극복과 대청관계

1) 일본의 침략

　(1) 조선의 왜란 전 정세

　　① 정치적 혼란 : 붕당정치와 국론 분열

　　② 국방력 약화 : 16세기 이후 양인개병제 붕괴, 군역의 문란

　　③ 왜구의 약탈 : 삼포왜란(1510), 사량진왜변(1544), 을묘왜변(1555) 등

　　④ 조선의 대응 : 비변사 설치(1511), 이율곡의 십만 양병설(채택 못함)

　(2) 일본의 정세

　　① 통일 : 도요토미 히데요시 전국통일

　　② 통일 후 국내 정치적 혼란과 불만을 분산하기 위해 조선 침략

2) 임진왜란의 발발

　(1) 발발(1592. 4) : 부산진(정발), 동래성(송상현)에서 분전

　(2) 북상

　　① 충주 패전 : 신립의 관군 패전

　　② 한양 점령 : 왜군의 한양 점령 후
　　　　평양과 함경도로 진격

　　③ 선조의 피난 : 의주로 피난, 의주
　　　　행재소에서 명의 원군 요청

임진왜란 해전도

3) 수군과 의병의 승리

　(1) 이순신의 활약과 수군의 승리

① 옥포해전 : 수군의 첫 승리

② 사천전투 : 거북선 최초 사용

③ 한산도 대첩(학익진) : 남해의 제해권 완전 장악, 명으로
   진출 저지

④ 이순신의 3대첩 : 한산도대첩, 명량대첩, 노량해전

⑤ 임진왜란 3대첩 : 한산도 대첩, 진주성전투(김시민), 행주
   대첩(권율)

(2) 의병의 항쟁

   ① 구성 : 농민 주축, 전직관리, 사림양반, 승려

   ② 활동 : 향토 조건 이용, 지리에 밝은 이점 활용, 유격전술
      구사

   ③ 관군에 편입 : 전란의 장기화로 전투력 강화에 기여

관군과 의병의 활동

| 의병장의 활약 |

의병장	활동
곽재우	경상도 의령 거병, 진주성 전투, 홍의장군
정인홍	합천 거병, 성주에서 왜군 격퇴
김덕령	전라도 담양 거병, 이몽학의 난 관계(옥사)
서산대사	휴정, 묘향산 거병, 평양 · 개성 · 한성 등에서 활약
사명당	금강산 거병, 평양탈환 전투 활약, 일본에 건너가 포로 송환
영규 · 처영	호서, 호남에서 활약

4) 전란의 극복과 영향

(1) 조선의 반격

   ① 배경 : 수군과 의병의 승리, 명의 원군 참전

   ② 반격

      ㉠ 평양성 탈환 : 조 · 명(이여송) 연합군과 휴정, 유정, 유성룡

      ㉡ 행주대첩(1593) : 권율장군

      ㉢ 왜군은 경상도 해안 일대에서 장기전 대비

(2) 조선의 정비

   ① 훈련도감 설치 : 군대 편재와 훈련방법 개편

   ② 속오법 실시 : 지방군 편재 개편, 속오군(양반, 노비)

③ 군비 보강 : 화포 개량, 조총제작

(3) 정유재란(1597)

① 3년에 걸친 휴전 회담 결렬, 재차 침입

② 직산전투, 명량해전, 노량해전(이순신 전사)

③ 도요토미 히데요시 사망(1598)과 철군

(4) 왜란의 영향

① 조선

㉠ 정치 : 비변사 기능 강화

㉡ 경제 : 인구 감소, 국가 재정 감소, 작물 전래(담배, 고추, 호박, 토마토 등)

㉢ 사회 : 납속책, 공명첩 발급(신분제 동요), 민란봉기(이몽학의 난(1596))

㉣ 문화 : 문화재 소실(경복궁, 불국사, 3대사고(전주 사고 제외), 서적등)

㉤ 사상 : 민족의식 · 숭명사상 고조, 관우 숭배(동묘)

㉥ 군사 : 훈련도감 설치, 속오법 실시, 진관체제로 전환

② 명

㉠ 지원군 파견으로 국력 소모

㉡ 만주에서 여진족 세력 확대

③ 일본

㉠ 정권교체 : 도쿠가와 이에야스의 에도 막부 시작

㉡ 문화발전 : 성리학, 출판, 도자기 등 문화발달의 토대 마련

㉢ 이삼평 : 일본에 끌려간 도자기 기술자, 도자기 전쟁이라 함

④ 일본과 관계 회복

㉠ 국교재개(1609) : 일본의 교류 요청, 유정(사명대사) 파견, 포로 송환, 기유약조(차
등외교, 동래 왜관만 개방)를 통해 제한적 국교

㉡ 통신사 파견(1607~1811) : 외교 사절단, 조선 우수문화 전파

5) 광해군의 중립외교

(1) 광해군의 개혁정치

① 정치 : 북인 정권 성립

② 경제 : 양전사업, 호적정리, 대동법 실시(국가재정 확충, 산업재건)

③ 군사 : 무기보수, 군사훈련으로 국방 강화

④ 문화 : 동의보감(허준) 편찬, 5대사고 정비로 문화 부흥

⑤ 사상 : 정통 성리학(이황) 비판, 서경덕, 조식 학풍 중시

(2) 광해군의 대외정책

① 후금 건국(1616) : 명의 원군 요청

② 실질적 중립외교 : 강홍립 도원수 삼아 명 지원(상황에 따라 대처 명령)

③ 중립정책 추진 : 명의 지원 요청 거절, 후금과 친선관계 추구

④ 광해군의 중립외교정책은 서인과 남인의 불만 고조, 인조반정 원인

(3) 서인의 인조반정(1623)

① 배경

㉠ 명에 대한 대의명분 내세움, 광해군의 중립외교 비판

㉡ 반유교적 정치 : 영창대군·임해군 살해, 인목대비를 서궁에 유폐

② 서인이 주도한 반정(이괄, 김류, 이귀)

6) 호란의 발발과 전개

(1) 정묘호란(1627)

① 원인 : 서인 정권의 친명배금 정책, 가도사건, 이괄의 난(1624)

② 경과

㉠ 광해군을 위한 보복 명분 황해도까지 침입

㉡ 용골산성(정봉수), 의주(이립)에서 의병활동

㉢ 인조 강화도로 피난

③ 결과

㉠ 정묘약조 : 강홍립 중재, 형제 관계, 조공, 중강개시
와 회령개시, 엄정중립

(2) 병자호란(1636)

① 원인 : 국호 청, 황제라 칭하며 군신관계 요구, 군량미
와 병선요구(명의 정벌)

② 국론의 분열

㉠ 주전파(척화론) : 김상헌, 3학사(윤집, 홍익한, 오달
제), 전쟁 불사, 성리학

㉡ 주화파(강화론) : 최명길, 외교적 교섭, 양명학

③ 전개

㉠ 청의 침입(1636) : 조정 척화론 채택, 한양 함락

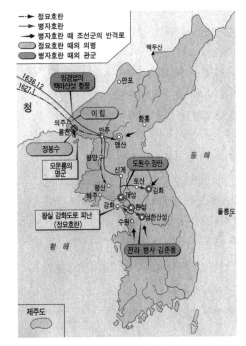

정묘호란과 병자호란

ⓛ 남한산성 항전 : 청에 굴복, 삼전도 굴욕(세 번 절하고 아홉 번 머리 조아림)

④ 결과 : 군신관계 수립, 두 왕자(소현제자, 봉림대군)와 3학사 인질

⑤ 호란의 영향 : 국토의 황폐화, 청에 대한 반감 고조, 북벌론 등장

7) 북벌론과 나선정벌

(1) 북벌론

① 배경 : 청에 대한 적개심과 문화적 우월감, 명에 대한 명분론 강조

② 전개

ⓣ 인조(1642) : 의주 부윤 임경업 계획

ⓛ 효종의 북벌계획 : 어영청(이완) 중심 신무기 개발(하멜 훈련도감), 송시열 · 송준
길 · 이완 중용, 허적 · 윤선도 등 남인 등용, 왕권 강화와 붕당의 조화

③ 북벌론의 실패와 북학운동 대두

ⓣ 북벌론 실패 : 효종의 사망, 청의 국력 강화

ⓛ 북학운동 대두 : 청의 선진문물 도입 주장(북학의, 박제가)

(2) 나선정벌

① 배경 : 러시아 세력이 시베리아지방으로 남하

② 청의 원병요청 : 효종 조총 부대 출동

ⓣ 1차 나선정벌(1654) : 변급 외 150명 조총군, 쑹화강에서 러시아 격퇴

ⓛ 2차 나선정벌(1658) : 신유 외 200명 조총군, 헤이룽강 유역 러시아 격퇴

③ 의의 : 조선의 군사력 시험, 효종과 당시집권자 북벌계획과 무관

II. 근세의 경제

1. 근세의 경제정책

1) 농본주의 경제정책

(1) 목적 : 재정확충과 민생안정을 추구, 왕도정치 이상 실현

(2) 중농정책

 ① 농경지 확대 : 토지 개간 장려, 양전사업(토지 경계 확인, 세원확보)실시,

 ② 농업생산력의 증가 : 농업기술 발달과 농기구 개발·보급

 ③ 농민생활 안정 : 농민 조세 경감, 민생 안정, 국가재정 확충

(3) 상공업 정책

 ① 조선 초기 : 억상정책으로 자유로운 상공업 활동 억제

  ㉠ 유교적 경제관에 따른 소비 억제정책으로 사치, 낭비, 빈부 격차 방지

  ㉡ 직업적 차별, 자급자족의 경제구조로 농업 중심의 사회구조

  ㉢ 도로 및 교통수단 미비로 사회적 기반시설 부족

  ㉣ 시전 상인에게 독점 판매권(금난전권) 부여

 ② 16세기 이후

◯ 국가의 통제력 약화, 토지 잃은 농민 상업으로 전업

◯ 상공업과 무역 발달로 조선 후기 경제활동 활발

2) 과전법의 시행과 변화

(1) 과전법(공양왕 1391) 시행목적 : 국가재정 기반확충, 신진사대부의 경제적 기반 확보

(2) 과전법의 내용

① 농민의 경작권 보장 : 사전의 혁파, 병작반수제(1/2 수조) 금지

② 전·현직 관리 경기도에 한하여 지방 토지 수조권 지급, 18관등에 따라 수조권 차등 지급

③ 세습 : 원칙적 세습 불가, 수신전·휼양전·공신전 명분으로 세습화 경향

(3) 시행 결과

① 재정의 확보, 신진사대부 경제적 기반 확충, 농민의 경작권 보장

② 수조율 1/10로 줄었으나 실제로 병작반수제 존재로 농민에게 불리함

(4) 한계 : 관리와 공신, 세습의 증가로 과전 부족

| 전시과와 과전법의 차이 |

전시과	과전법
국유제 원칙, 전·현직 관리 지급, 관등에 따라 차등지급, 세습 금지 원칙(점차 세습)	
전국(하삼도)을 대상	경기도에 한함
전지(토지)와 시지 지급	전지만 지급
농민 경작권 보장 안됨	농민 경작권 보장
과전 1/10, 공음전·공신전 1/2	병작반수 금지, 모든 토지 1/10
국가수조(관수관급)	수조 1/10, 수조권자 직접 수조

3) 과전법의 변천

(1) 직전법(세조 1466)

① 배경 : 경기도의 과전부족

② 목적 : 토지 부족 해결, 국가 재정의 안정

③ 내용 : 현직 관리만 지급, 수신전·휼양전 폐지

④ 결과 : 퇴직 관리의 토지소유 욕구 자극, 훈구파 농장 확대, 고리대 성행

(2) 관수관급제(성종 14701)

① 배경 : 양반관료 수조권 남용, 농민의 과다한 수취

② 목적 : 국가 토지지배권 강화

③ 내용 : 국가에서 수조권 행사, 관료의 농민 지배 약화, 지주전호제 증가

④ 결과 : 훈구파 농장 확대의 가속화

(3) 녹봉제(직전법 폐지, 명종 1556)

　① 배경 : 과전법 체제 붕괴

　② 내용 : 현물 녹봉만 지급

　③ 결과 : 수조권 지급제도 소멸, 지주전호제 확대

(4) 토지의 종류

　① 과전 : 경기도에 한해 관리 및 양반에게 수조권 지급

　　㉠ 수신전 : 관리의 미망인, 무자식 1/2, 재혼시 몰수

　　㉡ 휼양전 : 양반층 부모 사망, 자녀에게 지급

　② 공신전 : 공신에게 지급된 토지(세습 가능)

　③ 별사전 : 왕의 명에 따라 공이 있는 자 수시 지급(3대까지 세습)

　④ 공방전 : 왕실의 사유 재산에 속한 토지

　⑤ 공해전 : 중앙 관청 및 지방 관청에 지급한 토지

　⑥ 학전 : 4학, 성균관, 향교 등 각급 교육기관에 지급한 토지

4) 수취체제의 확립

(1) 수취제도 : 조세(토지에 부과), 공납(집집마다), 군역ㆍ요역

　(호적에 등재된 정남)

(2) 조세(전세)

　① 초기 : 과전법에 따라 수확량의 1/10, 풍흉에 따라 납부액

　　조정

　② 세종 : 공법, 체계적 농민 부담 줄이고 국가의 비축 곡식

　　확대

　　㉠ 전분6등법 : 토지 크기 및 비옥도에 따라 1~6등전 구분

　　㉡ 연분9등법 : 그 해 풍흉 정도에 따라 1결당 세액 부과

　　㉢ 자영농에게는 도움, 소작농에게는 도움 되지 못함

　③ 운송(조운제도) : 군ㆍ현(수집)에서 조창(강, 바닷가), 조

　　창에서 경창으로 운송

　④ 관수관급제(성종) : 조와 세의 구별 없이 전세로 통칭

(3) 공납(호세) : 가호마다 토산물 할당하여 납부

　① 공납의 종류

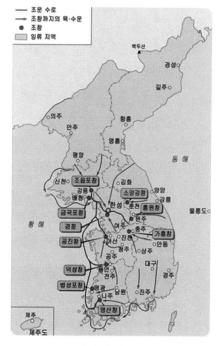

조선시대 조운로

ⓒ 상공 : 정기적 매년 지정 토산물 호조에 납부

ⓒ 별공 : 부정기적 국가의 필요에 따라 납부

ⓒ 진상 : 각 도의 관찰사 · 병사 · 수사가 왕과 왕비전에 특산물 상납

② 폐단의 발생 : 생산량 감소, 타지에서 구입하여 납부하는 폐단 발생, 농민 부담 가중

③ 시정책 제기 : 수미법(조광조), 서리망국론(조식), 대공수미법(이이, 유성룡)

(4) 역(인두세) : 16~60세 호적에 등재된 정남 부과, 군역과 요역 구분

① 군역

ⓐ 정군(일정기간 교대 복무), 보인(정군 복무 비용 보조)

ⓒ 양반, 서리, 향리, 성균관 유생 면제

ⓒ 폐단 : 군역 요역화로 기피현상, 불법적 방군수포와 대립, 농민 군포 전가

② 요역 : 공사에 동원

ⓐ 초기 : 가호 기준 정남 선발, 점차 토지 결수로 선발

ⓒ 성종 : 토지 8결당 1인 선발, 1년 6일 이내로 동원 원칙

ⓒ 폐단 : 농민 임의 징발로 농경에 지장 초래, 요역 기피 현상, 요역제 붕괴

(5) 수취제도의 결과

① 수취체제 문란으로 농민 몰락, 유민 증가로 유민의 도적화

② 임꺽정의 난(명종, 황해도) 등 농촌사회 해체 모습

5) 국가 재정의 운영

(1) 수입

① 조세 · 공물 · 역 주요 수입원

② 염전 · 광산 · 산림 · 어장 · 상인 · 수공업자는 세금부과 국가재정 충당

(2) 지출

① 재정지출 일부는 순량미 · 구휼미로 비축

② 왕실 경비 · 행사비 · 녹봉 · 군량미 · 빈민 구제비 · 의료비 등으로 지출

2. 양반과 평민의 경제활동

1) 양반 지주의 생활

(1) 양반의 경제기반

① 과전과 녹봉을 국가로부터 지급

② 개인 소유의 토지와 외거노비의 신공으로 풍요생활

(2) 양반의 토지경영

① 소유지의 특징 : 대규모 농장 형태, 하삼도에 집중

② 토지 경작 : 노비 및 주변 농민을 이용한 병작반수 형태

③ 농장의 확대 : 15세기 후반 이후 유망민을 모아 노비처럼 경작

(3) 노비 : 재산의 형태

① 노비 소유의 확대

㉠ 양반들의 구매, 출산, 양인 남녀 혼인을 통한 노비소유 확대

㉡ 일천측전제(부모 중 한사람이 노비이면 노비, 자식도 노비)로 노비의 수를 증가시켜 양반의 경제적 기반 확충

② 노비의 종류

㉠ 솔거노비 : 주인집 기거, 가사와 농경 등 종사

㉡ 외거노비 : 주인과 따로 기거, 주인 토지 경작 및 관리로 매년 신공으로 포나 돈 납부

2) 농민생활의 변화

(1) 조선 건국초기

① 세력가의 토지 수탈 규제, 권농정책

② 각종 수리시설 보수 및 확충, 농서 간행

(2) 국가의 중농정책

① 국가 : 농지 개간 장려, 수리시설 보수 및 확충

② 농서 간행 및 보급 : 우리 풍토에 맞는 농사직설(우리나라 최초 농서), 금양잡록, 사시찬요(강희맹, 4계절 농사법) 등 편찬·보급

(3) 농업기술의 발달

① 밭농사 : 조·보리·콩의 2년 3작(교종법) 확대로 생산량 증가

② 논농사 : 남부지방 이앙법(모내기) 보급, 일부지방 벼·보리의 2모작 가능

③ 시비법 발달 : 밑거름, 덧거름 사용 휴경지 감소

④ 기타 : 농기구 개량, 목화·약초·과수 재배가 확대 농가 소득 증대

(4) 농민의 부담 가중

① 유망민과 소작농 증가 : 지주전호제 발달로 세금 가중, 고래대 성행 및 자연재해

(5) 국가 대책 : 유망민 통제 및 강화로 호패법 및 오가작통법 시행

3) 수공업 생산 활동

(1) 관영수공업(관장제)

　① 체제정비 : 전문 기술자 공장안에 등록, 관청 필요물품 제작 · 공급

　② 편성 : 경공장(서울 관청), 외공장(지방 관청)

　③ 관장 : 관장제수공업에 묶여있는 수공업자, 부역 동원 의무

　④ 관장 활동 : 부역에 동원 물품 제작, 책임량 초과 물품 판매 가능

　⑤ 쇠퇴 : 16세기 이후 부역제 기피, 상업 발전, 민영수공업 발달

(2) 민영수공업 : 가내수공업의 형태로 견직물 및 농기구 등 제작 공급, 양반 사치품 생산 ·
판매

(3) 가내수공업 : 농가의 자급자족 형태로 생활필수품 제작

4) 상업 활동

(1) 관영 상업

　① 시전 : 국가가 종로 거리에 상점가를 조성, 점포세와 상세 징수

　② 시전 상업

　　㉠ 형성 : 국가가 시전 건립 후 대여, 개경의 시전상인 한양으로 이주

　　㉡ 독점판매권 부여 : 금난전권(상인의 왕실, 관청 물품공급 대가로 독점 판매 보장)

　　㉢ 육의전 번성 : 명주, 종이, 어물, 모시, 삼베, 무명을 판매, 지방 불허

　③ 경시서 설치 : 불법적인 상행위 통제(후에 평시서로 개편)

(2) 장시

　① 발생 : 농업생산력 발달로 15세기 후반 등장, 한양근교 및 지방 증가

　② 발달

　　㉠ 정기 시장인 5일장 등장, 16세기 중엽 전국적 확대, 보부상의 등장

　　㉡ 보부상 : 장시 연결 상품유통, 농산물 · 수공업 제품 · 수산물 · 약재 등 판매

(3) 화폐의 발행

　① 유통부진 : 국가 저화 및 조선통보 주조

　② 농민 : 쌀, 무명 등 물건 교환

화폐	시기	사용
저화	태종 1401	최초의 지폐, 사섬서 발행
조선통보	세종 1423	동전, 구기부족으로 주전 금지
팔방통보	세조 1464	유엽전, 전시 화살촉으로 이용, 전폐라 함
상평통보	숙종 1678	인조·효종 때 발행, 숙종 허적의 건의 재발행, 전국유통
당백전	고종 1866	대원군 경복궁 중건비용으로 발행, 상평통보의 100배 가치, 물가앙등 초래
당오전	고종 1883	임오군란 궁핍한 재정 배상목적 발행, 경기·해서·호서지방에서 유통, 물가앙등 초래
백동화	대한제국	황실재정의 확보를 위해 주조

조선통보   상평통보   당백전

(4) 무역

① 조선 초기 : 공무역 위주, 사무역 엄격 감시

② 명나라 : 사신왕래에 따른 공무역, 사무역 허용

③ 여진족 : 국경지역(경원, 경성) 무역소 설치, 무역소를 통한 무역 허용

④ 일본 : 동래에 설치 된 왜관 중심 전개

Ⅲ. 근세의 사회

1. 양반관료 중심의 사회

1) 양천제도와 반상제도

(1) 양천제도(15세기) : 법적인 구분 갑오개혁(1894) 이전까지 조선의 기본 신분제도

① 양인 : 과거 응시자격, 조세 · 국역 의무

② 천민 : 비자유인, 개인이나 국가 소속 천역 담당

(2) 반상제도(16세기)

① 관직을 가진 사람을 의미하던 양반, 하나의 신분 정착

② 양반(지배층)과 상민(피지배층) 간의 차별

③ 4신분제 정착 : 양반, 중인, 상민, 천민

(3) 신분이동 : 엄격한 신분사회였으나 신분이동 가능

① 고려와 달리 개방적 사회, 신분의 틀은 벗어나지 못함

② 법적 양인이면 과거 응시 가능

③ 양반도 죄를 범하면 노비 및 중인, 상인으로 전락 가능

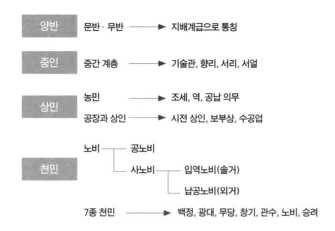

양반 — 문반·무반 ——→ 지배계급으로 통칭

중인 — 중간 계층 ——→ 기술관, 향리, 서리, 서얼

상민 — 농민 ——→ 조세, 역, 공납 의무
      공장과 상인 ——→ 시전 상인, 보부상, 수공업

천민 — 노비 ┬ 공노비
            └ 사노비 ┬ 입역노비(솔거)
                     └ 납공노비(외거)
      7종 천민 ——→ 백정, 광대, 무당, 창기, 관수, 노비, 승려

2) 양반

(1) 의미 변화

  ① 초기(15세기) : 문반과 무반

  ② 중기(16세기) : 문·무반 관료와 그 가족이나 가문까지 양반(신분세습)

(2) 양반의 기득권 유지

  ① 목적 : 지배층이 늘어나는 것을 방지

  ② 내용

    ㉠ 양반사대부의 신분화 : 문무양반의 관직을 받은 자들만 사족 인정

    ㉡ 중인층 배제 : 향리, 서리, 기술관, 군교, 역리들을 중인으로 격하

    ㉢ 서얼 배제 : 첩의 소생을 서얼이라 함, 차별 및 관직 진출 제한

(3) 양반의 특권

  ① 양반의 지위 : 경제적 지주층, 정치적 관료층 지위

  ② 정치적 특권 : 과거, 음서, 천거 등 국가 고위 관직 독점

  ③ 경제적 특권 : 많은 토지와 노비 소유

  ④ 현직, 예비관료로 활동, 유학공부, 군역 면제, 생산에 종사하지 않음

  ⑤ 각종 법률과 제도로써 신분적 특권 제도화(양인(양반, 중인, 상민)분화)

2) 중인

(1) 의미

  ① 넓은 의미 : 양반과 상민의 중간 신분계층

② 좁은 의미 : 기술관(역관, 서리, 향리 등)만을 의미

(2) 구성 및 지위

　① 중인 : 중앙 및 지방 관청의 서리, 향리, 기술관으로 직역 세습

　② 서얼 : 중인과 같은 신분적 처우 받아 중서라고도 불림

　③ 지위 : 문과 응시는 금지되는 차별, 사회적 차별로 무반직에 등용

(3) 역할

　① 전문기술이나 행정실무 담당, 양반으로부터 하대와 멸시

　② 역관 : 사신 수행 이득 취득, 조선 후기 청과 서양문물 수용에 큰 역할

　③ 향리 : 토착세력으로 수령을 보좌

3) 상민

(1) 의미 : 농민, 수공업자(관·민영, 장인세 부과), 상인(시전상, 보부상)

(2) 성격 : 과거 응시자격(사실상 어려움), 전쟁과 비상시 군공 세울 경우 신분상승

(3) 생활

　① 농민 : 과중한 조세·공납·부역의 의무 부담

　② 수공업자 : 관영 및 민영수공업 종사, 장인세 부과

　③ 상인 : 보부상, 국가 통제 상거래 종사, 상인세 부과, 농본억상정책으로 농민보다 아래
　　계층

　④ 신량역천 : 양인 중 천역 담당, 봉수간·염간·진척·화척·양수직 종사

4) 천민

(1) 노비 : 비자유인, 재산취급(매매, 상곡, 증여), 국역 제외, 일천즉천제도 일반화

(2) 노비의 운영 : 노비간 소생은 어머니 소유(천자수모법), 양반의 노비증식 욕구에 의한
　　양천결혼

(3) 노비의 구분

　① 공노비 : 국가에 신공을 바치거나 관청의 노동력을 제공

　② 사노비 : 개인에게 속한 노비

　　㉠ 솔거노비 : 주인집에 거주하는 노비

　　㉡ 외거노비 : 주인과 따로 거주, 주인에게 노동력 대신 신공 바침

　③ 그 밖에 백정, 무당, 창기, 광대 등도 천민에게 천대 받음

2. 사회정책과 사회시설

1) 사회정책

(1) 농본정책 실시 : 성리학적 명분론에 입각한 사회질서 유지, 농민생활의 안정 도모하기
   위한 농본정책 실시

(2) 농민의 몰락 방지

 ① 농민의 고통 : 과다한 조세와 요역 부담, 관리 및 양반지주의 수탈

 ② 농민의 몰락 : 전호가 되거나, 노비 및 유민이 되어 자신에게 부과된 역회피

 ③ 농민 몰락 방지책

  ㉠ 양반의 토지겸병 억제, 농번기 농민 잡역동원 금지

  ㉡ 재해 및 질병 시 조세와 요역 감면, 여러 진휼과 의료 및 구제시책 실시

2) 사회제도

(1) 목적 : 농민의 몰락 방지책으로 신분질서 유지 및 농민 생활 안정

(2) 사회 시설

 ① 환곡제 : 춘궁기 양식과 종자 빌려준 뒤에 추수기에 회수하는 제도

  ㉠ 의창 : 고려 성종(986)에 설치된 빈민구제기관, 조선시대 곡식 부족으로 상실하여
   상평창에 그 기능 이전

  ㉡ 상평창 : 고려 성종(993)에 설치한 물가조절기관, 조선 선조(1608)에 선혜청의 설
   치로 통합

 ② 사창제 : 각 지방 행정 단위별로 설치한 곡물대여기관, 향촌 주민 자치적 운영

(3) 의료시설

 ① 혜민국, 동서대비원 : 수도권 거주 서민 환자의 구제 및 약제 판매

 ② 제생원 : 지방민의 구호 및 진료 담당

 ③ 동·서활인서 : 여행자, 유랑자의 수용과 구휼

 ④ 3사 : 내의원(왕실, 왕족치료), 전의감(의서편찬, 교육), 혜민국

(4)한계

 ① 최소한의 보장책

 ② 농민 이탈 방지책 : 오가작통법, 호패법

3) 법률제도

(1) 형법

① 경국대전과 대명률 대표 법전, 태 · 장 · 도 · 유 · 사의 5종 기본(대명률 적용)

② 중죄 처벌 : 반역죄(왕권 도전), 강상죄(삼강오륜 어긴 자)

③ 연좌제 시행 : 가족과 처벌, 고을 호칭 강등, 고을수령 파면

(2) 민법

① 운영 : 관찰사, 수령 등 지방관이 관습에 따라 처리, 가족은 주자가례에 의거 처리

② 처리 : 노비소송(초기), 산송(후기, 남의 묘에 자기 묘 씀)

(3) 상속

① 종법 : 조선시대 가족 제도의 토대, 동성동본 금혼, 이성불양, 유교주의

② 조상의 제사와 노비 상속 중요시

(4) 사법기관

① 조선의 사법기관은 행정기관과 명확히 구분되지 않음

② 중앙 사법기관

㉠ 사헌부, 의금부, 형조 : 관리 및 중대 사건 관리

㉡ 한성부 : 수도의 치안 담당

㉢ 장례원 : 노비 관련 소송

③ 지방 사법기관 : 관찰사와 수령 관할구역 내의 사법권 행사

④ 부당한 재판 구제

㉠ 다른 관청, 상부 관청 소송 제기

㉡ 신문고, 징으로 왕에게 직접 호소(일반적 시행되지 않음)

3. 향촌사회의 조직과 운영

1) 향촌사회의 모습

(1) 향촌의 편제

① 향(鄕) : 전국 8도 그 아래 부, 묵, 군, 현을 두어 중앙에서 지방관 파견

② 촌(村) : 군 · 현 아래 면, 리 설치(중앙에서 관리 파견 안 됨)

(2) 유향소와 경재소 : 고려의 사심관 제도가 분화, 발전

① 유향소 : 수령 보좌, 향리 감찰, 풍속 교정

         ⑦ 사족들이 향촌사회 지주로 농민 지배

         ⑥ 향안 : 지방 사족 명단, 임진왜란 전후 군현마다 보편적 작성

         ⓒ 향회(향촌자치기구) : 향안에 오른 사족 총회, 지방민 통제 기구

         ⓒ 향규 : 향회 운영규칙

      ② 경재소 : 유향소 통제 및 중앙과 지방 연락 업무 담당

      ③ 경재소 혁파(1603) 이후 : 유향소는 향소 또는 향청 명칭 변경

2) 촌락의 구성과 운영

   (1) 촌락

      ① 의미 : 향촌을 구성하는 기본 단위 동, 리로 편제

      ② 촌락민 지배 방법 : 면리제(초기), 오가작통법(17세기 중엽)

      ③ 구분 : 반촌(양반 거주, 동성촌락 발전), 민촌(평민 거주, 소작농)

   (2) 촌락공동체 조직

      ① 동계 · 동약 : 사족의 신분적 강화 목적 조직, 지주제 통한 지배 관철

         (변화 : 왜란 전(사족만 참여), 왜란 후(양반, 상민 함께 참여))

      ② 향도계 · 동린계 : 일반백성의 자생적 생활문화조직

   (3) 촌락의 농민조직

      ① 두레 : 공동 노동 작업공동체, 품앗이와 함께 전통적 노동단위조직

      ② 향도 : 신앙적 기반과 동계조직과 같은 공동체 조직, 주로 애사 시 활동

3) 촌락의 풍습

   (1) 석전

      ① 돌팔매 놀이 : 조선 초기 상무정신 함양, 왕도 관전

      ② 금지 : 사상자 속출, 민간풍습으로 전승

   (2) 향도계 · 동린계 : 일반백성의 자생적 생활문화조직

      ① 양반사족은 음사라 금지, 농민 대다수 자신 생활풍습이라 지킴

      ② 마을 축제 성격, 점차 장례 도와주는 기능 전환(상두꾼)

4. 성리학적 사회질서의 강화

1) 예학과 족보의 보급

 (1) 성리학의 특징 : 신분제 사회질서 유지하기 위한 명분론 강조

 (2) 예학

  ① 목적 : 양반의 신분질서 안정 추구하고자 종족 내부 의례를 규정하는 학문

  ② 내용 : 삼강오륜의 기본덕목 강조, 양반사대부의 신분적 우월성 강조

  ③ 보급 : 주자가례(16세기 중반), 가묘 · 사당 건립(16세기 후반)

  ④ 사림의 보급 : 향촌사회에 대한 지배력 강화로 향약 시행, 소학 보급

  ⑤ 발달 : 양란 이후 유교질서 회복 강조, 가례집람(김장생), 오선생예설분류(정구)

  ⑥ 폐단 : 사림간의 정쟁의 구실로 이용(예송 논쟁)

 (3) 보학

  ① 개념 : 종족의 종적인 내력과 횡적인 종족관계를 확인(족보 기록)

  ② 기능 : 종족 내부 결속력 강화, 신분적 우월 의식 표출

  ③ 역할 : 붕당구별의 기준, 양반 문벌제도의 강화

❖ 족보

시조에서 시대 순으로 이름과 자와 호, 과거 관직, 저술과 문집, 업적, 출생과 사망일, 묘지의 취지 등 개인의 모든 경력과 이력 기재되었다. 후손이 있는지 없는지 아들을 양자로 보낸 것인지 그리고 적자와 서자, 아들과 사위를 구별하여 기록하였다. 족보는 철저히 남자 중심의 기록물이어서 여자들에게는 이름이 없었다. 따라서 여자의 이름이 족보에 오를 수 없었으며, 딸은 사위의 이름으로 오르고 부인의 경우에는 친정의 성관과 부친 및 가문의 이름난 조상이 기록될 뿐이었다.

❖ 족보의 성격

1) 조선전기 : 친손과 함께 외손도 기재하는 쌍계적 친족체계로 자손보의 성격

2) 조선후기 : 동족관념의 강화로 친손중심으로 변화하였으며, 종전의 연령 순에서 선남후녀의 순으로 기재하고 종가사상이 강화되었다.

3) 항렬자 사용 : 처음에는 형제간에 항렬자를 사용하다가 점차 범위를 넓혀 후기에 같은 항렬을 사용하였다.

2) 서원과 향약

 (1) 서원

  ① 설립 목적 : 성리학을 연구, 선현 제사, 지방 교육 담당

  ② 기능 : 학문의 지방 보급, 지방 사족의 지휘 강화, 향촌 사림의 결집 강화

  ③ 발전 : 사화로 인한 사림들의 향촌에서 은거하며 활동기반 구축, 임진왜란 이후 급속

발전

④ 최초의 서원 : 풍기 군수 주세붕이 세운 백운동 서원(1543)

⑤ 사액서원 : 명종 때 이황의 건으로 소수서원으로 사액됨

⑥ 폐단 : 지방행정권 약화, 국역 기반 약화, 붕당 간 대립에 이용

(2) 향약

① 성격 : 권선징악과 상부상조의 목적, 전통적 공동조직과 미풍양속 계승, 삼강오륜 중심
   으로 한 유교윤리

② 향약 4대 강목 : 덕업상권, 과실상규, 예속상교, 환난상휼

③ 보급 : 조광조(여씨 향약, 기묘사화(1519)로 향약 폐지)

④ 전국적 보급 : 선조 때 이황(예안 향약), 이이(해주 향약)

⑤ 조직 및 운영 : 신분에 관계없이 향민 전원 강제적 편성(도약정(회장), 부약정, 직월(간
   사))

⑥ 영향 : 향촌 질서유지, 치안담당, 향촌의 자치적 기능 발휘, 왜란 이후 17세기 농민공동
   체조직과 결합 상부상조 정신과 인륜도의와 예의 함양 기여

⑦ 폐단 : 지방사림의 지휘 강화, 수령권 약화, 지방 유력자가 주민 위협 및 수탈, 목민심서
   (정약용)에서 향약의 폐단 비판

Ⅳ. 근세의 문화

1. 민족 문화의 융성

1) 발달 배경

(1) 특징 : 민족적, 실용적 성격의 학문과 민족문화 발달

(2) 주도세력 : 조선초기 주도세력 관학파

　① 민생안정과 부국강병을 위한 실용적 학문 중시

　② 성리학 이외의 학문과 사상을 포용하며 국가통치체제 확립

2) 한글 창제(창제 : 1443, 반포 : 1446)

(1) 배경 : 한자의 불편, 피지배층의 도덕적 교화를 통해 양반 중심 사회체제 유지

(2) 과정 : 세종과 집현전 학자들의 연구로 창제하여 훈민정음 반포(1446)

(3) 특징

　① 배우기 쉽고 자유로운 의사표현 가능

　② 과학적인 제작원리로 만든 우수한 문자

(4) 보급

　① 용비어천가, 월인천강지곡, 불경·농서·윤리서·병서 등 한글로 간행

　② 서리는 한글시험

(5) 의의 : 일반백성 문자생활, 민족 문화의 긍지 및 기반 마련

| 한글서적 |

작품	내용
용비어천가	최초 국문학 작품, 조선의 창업 칭송
석보상절	세종 때 수양대군이 소헌왕후 명복 빈 석가일대기
월인천강지곡	세종이 석보상절을 보고 석가의 불덕을 찬양
불경언해	법화경, 원각경, 금강경 등을 간경도감에서 언해 간행
두시언해	당나라 시인 두보의 시를 한글로 풀이
소학언해	소학을 한글로 번역

3) 역사서의 편찬

(1) 목적

① 건국초기 : 왕조의 정통성 확립, 성리학적 통치 규범 정착

② 15세기 중엽이후(세종) : 왕실과 국가권위 고양, 자주적 사관 강조

(2) 역사서

① 실록 : 각 왕대의 역사를 후세에 남기기 위해 편찬(태조실록~철종실록)

| 조선왕조실록 |

1. 실록의 편찬

① 태종 때 태조실록 편찬, 태조에서 25대 철종까지 편찬

② 춘추관의 실록청이 주관

③ 연, 월, 일별로 중요사건을 기록한 편년체

2. 편찬방법

① 춘추필법 : 왕이 죽은 후부터 춘추관 사관이 쓴 사초와 각종 회의록을 춘추관의 실록청에 두고 편찬

② 사료 : 사관의 사초를 기준으로 승정원일기, 의정부등록, 비변사등록, 일성록, 시정기 등을 중심으로 집필

③ 국조보감 : 실록과 사초는 군주라도 볼 수 없어 내용을 요약하여 경연참고서로 편찬

④ 수정(개수)실록 : 선조, 광해군, 현종, 경종

⑤ 일기 : 연산군일기, 광해군일기

3. 관리

완성된 실록은 정본은 춘추관에 보관하고, 충주·성주·전주등 3곳에 필사본 보관

| 사고의 변천 |

임진왜란	선조~광해군	이괄의난		현재
		당시	이후	
춘추관(소실)	춘추관	소실		소실
충주사고(소실)	오대산사고	보존	오대산사고	동경제국대, 1923년 동경지진으로 소실
성주사고(소실)	태백산사고	보존	태백산사고	부산 국가기록 보관소
전주사고(묘향산)	마니산사고	보존	정족산사고	서울대학교 규장각에 보관
	묘향산사고	보존	적상산사고	김일성 종합대학교 도서관 보관

② 고려국사(태조 1396) : 정도전, 조선건국의 정당성 강조

③ 동국사략(태종 1402) : 권근, 성리학적 통치규범의 정착, 편년체

④ 고려사(세종~문종 1451) : 김종서 · 정인지, 고려시대 역사를 자주적 입장에서 기전체로 정리

⑤ 고려사절요(문종 1452) : 김종서, 군주를 교훈하는 정치제도사, 편년체

⑥ 동국통감(성종 1485) : 서거정, 최초통사, 단군조선을 민족사의 기원정립

⑦ 기자실기(선조 1581) : 이이, 기자를 시조로 인식, 단군 부정

⑧ 동국사략(선조무렵) : 박상, 동국통감에 대한 반발로 편찬

⑨ 동사찬요(선조 1614) : 오운, 기자정통론

| 역사서 |

시 기	역사서	편찬자		내용	
전기(15세기)	건국초	고려국사	정도전	조선 건국의 정당화	성리학적 사관
		동국사략	권근	성리학적 통지규범	
	세종	고려사	짐종서, 정인지	기전체	고려사 정리	자주적 사관
		고려사절요	김종서	편년체		
	성종	동국통감	서거정	최초의 통사 (단군~고려)	
후기(16세기)	선조	동국사략	박상	동국통감 비판	존화적 사관

| 역사서 서술양식 |

서술 형식	내 용
기전체	정사체로 본기, 세가, 연표, 지, 열전으로 구분 서술
편년체	연대순으로 종합하여 서술
기사본말체	사건 단위로 결말 중심으로 서술
강목체	주제별로 강(대의)과 목(세목)으로 서술

4) 지도 · 지리서의 편찬

(1) 목적 : 중앙 집권 및 국방 강화

(2) 지도

① 혼일강리역대국도(태종: 이회, 이무, 김사형) : 현존하는 동양 최고의 세계지도

② 팔도도(태종: 이회) : 현존하는 최고의 전국지도

③ 동국지도(세종: 양성지) : 최초의 실측지도, 북방에 대한 관심 반영(인지의 이용)

④ 조선방역지도(명종 16c) : 현존하는 유일 원본 지도, 만주와 쓰시마 섬 표기

(3) 지리서

① 신찬팔도지리지(세종: 1432) : 윤회, 최초 관찬 인문지리서, 전국
8도

② 세종실록지리지(단종 1454) : 세종실록 부록으로 실린 지리지,
각 도의 연혁, 고적, 지세 등 자세히 기록, 단군신화 기록

③ 동국여지승람(성종 1481) : 강희맹, 팔도지리지를 보완한 최대의
인문지리서, 군·현의 연혁, 지세, 인물, 풍속 등 자세히 기록, 국
토에 대한 인문 지리적 지식수준을 크게 높여줌

④ 신증동국여지승람(중종 1530) : 이행, 동국여지승람의 증보

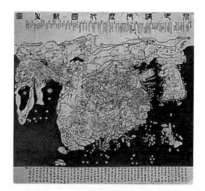

혼일강리역대국도지도

5) 윤리, 의례서, 법전의 편찬

(1) 목적 : 유교적 질서 확립 및 통치규범 성문화

(2) 윤리·의례서의 편찬

① 전기(15세기) : 유교적 질서 확립

㉠ 삼강행실도(세종 1431) : 충신, 효자, 열녀의 행적을 그림을
그리고 설명

㉡ 국조오례의(성종 1474) : 국가와 왕실의 여러 행사에 대한
의식절차 규범

② 중기(16세기) : 성리학적 유교질서를 보급

㉠ 소학, 주자가례의 보급

㉡ 이륜행실도(1518) : 연장자와 연소자, 친구사이 지켜야할
윤리 강조

㉢ 동몽수지(주자, 1517) : 어린이의 예절 기록

(3) 법전의 편찬

① 조선의 4대 법전 : 경국대전, 속대전, 대전통편, 대전회통

조선방역지도

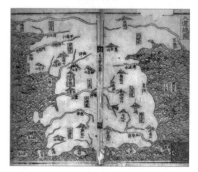

조선방역지도

법 전	시 기	편찬자	내 용
조선경국전	태조(1394)	정도전	조선왕조의 개국과 초기 개혁정책을 밝힌 최초의 법전, 조례정리, 6전체계
경제문감	태조	정도전	정치 조직의 초안
경제육전	태조(1397)	조준, 하륜	여말 선초의 각종 조례 정리, 최초의 관찬 법전
속육전	태종	하륜, 황희	경제육전 수정·증보, 원육전과 속육전으로 분류
육전등록	세종	집현전	집현전에서 정리된 법전
경국대전	성종(1471)	최항, 노사신	조선의 기본 법전, 세조 때 착수, 성종 때 교정·반포
속대전	영조(1744)	김재로 등	경국대전 수정·보완
대전통편	정조(1785)	김치인 등	경국대전과 속대전을 통합
대전회통	고종(1865)	조두순 등	대전통편을 보완
육전조례	고종(1867)	조두순 등	대전회통에서 빠진 시행규칙 정리

2. 성리학의 발달

1) 성리학의 정착

(1) 성리학

① 송대에 주희에 의해 완성된 철학적 유학, 우주 만물의 근원과 사물의 이치 연구

② 고려 말 전래, 보급, 불교 배척 기운 조성

③ 조선 후기 성리학의 이념적 대립이 붕당을 격화시킴

(2) 관학파(훈구파)

① 대내외적 모순을 극복, 왕조 교체에 따른 문물제도 정비와 부국강병 추진

② 정도전·권근이 대표 인물, 성리학 외 다른 사상포용, 주례를 국가통치 이념화

(3) 사학파(사림파)

① 정몽주·길재의 학풍 계승, 성종 때 본격적 정치 진출

② 교화에 의한 통치 강조, 성리학적 이념 중시, 공신과 외척의 비리와 횡포 비판

③ 성리학적 이념과 제도의 실천을 강조

	훈구파(15세기, 초기, 관학파)	사림파(16세기, 중기, 사학파)
연 원	혁명파 계승 (정도전, 조준, 권근→정인지, 한명회, 신숙주)	온건파 계승(정몽주, 길재, 이색→조광조)
출 신	관학(성균관)	사학(서원)
학 풍	사장학 중심(경세론)	경학 중심(이기론)
성 향	경험적, 실용적	관념적, 이론적
사상 정책	성리학 이외 불교, 도교, 풍수지리설 포용	성리학 이외의 학문, 종교, 사상 배척
통치 방식	중앙집권과 부국강병 추구, 주례가 통치이념	향촌자치 추구, 대학이 통치 이념
역사 의식	자주적 민족의식, 단군 중시	중국 중심 화이사상, 존화주의적, 기자 중시
개 관	근세 민족 문화 창조	사림의 정치적 성장과 지방 문화발달
성 리 학	경제적 기능강조, 부국강병 및 영토 확대	관념적 이기론 치중, 왕도 정치 실현추구
과 학	과학기술 장려	과학기술 천시
자 기	분청사기	백자(조선후기 청화백자)
회 화	진취적 시대 반영 인물, 산수를 씩씩하고 낭만적으로 묘사	선비의 정신세계 표현, 사군자
건 축	궁궐, 성, 학교	서원
음 악	궁중 음악인 아악의 기초 확립	서민의 속악 발달

2) 성리학의 융성

(1) 배경 : 사림은 도덕성과 수신 중시, 신흥사대부 계층의 이익 옹호 사상

(2) 과정

① 연구

ㄱ 화담 서경덕 : 기(氣)를 중심으로 세계를 이해, 불교와 노장사상에 대해 개방적

ㄴ 남명 조식 : 노장사상을 포용, 학문의 실천성을 강조

ㄷ 회재 이언적 : 선종의 불교적 요소 비판, 기(氣)보다 이(理) 중심의 이론 전개, 주리론의 선구자

② 융성

ㄱ 퇴계 이황(李滉)

ⓐ 주자서절요, 성학십도 저술, 인간의 심성을 중시 여김

ⓑ 근본적 · 이상주의적 성격, 일본의 성리학 발전에 영향

ⓛ 율곡 이이(李珥)

　　ⓐ 동호문답, 성학집요 저술, 기(氣)의 역할을 강조

　　ⓑ 현실적·개혁적 성격, 통치 및 수취체제 등의 다양한 개혁방안 제시

③ 이기론 발달

| 주리론과 주기론 |

구분	주리론	주기론
특 색	• 원리의 세계를 중시 • 사회의 현실보다 도덕적 원리에 대한 인식과 실천 중요 • 신분질서 유지하는 도덕규범 확립	• 원리의 세계 보다는 경험적 세계 중시 • 사물의 법칙을 객관작으로 파악 • 정치, 경제, 국방의 개혁과 참여 주장 • 동인과 북인계열 학자에 영향, 성리학자들로부터 이단시 됨
선구자	이언적이 선구자	김시습의 영향을 받은 서경덕이 선구자
집대성	이황이 주리철학을 집대성	이이가 주기철학을 집대성
예 법	주자가례 중시	가례집람 중시
계승자	조식, 유성룡, 김성일, 정구 등에 계승되어 영남학파 형성	조헌, 성혼, 송익필, 김장생에게 계승되어 기호학파 형성
이 론	이기 이원론	일원적인 이기 이원론
붕 당	동인	서인
영 향	위정척사사상과 일본 성리학 발전 영향	중상적 실학사상과 개화사상에 영향

❖ **성학십도와 성학집요의 차이점**
성학 십도에서는 군주 스스로가 성학을 따를 것을 제시한 반면,
성학집요에서는 현명한 신하가 성학을 군주에게 가르쳐 그 기질을 변화시켜야 한다고 주장

3) 학파의 형성과 대립

(1) 과정 : 성리학에 대한 이해 심화, 서원건립의 활발로 인해 학파 형성, 사림이 정치를 주도하게 되면서 정파가 성립

(2) 동인 : 정여립 모반 사건을 계기로 서경덕과 조식 학파중심으로 북인, 이황 학파를 중심으로 남인으로 분화

　① 북인 : 광해군 집권 시기에 왜란극복, 대동법 시행, 은광 개발, 중립 외교 정책 추진, 인조반정으로 몰락

　② 남인 : 이황 학파 계승, 서원과 향촌에 영향력, 수취체제 완화, 자영농 육성

(3) 서인 : 이이 학파와 성혼 학파, 주자 중심의 성리학 강조, 인조반정(1623) 으로 정국 주도

(4) 인조반정 이후

　① 서인의 우세 속에 남인이 참여하는 정권 수립, 명에 대한 의리명분론 강화하면서 친명
　　배금정책 펼침

　② 서인과 남인의 친명배금정책으로 병자호란 초래

　③ 인조 말엽에는 송시열 등 서인 산림에 의한 정국 주도, 대동법 · 호포법 등에 대한 논쟁
　　으로 대립이 일어남

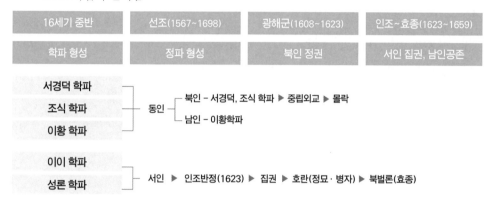

4) 예학의 발달

(1) 배경

　① 주자가례 중심의 생활규범서 출현, 주자가례 연구 활발(16세기)

　② 양난 이후 흐트러진 유교적 질서의 회복이 강조되고 더욱 중시

(2) 학자 : 김장생, 정구 대표적 인물

(3) 기능 : 종족 내부의 의례를 규제

(4) 의의

　① 긍정적 : 가족과 종족간의 상장제례의식 정립, 유교주의적 가족제도 확립

　② 부정적 : 지나친 형식주의와 사림간의 당쟁의 구실이 됨(예송논쟁)

3. 불교와 민간신앙

1) 불교의 정비

(1) 목적

　① 사회적 : 유교주의적 국가 기초 확립

② 경제적 : 국가 재정의 확보

(2) 억불 정책

　① 태조 : 도첩제 실시

　② 태종 : 사원 소유의 토지와 노비 회수하여 불교 억압

　③ 세종 : 선·교 양종으로 통합, 전국 36사만 인정

　④ 성종 : 억불 정책, 도첩제 폐지, 불교의 사회적 위상 약화(산간불교)

(3) 명맥 유지

　① 세종 : 내불당 건립, 불경 간행(월인천강지곡, 석보상절)

　② 세조 : 간경도감 설치, 한글로 불경 번역, 원각사지 10층석탑

　③ 명종 : 문정왕후 지원 일시적인 불교 회복정책(보우(普愚) 중용, 승과 제도 부활)

　④ 16세기 후반 : 서산대사(교는 부처의 말이요, 선은 부처의 마음)와 같은 고승이 배출되어 교리 정리

❖ 도첩제

승려가 출가할 때 국가가 허가증을 발급해 주는 제도. 국가에 대해 신역의 의무를 저버리고, 양민이 함부로 승려가 되는 폐단을 막기 위한 데서 비롯되었다.

1392년(태조 1) 국가의 재정과 인적 자원을 확보하기 위해 승려가 되려는 자가 양반 자제이면 포 100필, 서인이면 포 150필, 천인이면 포 200필을 관에 납부하여 도첩을 받도록 하였다(허가증)

---

2) 도교와 민간신앙

(1) 도교

　① 소격서 설치 : 하늘에 국가의 안녕과 왕실의 번성을 바라는 초제

　② 초제 : 참성단에서 일월성신에게 제사, 민족의식 강화

　③ 영향 : 사대부 사회에 은둔과 신선사상 유포

　④ 16세기 사림 진출 이후 : 심성 중시 경향, 정신수양 도움

(2) 풍수지리설과 도참사상

　① 한양 천도 : 풍수 사상

　② 산송 문제 : 묘지 선정(명당 선호)문제, 16세기 이후 많이 발생

(3) 민간 신앙

　① 무격신앙, 산신신앙, 삼신숭배, 촌락제 등

　② 유교이념과 융합되어 조상숭배와 촌락의 안정 기원

4. 과학기술의 발달

1) 천문역법과 의학

(1) 발달 배경 : 부국강병, 민생안정을 위한 과학기술의 중요

인식

(2) 천문학

① 천체 관측 기구 : 혼천의, 간의 제작

② 시간 측정 : 자격루(물시계 1434), 앙부일구(해시계)

③ 강우량 측정 : 측우기(1441) 세계최초

④ 토지측량기구 : 인지의, 규형(세조)

⑤ 천문도 : 천상열차분야지도(태조)

⑥ 역법서 : 칠정산(세종)- 내편은 중국의 수시력, 외편

은 아라비아의 회회력을 우리 실정에 맞게 만듬

⑦ 수학 : 상명산법, 산하계몽 → 아라비아의 영향

(3) 의학

① 향약채취월령(세종 1431) : 약용식물을 한글로 적은 의학서

② 향약집성방(세종 1433) : 유효통 · 노중례, 우리나라 풍토에 맞는 약재

외 치료법

③ 신주무원록(세종 1438) : 원나라 왕여의 무원록에 주석을 붙인 법의학

지침서

④ 의방유취(세종 1445) : 전순의, 김유지, 의학백과사전

⑤ 동의보감(광해군 2년) : 허준, 조선의학의 집대성, 동양 최고의 의서

혼천의

자격루

측우기

천상열차분야지도

앙부일구

2) 활자 인쇄술과 제지술

(1) 인쇄술 : 고려시대는 금속활자 발명, 조선시대는 주자소를 설치하여 계미자, 갑인자 주

조, 세종 때 자판 조립방법 창안하여 식자판을 만들어 사용

| 조선의 활자 |

활 자 명	주조 시기	재 료	비 고	
계미자	태종 3년(1403)	구리(동)		주자소 설치
경자자	세종	2년(1420)	동(銅)	

갑인자	세종	16년(1434)	동(銅)	식자판 조립
병진자		18년(1436)	연(鉛, 납)	
을해자	세조	1년(1455)	동(銅)	
을유자		11년(1465)	동(銅)	
갑진자	성종	15년(1484)	동(銅)	
계축자		24년(1493)	동(銅)	
병자자	중종 11년(1516)		동(銅)	
훈련도감자	선조말		목(木)	
임자자	영조 48년(1772)		동(銅)	
생생자	정조	16년(1792)	목(木)	
정리자		19년(1795)	동(銅)	
춘추강자		21년(1797)	철(鐵)	

(2) 제지술 : 세종 때 조지서 설치, 종이 대량 생산, 다양한 서적 인쇄

3) 농서 편찬과 농업기술 발달

(1) 농서

① 농사직설(세종, 정초) : 우리 풍토에 맞는 독자적인 농법을 정리한 최초의 농서

② 금양잡록(성종, 강희맹) : 금양(시흥)지방을 중심, 경기 지방 농법정리

③ 사시찬요(세조, 강희맹) : 사계절 순 원예, 특용, 양잠, 식목 서술

(2) 농업기술

① 밭농사 2년 3작, 논농사는 남부 일부지방 중심 이모작 시행

② 벼농사는 건사리, 물사리, 모내기법 등 다양한 농법 사용

③ 시비법 발달로 농경지의 상경화, 휴경지 소멸로 가을갈이도 시행

갑인자로 찍은 자치통감강목

(3) 의생활 : 목화재배 확대로 무명옷 보급, 화폐처럼 사용, 삼·모시 재배 성행, 양잠농서 편찬

4) 병서 편찬과 무기제조

(1) 발달 배경 : 조선 초 국방력 강화로 많은 병서 및 각종 무기의 제조기술 발달

(2) 병서

① 진도, 진법(태조, 정도전) : 요동수복 계획서 작성, 전술, 부대편성 방법 수록

② 총통등록(세종) : 화약과 화포의 제작과 사용법

③ 역대병요(세종, 정인지) : 역대 전쟁과 전쟁일화 수록

④ 병장도설(성종) : 성종23년에 편찬된 진법을 영조18년에 왕명으로 복간하여 책명을 바꾼것, 군사훈련 지침서, 화포의 제작

⑤ 동국병감(문종, 김종서) : 고조선에서 고려말까지 전쟁사 정리

(3) 무기 제조

① 화학 무기 : 최무선의 아들 최해산의 화포(1,000보 사정거리), 신기전(문종, 화살 100개 발사)

② 병선 : 태종 때 거북선, 비거도선(작고 빠른 배)

(4) 변천

① 조선 초기 과학기술이 발달하여 국방력 강화 및 민생안정

② 15세기에 발달된 과학기술은 16세기에 과학기술 경시 경향으로 점차 침체

5. 문학과 예술

1) 문학의 발달

(1) 전기 문학(15세기)

① 특징 : 작자에 따라 내용과 형식 차이(문인과 사대부), 초기에는 격식, 질서, 조화를 내세우는 경향의 문학 중심, 점차 개인의 감정과 심성을 나타내는 가사와 시조 등 우세

② 한문학

㉠ 동문선(서거정) : 우리나라 역대 시, 산문 중 빼어난 것 골라 편찬, 우리글에 대한 자주의식 나타남

③ 악장 : 용비어천가, 월인천강지곡(자주 의식)

④ 시조

㉠ 김종서, 남이 : 중앙관료적 진취적 기상

㉡ 길재, 원천석 : 재야학자의 유교적 충절

⑤ 가사 : 시조의 한계 극복, 감정을 구체적 표현, 정극인(상춘곡)

⑥ 설화문학

㉠ 필원잡기(서거정) : 일화 수록

㉡ 용재총화(성현) : 수필체 성격

㉢ 금오신화(김시습) : 최초 한문소설

(2) 중기 문학(16세기)

① 특징 : 사림문학 주류, 흥취와 정신 강조, 문화의 저변 확대

② 한문학 : 사림의 경학 치중으로 문학 저조, 형식은 다양화, 산천의 아름다움 표현

③ 가사 : 송순(면앙정가), 정철(관동별곡, 사미인곡, 속미인곡), 박인로 등 유명

④ 시조 : 순수한 인간 본연의 감정 표현

　　㉠ 황진이 : 조선 중기 대표적 여류시인, 애정, 이별

　　㉡ 윤선도 : 오우가, 어부사시가

⑤ 설화문학(풍자문학)

　　㉠ 패관잡기(어숙권) : 서얼출신, 문벌제도와 적서 차별 비판,

　　㉡ 임재 : 사회모순과 존화의식 비판, 풍자적, 우의적

⑥ 여류 문인의 등장 : 신사임당(시, 글씨, 그림), 허난설헌(한시) 대표적 인물

2) 왕실과 양반의 건축

(1) 특징 : 국왕의 권위와 신분질서를 유지하기 위해 건물 규모 제한, 환경과 조화, 검소

경북궁 근정전

개성 남대문

(2) 건축

① 전기(15세기) : 궁궐(경복궁, 숭례문) 관아, 성문, 학교, 불교건축(무위사 극락전, 해인사 장경판전) 이 성행

　　㉠ 고려시대 건축 계승 발전 : 남대문(개성), 보통문(평양)

　　㉡ 독자적 건축방식 : 숭례문(한양)

　　㉢ 조선 건축의 과학과 기술 집약 : 해인사 장경판전

　　㉣ 대리석 탑 : 원각사지 10층 석탑(세조)

숭례문

원각사지 10층석탑

② 중기(16세기) : 가람배치(사찰의 건물 배치 형태)와 주택양식(다포, 주심포양식)이 결합하여 자연과 조화를 강조한 서원 건축 발달

　　㉠ 위치 : 산과 하천이 있어 자연의 이치를 탐구할 수 있는 마을의 한적한 곳

　　㉡ 구조 : 교육 공간을 중심으로 사당과 동재, 서재(기숙사) 배치

　　㉢ 대표적 건축 : 옥산서원(경주), 도산서원(안동), 자운서원(파주) 등

3) 백자와 공예, 분청사기

(1) 조선공예 특징 : 실용과 검소, 생활필수품, 대표적 공예는 자기

(2) 분청사기와 백자

　① 분청사기(15세기) : 회청색, 소박하고 천진스런 무늬, 정형화되지 않음 (청자에 백토의 분을 칠한 것으로 백색의 분과 안료로써 무늬 만들어 장식)

　② 백자(16세기) : 청자보다 깨끗하고 담백, 순백의 고상함, 선비의 취향과 어울림

(3) 기타

　① 목공예, 돗자리공예 : 재료의 자연미를 살린 작품 생산

　② 쇠뿔로 만든 화각공예, 자개공예도 유명

분청사기(15세기)

백자(16세기)

4) 그림과 글씨

(1) 전기(15세기)

　① 특징 : 화원화·문인화로 분류, 독자적 화풍, 일본 무로마치 시대 미술 영향

　② 화가

　　㉠ 몽유도원도(안견) : 역대 화가들의 기법 습득하여 독자적 경지 개척

　　㉡ 최경 : 인물화, 산수화

　　㉢ 고사관수도(강희안) : 자연속 무념무상 인간 내면세계 표현

(2) 중기(16세기)

　① 특징 : 다양한 화풍 발달, 산수화나 사군자를 그리는 것이 유행

　② 화가

　　㉠ 이암 : 모견도(강아지, 고양이)

　　㉡ 이상좌 : 송하보월도(바위틈에 뿌리박은 늙은 소나무, 굳은 기세), 노비 출신

　　㉢ 신사임당 : 초충도(풀, 벌레)

　　㉣ 3절 : 황집중(포도), 이정(묵죽도), 어몽룡(매화)

(3) 서예

　① 안평대군(세종) : 양반의 필수적 교양 송설체(조맹부체) 발전, 독자적

　② 양사언(명종) : 왕희지체(초서 대가)

　③ 한호(선조) : 왕희지체(해서 대가), 석봉체(도산서원 현판)

청화백자(17세기)

5) 음악과 무용

(1) 음악

① 음악의 특징 : 백성을 교화하는 수단, 국가의 각종 의례와 밀접한 관계로 중요시 함

② 15세기

ㄱ 세종 : 박연에게 악기를 개량하고, 아악을 정리, 여민락(백성과 같이 즐긴다는 의미) 을 작곡하고, 정간보(소리의 장단과 높낮이를 표현 할 수 있는 새로운 악보)를 창안

ㄴ 성종(24년) : 성현은 음악 이론서인 악학궤범을 편찬. 악학궤범은 음악을 아악·당 악·향악 등 3부로 나누어서 음악의 원리와 역사·악기·무용·의상 및 소도구까 지 망라하여 정리함으로써 전통 음악을 유지하고 발전시키는데 큰 도움이 됨

③ 16세기 : 민간에게도 당악과 향악을 속악으로 발달시켜 가사·시조·가곡 등 우리말 로 된 노래를 연주하는 음악이나 민요에 활용

(2) 무용

① 궁중과 관청의 의례 : 궁중에 나례청 설치, 다양한 무용을 선보이고, 전통 춤을 우아하 게 변형시킨 처용무

② 민간 : 농악무·무당춤·승무 등 전통춤 계승하고 발전, 산대놀이(탈춤)·꼭두각시(인 형극)놀이가 유행

❶ 강희안의 고사관수도
❷ 안견의 몽유도원도

❶ 이암의 모견도 | ❷ 이상좌의 송하보월도 | ❸ 신사임당의 초충도(수박도) | ❹ 이정의 묵죽도

4장
근대 태동기

Ⅰ. 근대 태동기의 정치

▋ 학습 방법
- 근대 사회의 의미 숙지 및 조선 후기에 나타난 근대화 요소 파악

▋ 출제 빈도
- ㊤ ㊥ ㊦ 조선 후기에 나타난 근대화 요소

1. 근대의 세계(17~18세기의 세계)

1) 서양의 근대

(1) 절대왕정의 성립

① 국왕 중심의 중앙집권체제의 수립으로 관료제와 상비군

② 중상주의 정책에 따른 식민지 획득정책 실시

(2) 시민혁명 : 근대 시민계급을 중심으로 절대왕정 타도, 자유주의 및 민주주의 발전

(3) 산업혁명 : 18세기 영국 시작, 19세기 유럽전역 확대, 자본주의 사회 확립

(4) 근대문화 : 근대 자연과학의 발달과 개인주의와 합리주의를 바탕으로 인간 중심의 문화 발전

2) 동양의 근대

(1) 서양 열강의 아시아 침략 : 식민지 확보 목적

(2) 각국의 민족운동과 개화운동

① 중국 : 태평천국운동과 양무운동

② 일본 : 메이지 유신

③ 인도 : 세포이항쟁과 스와라지운동

(3) 한계 : 대부분 서구 열강의 식민지로 전락, 일본만 서양 열강과의 타협 으로 제국주의 열강 동참

3) 우리나라의 근대

(1) 근대 사회의 성격

① 근대 사회의 맹아 : 농민의식 향상, 역량 증대, 조선후기에는 정치 · 경제 · 사회 · 문화의 커다란 변화

② 근대 사회의 성격 : 민주화, 산업화, 합리화, 과학화 등이 추구

(2) 조선후기 근대 사회로의 움직임

① 정치적 : 여러 면에서 나타난 근대 지향적인 움직임 수용 못함

　　㉠ 붕당정치의 변질 : 붕당정치는 세도정치로 이어져 폐단을 크게 드러냄

　　㉡ 민란의 발생 : 농민의식 향상으로 사회적 모순을 개혁하고자 국가에 직접 요구, 모순이 시정되지 않자, 결국 전국 각지에서 농민들에 의한 민란 발생

② 경제적

　　㉠ 농업 : 이앙법, 견종법 등 새로운 영농기술 개발과 경영의 합리화를 통한 농업 생산력 증대가 사회 변동의 토대가 마련

　　㉡ 상공업 : 시장 발달, 전문 상인 출현, 상품 화폐 경제 발달, 도고라는 독점적 도매상인 나타남

③ 사회적

　　㉠ 신분 변동 : 부의 축척에 따른 신분 상승, 붕당정치의 변질로 다수 양반층 몰락은 활발한 신분변동 심함

　　㉡ 봉건적 신분제의 퇴색 : 봉건적 신분 구조 붕괴로 서얼, 노비도 속박에서 벗어남, 세습적이고 폐쇄적 신분제는 점차 그 의미 퇴색

④ 문학적

　　㉠ 실학의 연구 : 지배 체제의 모순을 해결, 새로운 사회개혁 방향 제시

　　㉡ 천주교(서학) 전래 : 평등사회와 개인의 존엄성을 내세우고, 전통 사회 질서와 가치 규범에 도전

　　㉢ 동학 창시 : 민족종교로서 농민층을 중심, 현실개혁 추구하는 사회운동 전개

　　㉣ 서민 문화의 발달 : 서당교육이 서민층까지 확대, 양반의 모순 비판하는 한글소설 등장, 서민의식을 표현하는 판소리 · 타령 · 잡가 등이 성행

2. 통치체제의 변화

1) 지배 체제의 모순

(1) 신분 제도의 모순

① 폐쇄적 사민(양반·중인·상민·천민) 체제 확립 : 계층 간 이동이 불허

② 양반층의 특권 독점 : 다른 계층 불만 고조

③ 피지배층을 위한 처치 개선 미흡

④ 양반들의 권위 강화 : 가부장적 가족제도와 성리학적 가치규범에 의해 강화

(2) 토지 제도의 모순

① 지주 전호제의 강화

② 양반의 토지 독점 : 양반 지주를 중심으로 토지 소유의 편중 심화

③ 농촌 사회의 분화 : 천호(소작농)으로 전락한 다수의 농민의 분화

(3) 조세 제도의 모순

① 전세의 폐단 : 징수과정 불법행위 심화로 민생이 피폐, 국가 재정이 궁핍

② 공납의 폐단 : 불법적 대납, 방납으로 농민 부담 가중

③ 군포제의 폐단 : 군적의 문란으로 황구첨정, 백골징포 폐단으로 농민의 유망 심화

(4) 사회적 모순의 결과

① 농민의 토지 이탈

② 지배층의 위기의식 대두 : 농민의 유망과 이탈로 지배층의 심각한 문제

2) 정치 제도의 변화

(1) 비변사의 기능 강화

① 설치(중종) : 여진족과 왜구에 대비, 삼포왜란(1510)을 계기, 국방문제에 정통한 제상을 중심으로 운영된 임시회의 기구

② 상설 기구화(명종) : 을묘왜변(1555) 후 독자적 관청 설치

③ 최고회의 기구(선조) : 임진왜란(1592) 후 군사·행정·외교 등을 총괄하는 국가 최고 기구로 발전

④ 비변사의 구성

ㄱ 구성 : 도제조(정1품), 제조(정2품), 부제조(정3품), 낭청

ㄴ 역할 : 양난 후 국정을 총괄, 붕당 정치 전개로 정치적 역할 강화

ⓒ 결과 : 왕권 · 의정부 · 6조의 기능 약화

ⓔ 19세기 : 세도정치의 중심기구 역할, 홍성대원군(1863)의 집권으로 기능 약화

| 비변사의 변천과정 |

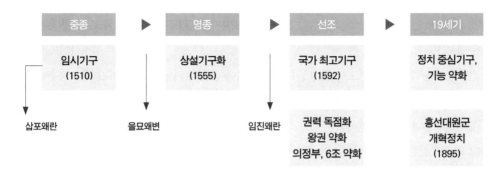

(2) 3사와 전랑직의 기능과 폐단

　① 3사의 언론기능 : 붕당간의 이해 대변, 공론보다 자기세력 유지 및 상대 세력 견제

　② 이 · 병조 전랑 : 중하급 관리 임명권, 자기세력 확대

　③ 3사, 전랑직의 혁파 : 영 · 정조의 탕평정치로 혁파

3) 군사 제도의 변화

(1) 배경

　① 5위의 약화 : 조선 초기 5위 중심, 16세기 이후 군역 대립제로 기능 상실

　② 정부의 대책 : 군적수포제 실시, 임진왜란 패전으로 효과적인 편제와 군사 훈련 방식

　　모색

(2) 중앙 군제의 개편

　① 훈련도감(왜란 중, 선조 1593) 설치

　　ⓐ 구성 : 삼수병(포수 · 살수 · 사수) 편성, 용병제

　　ⓑ 기능 : 서울의 5영 배치, 수도방위 및 국왕 숙위 임무

　　ⓒ 재정기반 : 삼두미세(2.2두)

　② 어영청(인조 1623) 설치

　　ⓐ 구성 : 기 · 보병으로 구성, 지방향군이 교대로 번상

　　ⓑ 기능 : 후금 침입 대비, 이괄의 난 이후 수도 방어기능 강화, 효종(1652)3년에 북벌

　　　운동의 중추기관

ⓒ 재정기반 : 둔전, 보인

③ 총융청(인조 1624) 설치

ⓖ 구성 : 속오군 · 정군 · 별대마군 구성

ⓛ 기능 : 이괄의 난을 계기로 설치, 북한산성 중심으로 수도의 북부 방어

ⓒ 재정기반 : 보인

④ 수어청(인조 1627) 설치

ⓖ 구성 : 경기 일대의 속오군으로 편성

ⓛ 기능 : 정묘호란 후 남한산성 방어 체제 확립

ⓒ 재정기반 : 둔전, 군향환곡, 보인

⑤ 금위영(숙종 1682) 설치

ⓖ 구성 : 기 · 보병으로 구성, 번상병

ⓛ 기능 : 수도 경비와 국왕 숙위, 5군영 체제의 완성

ⓒ 재정기반 : 보인

(3) 5군영의 성격

① 임기응변적으로 설치 : 대외관계 및 국내 정세의 변화에 따라 설치

② 병종의 다양성 : 인근에서 충원된 상비군, 지방 각 지역 충원된 번상병

③ 용병제의 실시 : 수포군을 바탕 군적수포제 확립, 국방력 강화 목적

④ 서인의 군사적 성격 : 서인 정권의 군사적 기반을 강화하는 계기가 됨

(4) 지방군의 방어체제 개편

① 방위 체제의 변화

ⓖ 진관 체제(세조, 15세기): 지역단위 방어(소규모), 대규모 외적 침입에 효과없음

ⓛ 제승방략 체제(명종, 16세기): 중앙 파견 장수가 지휘, 왜란중 효과없음

ⓒ 속오군 체제(선조, 17세기 이후): 진관으로 복구, 속오법으로 편제

② 속오군 체제

ⓖ 편제 : 양반에서부터 노비(천민)까지 편제

ⓛ 기능 : 생업에 종사하며 향촌을 지키다 전투 동원

ⓒ 한계 : 양반들의 노비와 함께 속오군 편제 회피로 상민과 노비들만 남음

③ 영장제의 시행

ⓖ 목적 : 속오군 조련 목적으로 각 지방에 영장 파견

ⓛ 폐단 : 영장 대우에 재정문제 발생, 잦은 조련으로 민생 악화, 수령 · 감사와의 갈등

© 결과 : 정부의 재정적 악화로 영장제의 혁파 · 복설 반복

4) 수취 제도의 개편

(1) 배경 : 지주전호제의 강화로 농민 몰락, 농민의 유망 방지 목적

(2) 내용 : 전세는 영정법, 공납은 대동법, 군역은 균역법으로 바꿔 농민의 부담을 감소시키고 지주의 부담을 늘리는 방향으로 개편

(3) 결과 : 절차적 모순으로 실제 운영에 있어 농민 부담 다시 증가

(4) 농민 통제책의 강화

  ① 배경 : 사족의 향촌 지배에서 수령 · 향리 중심으로 체제의 변화로 농민 수탈 가중, 농민의 향촌 이탈

  ② 농민 통제책 : 호패법과 오가작통법 강화, 농민들 향촌의 이탈과 거주지 이동 방지

3. 정쟁의 격화와 탕평 정치

1) 붕당 정치의 변질

비판과 견제의 원리 무너짐, 반대 세력의 공존을 불인정하는 일정 전제화 이루어짐, 17세기 후반의 사회적 · 경제적 변화를 바탕으로 나타남

|붕당 정치의 변질|

(1) 배경

  ① 사회적 변화

    ⊙ 지주제와 신분제 동요 :향반과 잔반 출현, 서민 지주 등장

ⓛ 붕당 정치의 기반 붕괴 : 사족 중심의 향촌 지배 무산

② 경제적 변화

㉠ 농업 생산량의 증대 : 이앙법·견종법 등 새로운 농법 시행

㉡ 상품 화폐 경제의 발달 : 장시의 발달과 상평통보의 전국적인 유통

(2) 붕당 정치의 변질 과정

① 정치적 쟁점의 변질 : 예학과 같은 성리학적 쟁점에서 군영 장악하는 등 현실적 쟁점으로 변질

② 경신환국(1680) : 제2차 예송을 통해 정권 장악한 남인이 기름 천막 유용 사건으로 실각, 서인의 권력 장악으로 붕당 대립 양상

③ 일당 전제화의 추세 대두 : 경신환국 계기로 견제와 균형 깨짐, 정권획득에만 집착

④ 노론과 소론의 분열 : 상대 붕당의 탄압과 정책수립 과정에서 갈등

	노론	소론
중심인물	송시열 중심 노장세력	윤증 중심 신진세력
학통	이이를 정통으로 계승	성혼의 사상 계승
주장	대의명분, 민생 안정 강조	실리 중시, 적극적 북방 개척 주장
성격	보수적	진취적
특징	성리학의 절대화 → 주자중심 성리학 강조	성리학 이해의 탄력성 적용 → 양명학과 노장사상에 개방적

⑤ 기사환국(1689) : 장희빈의 세자책봉(경종)을 문제로 송시열 실각, 남인이 다시 정권 장악

⑥ 갑술환국(1694) : 폐비 민씨(인현왕후) 복위운동을 계기로 남인 실각, 서인(소론)이 다시 집권한 사건으로 노론과 서론의 대립 심화

⑦ 노론과 소론의 대립 : 소론은 훈련도감과 어영청 장악 군사적 기반 강화

⑧ 노론의 일당 전제화 : 인현왕후 사망시 취선당의 신당에서 저주 했다는 사실 발각되어 장희빈과 무녀 사사(무고의 옥), 소론도 몰락하고 노론이 다시 집권

⑨ 신임사화(경종1년, 1721~1722) : 영잉군(영조)의 세자책봉과 대리청정 문제, 소론이 노론을 제거하고 실권 장악

⑩ 을사환국(영조1년, 1725) : 신임사화의 진상규명 과정 소론 김일경과 목호룡 처단으로 노론 정권 집권

⑪ 정미환국(영조3년, 1727) : 왕의 탕평책 수수방관과 소론을 공격에 주력 하는 민진원과

정호 등의 노론 파면하고, 소론의 이광좌와 조태억 등의 정권 참여시킴

   (3) 붕당 정치의 변질의 결과

     ① 일당 전제화 : 붕당간의 균형 깨지고 특정 붕당의 독재 시작, 보복으로 사사 빈번

     ② 외척세력과 종친의 비중 증대 : 왕이 환국을 직접 주도

     ③ 비변사의 기능 강화 : 정치권력이 고위 관원에게 집중

     ④ 3사와 이조 전랑의 정치적 비중 감소 : 자기 당의 이익을 직접 대변

     ⑤ 양반층의 분화 : 정쟁에서 패한 양반이 자신의 연고지에 서원을 설립, 지방 세력화

     ⑥ 서원의 남설 : 가문의 선조를 받드는 사우 세움, 갑술환국 이후 몰락한 남인의 본거지
       인 경상도 지방에서 가장 심함

   (4) 붕당 정치 변질의 문제점

     ① 정쟁의 사회 분열 : 공론과 공리보다 집권욕에만 집착

     ② 탕평론의 대두 : 강력한 왕권 토대로 국왕이 정치의 중심에 서서 세력 균형 유지

2) 탕평론의 대두

   (1) 배경 : 붕당 정치의 변질과 집단 간의 세력 균형이 붕괴되고 왕권이 불안

   (2) 탕평론의 본질 : 임금의 정치가 한쪽에 편들지 않고 사심 없이 정치 세력 간의 균형을
     유지하기 위한 방법

   (3) 세력 균형의 방안

     ① 자율적 균형(선조~현종) : 비판과 견제로서 각 붕당의 자율적 균형 유지

     ② 타율적 균형(숙종이후) : 붕당 정치의 변질로 자율적 균형 무너지고 왕권에 의한 타율
     적 균형 유지

   (4) 숙종의 탕평정치(1674~1720)

     ① 명목상의 탕평책 : 숙종은 상황에 따라 한 붕당을 제거하고 다른 붕당 에게 정권을 위
     임하는 편당적 조처(환국이 일어나는 빌미 제공)

     ② 일당 전제화 추세 대두

     ③ 노론과 소론의 대립 격화 : 초기에는 남인처리 문제, 왕위 계승 문제, 왕세제(영조)의
     세제청정 문제

3) 영조의 탕평정치(1725~1776)

   (1) 집권 초기의 탕평책(완론 탕평)

① 탕평교서 발표 : 왕권 강화, 정치 안정 목적

② 을사환국(1725)과 정미환국(1727)으로 정국혼란 초래

③ 이인좌의 난(1728) : 소론 강경파의 경종독살설, 탕평책 추진 명분 제공

(2) 왕권 강화책

① 탕평파 육성 : 새로운 세력 집단 육성, 탕평비 건립(1742), 탕평의 제작, 탕평 권장

② 붕당의 기반 약화 : 산림의 존재 부정, 서원 대폭 정리, 탕평파 권력 집중

③ 이조전랑의 권한 축소 : 후임 천거권과 이랑통청권 폐지, 편당적 인사 미연방지

④ 결과 : 왕이 정국 운영의 주도권 장악, 붕당의 정치적 의미 약화

(3) 탕평책의 한계

① 탕평책의 실제 : 강력한 왕권으로 붕당 간 치열한 다툼 일시적 소강, 붕당 정치의 폐단
을 근본적으로 해결하지 못함

② 노론의 우세 : 나주 괘서 사건(영조31, 1755), 사도세자의 죽음(1762 임오화변)

　㉠ 나주괘서 사건 : 소론인 윤지 나주 유배(1724), 나주목사 이하징 등과 모의한 후 나
라를 비방하는 대자보를 써서 나주 객사에 붙여다가 발각되어 사형(1755), 을해옥
사라고도 함

　㉡ 사도세자 사건 : 영조가 장헌(사도)세자를 뒤주 속에 가두어 죽인 사건, 후회하고
사도라는 시호 내림

③ 시파와 벽파의 대립 : 사도세자 사건으로 분파

　㉠ 시파 : 남인, 소론, 일부 노론의 온건파, 세자 죽음 지나치다

　㉡ 벽파 : 노론 강경파, 세자 죽음 당연하다

(4) 재위 기간의 치적

① 목적 : 민생의 안정과 산업진흥에 역점

② 제도 정비

　㉠ 균역법 시행(영조26, 1750) : 백골징포·황구청점·족징·인징 등 모순 개혁, (군포
2필→1필)

　㉡ 군영 정비 : 훈련도감·금위영·어영청으로 도성 방위(수성윤음 1751)

　㉢ 형벌제도 개선 : 가혹한 형벌 폐지(압슬형, 낙형 등), 사형수에게 엄격한 3심제 시행
(1729)

　㉣ 노비 종모법 시행(1731) : 여자 양인이면 자식도 양인

　㉤ 청계천 준설(영조36, 1760) : 청계천 준설 및 유로 변경을 통한 치수 사업

ⓗ 민본주의 구현 : 신문고 부활(1771)

③ 문헌 편찬 사업

| 영조 때의 서적편찬 |

서적	내용
속대전 (영조22, 1746 김재로)	교정, 조례를 모아 법전을 재정비
속오례의 (홍계희)	국조오례의를 보완한 의례집
속병장도설 (박문수, 조광빈)	무예법을 재정리한 병서
무원록 (구윤명)	조선시대 법의학을 정리
동국문헌비고 (홍봉한)	제도, 문물을 총정리한 한국학 백과사전

4) 정조의 탕평정치(1776~1800)

(1) 적극적인 탕평정책 추진

① 탕평파 청산 : 척신 · 환관 제거, 홍국영 중심으로 왕권강화를 위한 개혁

② 남인의 중용 : 벽파를 제거하고 소론과 남인 계열 등의 시파 중용

③ 준론 탕평의 추진 : 당파의 옳고 그름을 명백히 가리는 적극적인 탕평, 능력 있는 인재 등용, 침전에 탕탕평평실이라는 편액설치, 백성에게 직접 의견수렴

④ 관료 정치의 강화 : 의리와 명분 중시하며 인물 본위로 관리 등용

(2) 왕권 강화책

① 장용영 설치 : 국왕의 친위대로서 군사적 기반을 강화하려는 의도(순조 때 폐지)

② 규장각 설치(1776)

　　ⓐ 홍문관을 폐지하고 국왕직속의 학술 및 정책연구기관 설치

　　ⓑ 박제가, 유득공, 정약용 등이 정치에 참여

　　ⓒ 강화도에 외규장각을 두어 왕실 행사를 기록한 의궤 등 서적 보관(1781)

③ 초계문신제 시행(정조5, 1781)

　　ⓐ 스스로 초월적 군주 군림, 스승의 입장에서 신하들을 양성

　　ⓑ 신진 인물이나 중 · 하급 관리 중 능력 있는 자들을 재교육 등용

　　ⓒ 새로운 인재 양성을 위한 제도적 장치

④ 수원 화성 축조(정약용) : 정치적 이상을 실현하는 상징적 도시로 육성하고자 축조

⑤ 수령의 권한 강화 : 수령이 향약을 직접 주관하며 지방 사족의 향촌 지배력을 억제

(3) 탕평책의 한계 : 붕당 정치의 폐단을 본질적으로 해결하지 못함

(4) 경제의 발달

  ① 신해통공(1791) : 사상의 자유로운 상업행위 허용, 육의전을 제외한 시전 상인들의 금난전권 폐지

  ② 생산력 증대 장려 : 성리학을 정학으로 여러 학문 넓게 수용, 생산력 발달 강조

  ③ 수리시설 개편 : 제언절목 반포(1778), 만석거와 축만제 등 저수지 축조

(5) 문화의 발달

  ① 활자의 주조 : 임진자(1772), 정유자(1777), 한구자(1782), 목활자 생생자(1792), 구리 정리자(1795), 철 춘추관자(1797) 등 80여 만자 규장각에 비치

  ② 활발한 변찬 사업

| 정조 때의 서적편찬 |

서적	내용
대전통보(김치인 1785)	국가 통치 규범을 재정비
동문휘고(정창순)	외교문서를 정리한 묶음집
규정전운(이덕무)	한글의 음운을 정리
탁지지(호조)	초호의 사례 등 기관 기능 정리(경제서)
추관지(형조, 박일원)	형조의 역할과 기능 재정리
홍재전서(정조 1799)	정조의 개인 문집, 학자 및 군주 과시
무예도보통지(이덕무, 박제가 등)	종합 무예서

  ③ 문물수용 : 중국과 서양의 과학기술 수용, 고금도서집성 수입

(6) 정치적 사건

  ① 문체반정(1792) : 시파계 남인의 정권 유지 목적, 연암 박지원의 열하일기의 문장

  ② 금등사건(1793) : 영조의 친필 쪽지, 사도세자에 대한 후회 내용

  ③ 진산사건(1791) : 천주교식 제사 지낸 사건, 정조 천주교에 관대

4. 정치 질서의 변화

1) 세도 정치기

(1) 세도 정치의 배경

  ① 붕당 정치의 퇴조와 탕평책의 한계성 노출, 소수 유력 가문 국정 장악

② 정조의 갑작스런 죽음으로 권력 균열, 외척가문에 의해 국정이 독점

(2) 세도 정치의 전개

① 의미 : 특정 가문이 권력을 독점하는 비정상적인 정치체제

② 시기 : 순조 ~ 헌종·철종(3대 60여년간)

③ 순조(1800~1834)

  ㉠ 정순왕후(영조 계비)의 수렴청정

    ⓐ 11세 어린 순조 임금즉위, 정순왕후의 수렴청정으로 노론 벽파 정권 장악

    ⓑ 신유박해(1801)을 일으켜 정조가 규장각을 통해 양성한 인재 대거 제거

    ⓒ 장용영을 혁파하고 5군영(훈련도감) 부활

  ㉡ 안동 김씨 세도 정치

    ⓐ 정순왕후 사후 순조 장인 김조준은 반남 박씨와 풍양 조씨의 협력으로 정권주도

  ㉢ 효명세자의 대리청정(1827)

    ⓐ 우수한 인재 등용 및 개혁정치를 시도하며 세도가를 견제 하였으나 갑자기 죽음

    ⓑ 효면세자 사후 김조준 가문의 중심으로 권력 집단 재정립

④ 헌종(1834~1849)

  ㉠ 풍양 조씨 세도 정치 : 헌종 8세로 즉위, 외척 풍양 조씨 세도

  ㉡ 안동 김씨와 세력 균형 유지

⑤ 철종(1849~1863)

  ㉠ 안동 김씨 세도 정치 : 19세로 즉위

⑥ 고종 : 흥성대원군의 정권 주도(세도정치 혁파)

2) 세도 정치기의 권력구조

(1) 정치 참여 집단 축소

① 정치 집단사이의 대립구도 사라짐, 소수의 유력 가문만이 권력과 이권 독점

② 폐쇄적 정치 집단의 형성

(2) 권력 구조의 변화

① 정2품 이상의 고위직만 정치적 기능 발휘

② 비변사의 권력 집중, 왕권 및 의정부와 6조는 유명무실화

3) 세도 정치의 폐단

(1) 정치 기강의 문란

　① 과거제 문란 : 시험장 부정 및 합격자 남발 등 온갖 비리 성행

　② 매관매직의 성행 : 세도가문은 고위관직 독점, 관직을 매매

　③ 삼정의 문란으로 농민 조세부담 증가

(2) 수령 · 아전의 백성 수탈

　① 농민수탈

　② 상공업자 수탈

4) 세도 정치의 특징

(1) 집권층의 폐쇄성 : 일부 양반 세도 가문에 권력을 집중시켜 왕권의 약화 및 개방과 근대화에 능동적 대처하지 못함

(2) 현실 안주적 성격 : 19세기 상업 발달과 서울의 도시적 번영에 만족, 상품 화폐 경제의 성장 둔화

(3) 역사 발전에 역행 : 세련된 도시 귀족의 체질, 고증학에 치우쳐 개혁 의지 상실

5. 대외관계의 변화

1) 청과의 관계

(1) 17세기 대청관계

　① 표면적 친선사대 관계 : 사신왕래와 교역 활발

　② 북벌정책 추진 : 실제이루어지지 못하고 서인의 정권유지수단 이용, 국방력 강화

(2) 18세기 대청관계

　① 활발한 교역 : 청의 중국대륙 장악으로 국력 신장

　② 북학론 대두 : 청을 무조건 배척하지 말고 우리에게 이로운 것을 배우자는 북학파 실학자의 주장

　③ 새로운 문물 소개 : 천리경 · 자명종 · 화포 · 만국지도 · 천주실의 등

(3) 간도 귀속 문제 대두

백두산 정계비

간도지방

① 원인 : 청의 만주 성역화 작업과 조선인 만주 이주와 정착이 국경 분쟁 발생

② 백두산 정계비 건립(1721)

　　㉠ 건립 : 숙종 38년 청의 목근동과 조선의 박권이 백두산 일대를 근거로 경계 확정

　　㉡ 비문 내용 : 동쪽으로는 토문강, 서쪽으로는 압록강을 경계로 한다

③ 간도귀속 문제 발생 : 토문강 위치에 대한 해석상 차이

④ 간도 협약 체결(1909) : 외교권 상실상태(을사조약 1905)에서 청의 영토로 귀속

2) 일본과의 관계

(1) 일본과의 국교 재개

① 일본의 요청 : 도쿠가와 막부는 경제 어려움 해결과 선진문물 수용으로 대마도주를 통해 국교 재개요청

② 조선의 대응 : 유정(사명대사) 파견, 조선인 포로 7천명 귀환(1607)

③ 기유약조 체결(광해군, 1609) : 부산 왜관 설치, 제한된 범위 교섭 허용

(2) 통신사 파견

① 막부의 파견 요청 : 선진문물 수용, 막부의 국제적 권위 인정받기 위해

② 조선 통신사 파견(1607~1811)

　　㉠ 12회에 걸쳐 대규모 사절단 파견, 국빈 예우

　　㉡ 통신사 역할 : 막부 정권의 전통성을 강화해주는 역할, 조선의 선진문물 전파, 이 과정에서 일본 내부의 국학운동 발생, 국빈 예우

통신사 행렬도

통신사 행로

(3) 울릉도와 독도

① 배경 : 삼국시대(지증왕)이래 우리의 영토, 일본 어민과 충돌

② 안용복(숙종) : 울릉도에서 일본 어민 축출, 일본으로 건너가 조선의 영토 확인(1696)

③ 울릉도 경영 : 주민이주 장려(개척령, 1882), 군 설치(1900)

| 울릉도 일지 |

시대	연 도	내 용
신라	512	지증왕 13년 신라영토 편입
고려		우산국은 고려에 토산물 바침, 최충헌 본토인 이주 추진
조선	태종	공도 정책 결정
	세종	공도 정책 일환으로 우산무릉등처안무사로 김인우 파견
	숙종	안용복 일본으로 건너가 울릉우산양도감세관 자칭 우리영토라 확인 받음
근대	고종(1882)	개척령 공포, 울릉도 이민 장려
	1900	울릉군 승격, 강원도에 편입
	1906	경상북도로 편입

| 독도가 우리땅 증거 |

출처	사료	내 용
한국	삼국사기	신라 지증왕 13년 우산국(울릉도와 독도)이 신라 귀순
	세종실록지리지	울릉도와 함께 강원도 울진현에 편입
일본	조일외교관계사료집	도쿠가와 막부는 다케시마(울릉도)와 부속 도서를 조선영토 인정하는 외교문서 조선에 전달(1699)
	태정관문서 조선국교제시말내탐서	일본 메이지 정부 최고기관 태정관과 외무대신 1870년 작성 문서, 울릉도와 독도 조선영토로 기술
	해군성지도	1876년 발행한 수로국 지도, 원본에 한국령으로 표기
기타	연합국 최고사령부 지령 (제667호, 1033호)	2차 세계대전 이후 연합국에서도 독도를 한국 영토로 확인해 일본 영토에서 제외

Ⅱ. 근대 태동기의 경제

1. 수취체제의 개편

1) 농촌 사회의 동요

(1) 농촌 사회의 붕괴

　① 임진왜란과 호란의 영향으로 농촌 인구 감소 및 경작지 황폐

　② 기근과 질병으로 농촌 생활 어려움

　③ 과중한 조세부담으로 농촌사회 해체

(2) 양반 지배층의 정치적 다툼

　① 민생 문제에 대한 미흡한 대처와 정치적 경쟁 몰두

　② 농촌 경제 어려워 많은 농민이 도적으로 전락

(3) 정부의 대응 : 수취제도 개편으로 농촌사회 안정과 재정기반 확대 노력

2) 전세(조세)의 정액화

(1) 배경 : 양난 이후 농경지 황폐, 토지제도 문란

　① 개간 사업의 확대 : 조선전기 토지 결수 150만 결에서 30만 결로 줄어듬

　② 양전사업의 실시 : 양안에서 누락된 토지 색출, 전세 수입 확보 목적

　③ 몰락 농민 증가 : 지주전호제 강화로 농민 소작농 전락 및 삶 피폐

(2) 영정법의 실시(인조13, 1635)

① 내용 : 종래의 연분 9등법과 풍흉에 관계없이 전세 토지 1결당 미곡 4두로 고정

② 한계 : 전세비율은 낮아졌으나 여러명목의 수수료·운송비·자연 소모에 대한 보충비

용 등이 부과되어 오히려 농민 부담 증가

(3) 양척동일법(효종4, 1653)

① 목적 : 불법행위 시정

② 내용 : 토지등급에 따라 자(척)을 달리하는 수등이척제를 폐지하고 같은 자로 측량

| 전세제도의 변천 |

	과전법	연등9등법	영정법
토지	1결당 30두	1결당 30 ~ 4두	1결당 4두
기준	수확량의 1/10	풍·흉 기준	고정적
시기	고려 말(공양왕)	조선 전기(세종)	조선 후기(인조)

3) 공납의 전세화(대동법, 광해군 1608~1708)

(1) 개편 배경

① 방납의 폐단으로 농민의 부담과 토지 이탈 증가

② 농민의 토지이탈은 조세저항으로 국자의 재정 악화 및 농촌사회 불안

(2) 목적 : 부족한 국가 재정 확보하고 농민의 부담 경감(수미법 개량)

(3) 내용

① 공물납부 방식을 소유한 토지의 면적(결수)에 따라 쌀 12두, 삼베나 무명, 동전 등으로

차등 있게 납부(필요 물품 공인을 통해 조달)

② 공인의 등장 : 어용상인, 공가를 받아 필요한 물품을 사서 국가에 납부

(4) 과정

① 광해군(1608) : 이원익, 한백겸 주장, 선해청 설치, 경기도에 처음 실시(1결 16두)

② 인조(1624) : 조익 주장, 강원도에서 실시

③ 효종(1651) : 김육 주장, 충청도·전라도에서 실시

④ 숙종(1708) : 허적 주장, 함경도·평안도·제주도를 제외한 전국 실시

⑤ 시행 지연 이유 : 양반 지주의 반대로 전국적 실시까지 100년이나 걸림

(5) 대동법 실시의 결과

① 공납의 전세화 : 토지 소유 정도에 따라 차등 과세

② 일시적 농민의 부담 경감 : 지주의 부담 증가로 농민에게 전가

③ 조세의 금납화 : 현물 대신 쌀·삼베나 무명·동전 등으로 대체 납부

④ 국가 재정 회복 : 상납미 증가

⑤ 장시와 상공업 발달 : 공인의 활동으로 장시 발달과 상업도시(삼랑진, 강경, 원산) 성장

⑥ 상품 화폐 경제의 성장 : 공인의 많은 물품 구매로 상품 수요 증가

⑦ 독점적 도고 상업의 성장 : 유통 경제 전환으로 상인의 자본 규모가 커지면서 특권적 도고 상업 성장

⑧ 봉건적 양반 사회의 붕괴 : 농민층의 분화 촉진, 종래의 신분질서와 경제 와해

대동세의 징수와 운송로

(6) 대동법의 한계

① 현물 징수의 존속 : 진상이나 별공을 통해 부담, 지방 관아 수시 징수

② 농민 수탈의 증가 : 정부 상납미 증가와 지방관아에서 사용하는 유치미 감소로 지방 관청에서 재정 충당을 위해 농민에 대한 수탈 자행

| 공납제도의 변천 |

공납	방납	대동법
상공, 별공 진상	공납 증가	대동미 징수(1결당 12두)
군·현 단위로 징수	서리·상인 등 대납	공인의 등장
현물(특산물)징수	방납의 폐단	지주부담 증가
	현물(특산물)징수	별공·진상 존속

4) 군포 부담의 감소(군역법, 1750)

(1) 군역 제도의 개편 배경

① 배경 : 양난 이후 5군영 성립 모병제가 확립되고, 군역 대신하는 수포군이 증가

(2) 군역 제도의 모순 심화

① 군포의 유용 : 일반 경상비로 사용

② 군포의 중복 징수 : 각 군영의 독자적인 징수로 백성들은 이중·삼중으로 부담

③ 군포액의 증가 : 납속 및 공명첩으로 양반이 되어 면역되는 자 증가로 재원 감소

④ 지방관의 농간 : 백골징수(죽은자), 황구첨정(젖먹이), 강년채(노인), 인징(이웃), 족징(친족) 등 군포 징수

⑤ 농민층 신분 이동 및 유망 촉진 : 과중한 군역 부담으로 인하여 군역 부담이 없는 노비

나 양반으로 신분 이동하거나 농지를 버리고 유망이나 노비로 전락

(3) 양역변통론의 대두 : 양역의 폐단을 시정하는 목적

　① 구전론 : 인구 단위로 돈을 징수

　② 유포론 : 무의도식 자에게 징수

　③ 결포론 : 전결에서 포를 징수

　④ 농병일치론(유형원) : 국가가 토지를 전부 환수 관리

　⑤ 호포론 : 양반에게도 군포 징수(양반의 반대로 시행 못함)

(4) 균역법의 실시(영조, 1750)

　① 내용

　　㉠ 양역변통론을 절충한 감포론으로 군포를 1년에 2~3필에서 1필만 부과

　　㉡ 결작· 결미· 경전으로 인한 지주 부담 증가(1결당 2두)

　　㉢ 선무군관포 징수 : 양인에게 선무군관이란 칭호를 주고 군포 1필 부과

　　㉣ 잡세 : 어장세· 염세· 선박세 등 잡세 수입은 왕실 수입으로 국고 전환

　② 시행 결과 : 농민의 부담은 일시적 경감되었으나 어민의 불만 증가

　③ 한계

　　㉠ 결작의 소작농 부담 : 지주들의 결작 징수부분을 소작농에게 전가

　　㉡ 군적 문란의 심화 : 국가의 무리한 장정의 수 책정 농민부담 다시 가중

| 군역제도의 변천 |

양인개병제	방군수포제	균역법
수공업자, 상인, 노비는 군역 면제	1년에 군포 2필	1년에 군포 1필
15세기 이후 대립제 성행 : 군역기피현상	농민부담 증가	선무군관포, 어장세, 어세, 염세, 선세
	군대의 질 저하	어느 정도 군역 평준화

2. 서민 경제의 발전

1) 양반지주의 경영 변화

(1) 지주전호제의 일반화

　① 양반의 토지 확대 : 양난 이후 토지 개간 및 농민 토지 매입 농토 확대

② 지주전호제의 확대 : 양반의 토지를 농민에게 빌려주고 소작료를 받는 것이 18세기에 들어서면서 지주전호제 일반화

(2) 지주전호제의 변화

① 항조 운동의 전개(16세기)

㉠ 상품 화폐 경제가 발달하면서 소작인의 저항이 일어남

㉡ 소작권을 인정하고 소작료 인하

㉢ 타조법에서 일정 금액 납부하는 도조법으로 전환

② 항조 운동의 경과 : 지주와 전호 사이의 신분적 관계보다 경제적 관계로 전환

(3) 양반의 경제 생활

① 대지주의 등장 : 소작료 징수와 미곡판매로 부를 축적한 대지주 등장(천석꾼 · 만석꾼)

② 양반의 재산 축적 : 상인에게 투자하고 고리대로 부를 축적

③ 양반의 계층 분화 : 정치권력이나 경제적 기반을 상실한 몰락 양반의 등장(잔반)

2) 농민 경제의 변화

(1) 농업 생산력 증대

① 황무지 개간과 간척사업 : 황폐한 토지 개간과 수리시설 복구

② 농법의 변화 : 농기구와 시비법 개량을 통한 새로운 영농방법 시도

㉠ 벼농사 : 17세기 이후 정부의 금지령 불구 모내기법(이앙법)이 전국 확대, 벼와 보리의 이모작으로 생산량 증가(보리농사는 소작료 수취에서 제외)

㉡ 밭농사 : 시비법 개선과 밭고랑에 씨를 뿌리는 견종법 시행(생산성 급증)

㉢ 수리 시설 개선 : 제언사 설치(현종 1662), 제언절목 반포(정조 1778), 수원 화성 저수지 축조(만석거(1794), 만년제(1795), 축만제(1799)), 국영 시법농장 대유둔 · 축만제둔설치

㉣ 농기구 개량 : 쟁기 · 써레 · 쇠스랑 · 호미 등 개량 농업 생산력 증대

(2) 농업 경영 방식의 변화

① 광작의 실시

㉠ 광작 : 모내기법으로 제초노동력 감소하여 더 넓은 농토 경작

㉡ 결과 : 농가 소득 증대로 소수의 경영형 부농과 다수의 임노동자 등으로 분화

② 상품 작물의 재배

㉠ 작물 : 쌀, 목화, 채소, 담배, 약초 등(특히 쌀의 상품화 활발)

ⓛ 쌀의 상품화 : 쌀의 수요 증가로 밭을 논으로 바꾸는 현상 활발

　　　ⓒ 외래 작물 전래 : 담배(일본 17세기 초), 인삼(개성), 고구마(일본 18세기 후반), 감자
　　　　　(청 19세기 초)

　(3) 지대의 변화 : 상품 화폐 경제의 발달로 지주권의 약화와 전호권의 성장

　　① 타조법 : 지주가 생산량의 반을 가져가는 일반적 지대 납부 방식

　　② 도조법 : 풍·흉에 관계없이 해마다 일정량의 지대 납부

　　③ 새로운 지대 납부 방식 대두

　　　ⓧ 도지권 인정 : 전호권 성장에 따라 소작농의 소작권을 인정받아 특별한 사유없이
　　　　　지주가 함부로 소작지를 빼앗지 못하게 됨

　　　ⓛ 도조법의 시행 : 수확량의 반을 내던 소작료도 일정 액수를 곡물이나 화폐로 납부
　　　　　하는 변화

　　　ⓒ 지대 변화의 결과 : 농민의 소득 증가와 토지를 개간하거나 매입하여 지주가 됨

　　　ⓔ 소작료의 금납화 : 18세기 말 이후 지대를 화폐로 납부하고, 소작농의 농업 경영을
　　　　　보다 자유롭게 해주는 기반이 됨

| 타조법과 도조법의 비교 |

구분	타조법	도조법
시기	고려 ~ 조선 초기	조선 후기 등장
수취	정률지대(수확량의 1/2, 병작반수)	정액지대(수확량의 1/3)
관계	신분적 관계	경제적 관계
납부 형태	지주가 소작료 임의책정 (지주가 유리)	농민의 부 축적 가능 (금납화, 소작인 도지권 행사)
	작황에 따라 지주 이익 좌우	풍·흉에 관계없이 일정액 납부
	일반적 납부 형태	항조운동의 결과

　(4) 농민층의 분화

　　① 경영형 부농의 등장 : 소작지를 회수하여 노비나 머슴을 고용하여 직접 경영하여 농민
　　　은 소작지를 잃어 어려워 소수의 부농들은 상업적 영농을 시작

　　② 몰락 농민의 증가 : 부세의 부담과 고리채 이용, 관혼상제의 비용 부담 등으로 토지를
　　　매각하여 토지를 잃고 몰락하는 농민 증가 (양반 관료·토호·상인이 토지 매입)

　　③ 임노동자의 증가 : 농촌을 떠난 농민은 도시로 옮겨 상공업이나 광산, 포구를 찾는 임노
　　　동자가 됨(광산 및 포구에 새로운 도시 형성 : 황해도(수안), 충청도(강경), 함경도(원산))

3) 민영 수공업의 발달

(1) 배경 : 상품 화폐 경제의 발달과 도시 인구 증가, 대동법 이후 관수품 수요 증가

(2) 민영 수공업의 성장

① 관영 수공업의 쇠퇴 : 16세기 부역제 해이로 기능이 약화, 17세기 관수품 충당을 위해 민간기술자 고용

② 납포장의 증가 : 장인세를 부담하면 자유롭게 생산 활동에 종사할 있는 민간수공업자 (납포장) 증가하여 품질과 가격면에서 관영 수공업장 보다 우위

(3) 선대제 수공업의 등장

① 내용 : 공인이나 상인에게 주문과 함께 자금과 원료를 미리 받아 제품을 생산

② 의미 : 수공업자들이 상업자본 예속과 종이 · 화폐 · 철물 등의 제조 분야 발달

(4) 독립 수공업자 출현

① 18세기 후반 : 독자적으로 종이 · 화폐 · 철물 등 제품의 생산과 판매

② 18세기 말 : 공장안이 폐지 상점인 철점 · 사기점 등이 판매를 위해 설치

| 수공업의 변화 |

조선 전기	조선 후기			
관영 수업 중심, 수공업자는 공장안에 이름 등재	대동법 실시	관수품 수요 증가	선대제 수공업	
	상품 화폐경제의 발달	물품 수요 증가	종이 화폐 철물	
	도시 인구 증가			

18세기 후반 독립 수공업자 등장

4) 민영 광산의 증가

(1) 광산 정책의 변화

① 조선 초기 : 국가 직접 경영, 농민 부역 동원(농민 부담 가중)

② 17세기 : 정부의 감독 아래 민간인의 채굴 허용(설점수세제(효종, 1651) 시행)

③ 18세기 후반 이후 : 자유로운 채굴 허용, 광산개발 활발, 잠채(몰래 채굴) 성행

(2) 발달 배경 : 민영 수공업 발달, 광물수요 급증(금 · 은 · 동 등의 채굴활발)

(3) 내용

① 은광 개발 : 청과의 무역으로 은의 수요 증가, 17세기 말 70개소의 은광 개발

② 금광 개발

㉠ 18세기 말 상업자본의 유입으로 금광 개발

　　　㉡ 주로 채굴과 제련이 쉬운 사금 위주 채굴

　　③ 잠채 성행

　　　㉠ 광산은 막대한 이익 창출 가능하여 불법 채굴인 잠채 성행

　　　㉡ 국가의 납부하는 세금 회피하고 불법적 이득을 취하기 위해

　(4) 조선 후기 광산 경영

　　① 경영의 전문화

　　　㉠ 광산 경영 전문가인 덕대가 상인 물주에게 자본 조달받아 채굴

　　　㉡ 덕대가 채굴업자, 채굴노동자, 제련노동자 고용 채굴·제련 등 분업화

　　② 작업과정의 특징

　　　㉠ 분업(굴진·운반·분쇄·제련)을 토대로 군 협업, 자본주의 사회 특징

　　　㉡ 조선사회가 후기에 자본주의의 맹아적 요소들을 갖고 있다는 사례

5) 상품화폐 경제의 발달

　(1) 사상의 대두

　　① 조선 후기 상업의 발달 배경

　　　㉠ 농업 생산력 증대와 활발한 수공업 생산활동

　　　㉡ 각종 부세 및 소작료 금납화 현상 증가로 상품화폐경제의 발달 주도

　　　㉢ 인구의 자연 증가와 농촌 인구의 도시 유입으로 상업 활동 활발

　　　㉣ 각종 수요품 증가로 수공업과 상업이 발달하는 근본적 원인

　　② 공인과 사상의 등장

　　　㉠ 공인의 활동 : 17세기 이후 대동법이 실시되면서 관수품을 조달하던 공인이 상업
　　　　활동 주도

　　　㉡ 사상의 활동 : 18세기 이후 각지에서 활동, 지방의 장시를 연결하여 물품 교역 및 각
　　　　지에 지점을 두어 상권을 확장

　　　㉢ 도고상업의 성장 : 조선 후기 공인과 사상은 독점적 도매상인 도고로 성장

　　③ 사상의 상업 활동

　　　㉠ 사상의 등장 : 시전에서 물건을 떼다가 파는 중도아

　　　㉡ 사상과 시전의 대립

　　　　ⓐ 시전 상인의 사상 활동 통제 : 금난전권 이용 활동 억합·통제

ⓑ 난전의 확대 : 난전들은 시전 상인의 금난전권에 대항하여 종루·이현·칠패 등 금난전권에 포함하지 않는 상품 판매로 세력 확대

ⓒ 신해통공(정조, 1791) : 18세기 말 육의전을 제외한 금난전권 철폐로 사상들의 자유로운 상업 활동 보장

④ 사상의 종류

㉠ 송상(개성상인) : 전국에 송방이라는 지점 설치 활동, 인삼 재배·판매, 대외무역

㉡ 경상(경강상인) : 운송업 종사, 한강을 근거지로 미곡·소금·어물 등 운송·판매

㉢ 기타 사상 : 만상(의주상인)·내상(동래상인)·유상(평양상인) 등, 특히 만상과 내상은 중국 및 일본 무역을 주도하며 재화 축적

(2) 장시의 발달

① 장시의 확대 : 15세기 말 남부지방 개설, 16세기 중엽 전국 확대, 18세기 중엽 전국 1,000여 개소로 확대

② 장시의 특징

㉠ 지방민들의 교역 장소 : 보통 5일마다 인근 상인들이 일정 장소에서 물건 교환

㉡ 지역적 시장권 형성 : 인근 장시와 연계 (일부는 상설 시장화)

㉢ 발달 배경 : 행상보다 싸게 물건 구입 및 비싸게 판매하는 경우 점차 증가

㉣ 상업 중심지로 성장 : 18세기 말 광주 송파장·은진 강경장·덕원 원산장·창원 마산포장 등 조선의 대표적 장시

③ 보부상

㉠ 장시와의 관련성 : 장시간에 상품의 원활한 유통 담당

㉡ 특징 : 소비자와 생산자를 이어주는 행상, 전국 장시를 무대로 활약

㉢ 보부상단 결성 : 자신의 이익추구로 조합 결성, 국가로부터 행상 허가(역 담당)

(3) 포구에서의 상업 활동

① 포구의 발달 배경 : 도로나 수레가 발달하지 못한 시기였기 때문에 물화의 대부분이 선박을 이용해 운송

② 포구의 성장 : 조선 후기 상업 중심지로 포구가 성장 장시보다 큰 규모

③ 포구의 발달 과정 : 세곡이나 소작료 운송기지 역할, 18세기 상업 중심지성장

㉠ 포구의 형성 : 연해안이나 큰 강 유역에 포구가 주로 형성

㉡ 선상의 활동 : 선박을 이용하여 각 지방의 물품을 구입하여 포구에서 판매, 운송업에 종사하는 경강상인이 대표적 선상

④ 포구를 거점으로 한 상인

    ⊙ 선상 : 경강상인

    ⓒ 객주 · 여각 : 각 지방의 선상이 물화를 싣고 포구에 들어오면 그 상품의 매매를 중

    개, 부수적으로 운송 · 보관 · 숙박 · 금융 등 영업, 지방의 큰 장시에도 존재

(4) 대외 무역의 발달

  ① 청과의 무역 : 17세기 중엽 공무역인 개시(경원, 회령)와 사무역인 후시(책문)가 활발

    ⊙ 수입품 : 비단 · 약재 · 문방구 등 양반 사치품 주류

    ⓒ 수출품 : 은 · 종이 · 무명 · 인삼 등 토산품

  ② 일본과의 무역 : 17세기 이후 왜관개시를 통해 활발

    ⊙ 수입품 : 은 · 구리 · 황 · 후추 등

    ⓒ 수출품 : 인삼 · 쌀 · 무명 등 청에서 수입한 물품 중개

    무역

  ③ 영향 : 무역 상인들의 막대한 부 축적, 사치품 및 국가 재

    정 문제

  ④ 국제무역 상인

    ⊙ 국가가 사적인 무역 허용되면서 상인들이 무역활동

    적극 참여

    ⓒ 만상(의주) : 중국무역 주도 재화 축적

    ⓒ 내상(동래) : 일본무역 주도

    ⓔ 송상(개성) : 청과 일본 무역 중개, 큰 이득을 남기고 도고로 성장

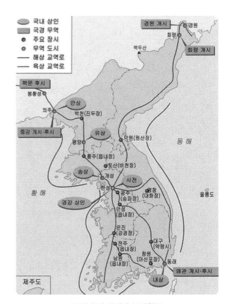

조선 후기 상업과 무역활동

| 조선시대의 상인 |

관허 상인	서울	시전상인	국가에 관수품 납부, 특정 품목 독점 판매
		공인	대동법 시행으로 국가에 주요물품 조달
	지방	보부상	장시를 하나의 유통망 연결
자유 상인	서울	난전	시전 장부에 등록되지 않은 무허가 상인
	지방	송상	개성상인, 인삼의 재배 · 판매, 중계 대외 무역
		선상	경강상인, 운송업 종사, 선박이용 한강 중심 활동,
		만상	의주상인, 대청 개시 · 후시 담당
		내상	동래상인, 대일 개시 · 후시 담당
		객주 · 여각	중간상인, 상품 위탁 · 판매하는 유통상인, 금융 · 창고 · 숙박 등 영업
		거간	중개상인, 소비자와 상인 연결 업무 담당

(5) 화폐의 유통

① 화폐 유통의 배경 : 상공업 발달로 교환의 매개로써 금속화폐인 상평통보(동전)가 전국적으로 유통

② 화폐 유통 과정

  ㉠ 1차 주조(인종, 1633) : 동전주조 개성 중심 통용, 널리 유통되지 못함

  ㉡ 2차 주조(효종, 1649) : 김육 주장으로 서울 및 지방 일부에서 유통

  ㉢ 3차 주조(숙종, 1678) : 허적의 주장으로 주전도감에서 화폐주조, 전국적 유통

  ㉣ 18세기 후반부터 세금과 소작료도 동전으로 대납 가능, 상평통보 유통 더욱 확대

③ 전황의 발생

  ㉠ 배경 : 동전은 교환 수단 및 재산 축적의 수단, 지주나 대상인들이 교환 수단보다 고리대나 재산 축적 수단으로 이용

  ㉡ 내용 : 동전의 발행량에 비하여 제대로 유통되지 않아 동전의 부족 현상 발생

  ㉢ 결과 : 화폐 유통량 보다 상품 유통량 증가, 화폐가치 상승, 물가 하락

  ㉣ 패전론 : 중농파 실학자 이익 화폐 폐지 주장, (박지원은 화폐 긍정적 기능 강조)

④ 신용 화폐의 보급

  ㉠ 동전의 중량으로 대규모 상거래 불편 환·어음 등의 신용 화폐 이용

  ㉡ 조선 후기 상품 화폐 경제의 진전과 상업 자본의 성장 증명

| 화폐의 주조 역사 |

구분	시기	화폐
고려	성종	건원중보(우리나라 최초의 철전 화폐)
	숙종	은병(활구)
		해동통보, 삼한통보, 해동통보, 동국통보, 동국중보
	공양왕	저화(최초의 지폐)
조선 전기	태종	저화(재발행)
	세종	조선통보
	세조	팔방통보(유엽전)
조선 후기	인조	상평통보
	흥선대원군	당백전
	홍순목	당오전(전환국)
	갑오개혁	은화, 황동화, 백동화, 적동화

Ⅲ. 근대 태동기의 사회

1. 사회 구조의 변동

1) 신분제의 동요

(1) 양반층의 분화

① 원인 : 붕당정치의 변질로 양반 상호간의 정치적 갈등 심화

② 분화

　㉠ 권반 : 정권을 장악한 폐쇄적 관료층

　㉡ 향반 : 정권에서 밀려난 양반, 낙향하여 향촌 사회에서 영향력 행사

　㉢ 잔반 : 몰락한 양반, 훈장·농업·상공업 등의 생업 종사, 이후 사회 개혁운동·민
　　란 등의 주체가 됨

(2) 향촌 사회의 신분 변동

① 신분 상승 기회의 확대

　㉠ 합법적 수단 : 양난이후 군공이 있는 자, 납속·공명첩 등을 통해 신분 상승

　㉡ 불법적 수단 : 부농층의 양반 신분 매입, 족보나 홍패 위조

② 신분 상승의 목적 : 지위를 높이거나 군역의 부담 모면

③ 신분 상승의 결과 : 양반의 수 증가, 상민·노비의 수 감소

2) 중간계층의 신분 상승 운동

(1) 서얼의 신분 상승

① 배경 : 임진왜란 이후 차별 완화로 정부의 납속 및 공명첩으로 관직 진출

② 관직 진출 요구 : 영·정조 때에 서얼 등용, 동반이나 홍문관 같은 청요직 진출 허용(서얼통청운동)

③ 정조 때 서얼 등용 : 유득공·이덕무·박제가·서이수 등의 규장각 검서관 등용

④ 신해통공(1851) : 철종 때 신해통공 조치로 서얼의 청요직 진출 허용 (서얼허통), 신해통공이 완전한 서얼허통인가에 관해서는 학설 대립

(2) 중인층의 신분 상승 운동

① 배경 : 서얼 신분 상승은 기술직 중인에게도 자극, 기술직·행정실무 법제적 문무 응시 가능, 실제로 청요직 진출 불가능

② 신분 상승 운동 전개 : 축적한 재산과 실무 경력으로 신분 상승 추구, 서얼허통에 자극 대규모 소청운동 전개 정부의 거부로 실패(철종)

③ 역할 : 왜래 문화 수용의 선구, 성리학적 가치체계에 도전 새로운 사회의 수립 추구

3) 노비의 해방

(1) 노비의 감소

① 국가의 노비정책 : 입역노비를 관공노비로 전환

② 도망 노비 방지책 : 노비추쇄도감(효종, 1655) 설치, 성과 이루지 못함

③ 노비 종모법(영조, 1731) 실시 : 어머니가 양인이면 양인

④ 노비 공감법(영조, 1755) : 16~60세 노(포 2필→1필), 비(포 1.5필→0.5필)

(2) 노비의 해방

① 공노비 해방(순조, 1801) : 중앙 관서 노비 66,000여명 해방, 일부 해방

② 사노비 해방(고종, 1894) : 갑오개혁 때 신분제 폐지(법제상 종말)

4) 가족제도의 변화와 혼인

(1) 가족제도의 변화 : 가부장적 부계 위주의 가족제도의 확립

① 조선 중기까지 : 여성의 지위 높음

    ㉠ 남귀여가혼 : 혼인 후 남자가 여자 집에서 생활

    ㉡ 자녀 균분 상속 : 집안 대를 잇는 자식1/5 추가 상속, 딸 아들 균등

    ㉢ 제사의 분담 : 책임 분담

② 조선 후기까지 : 16세기 사림의 등장 가부장제 점차 확산, 17세기 이

    후 부계 중심 가족 제도 강화

    ㉠ 친영 제도 정착 : 혼인 후 남자 집에서 생활, 조선 후기 출가외인 인식

    ㉡ 장자 중심의 제사와 상속

    ㉢ 양자 입적 : 아들 없는 집안 양자 입적 일반화, 이성불양의 원칙 적용

    ㉣ 부계 위주의 가족 제도 확립 : 부계 위주 족보 편찬, 종중이라는 친

      족 집단 일원

율곡 선생 남매 분재기

신행(김홍도)

(2) 가족 윤리 : 윤리덕목으로 효와 정절 강조, 과부의 재가 금지(효자나 열녀 표창)

(3) 혼인 풍습

① 혼인 형태 : 일부일처제 원칙이지만 첩을 두기 때문에 일부일처제가 수 없음

② 첩 소생의 차별 정책 : 부인과 첩 엄격 구별, 서얼(첩의 자식)은 문과 응시 불가와 제사

    나 재산 상속에도 차별

③ 혼인 연령 : 집안 가장 결정, 남자 15세 · 여자 14세

5) 인구의 변동

(1) 호구조사

① 목적 : 국가 운영 인적자원 파악 위해 호적대장을 3년마다 수정 · 보완

② 용도 : 호적대장에 기록된 각 군현의 인구수 증거로 공물과 군역 등 부과

③ 한계 : 여성은 기록에서 제외되어 실제 인구수와 많이 차이

(2) 인구의 변동

① 인구 분포 : 하삼도(경상 · 전라 · 충청도) 50%, 경기 · 강원 20%, 평안 · 황해 · 함경도

    30% 거주

② 인구 변화 : 건국 무렵 550만~750만, 왜란 이전 16세기 1,000만, 19세기 말엽 1,700만

    명 추산

③ 한성 인구 : 세종 때 10만 명 이상 거주, 왜란 및 호란이후 조금 감소, 18세기 20만 명

2. 향촌 질서의 변화

1) 양반(사족·구향)의 향촌 지배 약화

(1) 배경 : 농촌사회 분화와 신분제의 붕괴로 사족 중심의 향촌질서 변화

(2) 양반의 기반

　① 족보·청금록·향안은 양반의 신분확인 증거로 향촌자치기구에 주도권 장악 근거

　② 이 증거는 양반의 기득권을 유지하기 위한 수단으로 작용

> **• 청금록 : 서원 및 향교에 출입하는 양반들의 명단**
> **• 향안 : 향회에 소속된 지방 사족의 명부**

(3) 양반의 권위 약화 : 일부 천민의 부농화, 몰락 양반의 전호나 임노동자로 전락

(4) 양반 지위를 유지하기 위한 수단

　① 양반의 거주지 중심의 촌락 단위 동약 실시와 족적 결합 강화

　② 전국 많은 동족 형성과 문중 중심의 서원과 사우 건립

> **• 서원과 사우 : 가문의 이름 있는 선조나 인물을 모셔 제사 지내는 곳**

(5) 향촌세력 변화

　① 부농층(신향)이 관권과 결탁하여 향회 장악

　② 중앙의 관권 강화와 향리의 역할 증대

(6) 향회의 기능 변화

　① 종래 재지사족 양반(구향)의 이익을 대변하던 향회는 수령이 장악

　② 수령이 세금을 부과할 때에 의견을 물어보는 자문기구로 전락

2) 부농계층(요호부민·신향)의 대두

(1) 부농층의 성장

　① 부농층의 등장 : 향촌사회에서 종래까지 영향력을 행사하던 양반 대신 새롭게 등장

　② 부농층의 활동 : 경제력을 갖춘 부농층은 수령을 중심으로 관권과 결탁하여 향안에 이름을 올리거나, 향회를 장악하여 향촌사회의영향력 행사

(2) 매향과 향전

　① 매향 : 부농층이 관권과 결탁하여 향안에 등재하고 향임직을 매입하는 것

② 향전 : 향촌 사회의 지배권을 두고 기존의 양반(구향)과 다툼으로 신향이 구향에 대한 자신들의 이해관계를 도모하려는 것

　　㉠ 구향 : 기존의 향권을 장악하고 있는 사족

　　㉡ 신향 : 소외되었던 양반과 서얼 · 부농층 · 중인층이 포함된 새로운 세력

(3) 향전의 발생

① 18세기 중반부터 부세의 공동납부 형태인 총액제 수취권에 대한 향촌 지배권을 두고 구향과 신향의 향전이 발생

② 부농층은 정부의 부세운영제도에 적극 참여, 향임직 진출 및 기존 향촌세력과 타협

(4) 향전의 결과

① 관권과 향리의 강화 : 조선 후기 향촌사회에서는 수령을 중심으로 관권이 강화되고 관권을 맡아보고 있던 향리의 역할이 커짐

② 농민에 대한 수탈 증대 : 관권의 강화는 세도정치시기에 정치기강이 무너지는 상황 속에서 수령과 향리의 자의적인 농민 수탈을 강화시키는 결과 초래

3) 농민층의 변화

(1) 농민층의 구성

① 중소지주층 : 상층 농민으로 자신의 토지 전호에게 소작

② 자영농 · 소작농 : 대다수 농민은 작은 규모의 자영농 및 소작농

(2) 국가의 농민정책 : 조세 · 공납 · 역의 의무 부과 및 호패법으로 이동 억제

(3) 농민의 분화

① 양난 이후 세제개편(영정법 · 대동법 · 균역법)에도 불구 수취 증가로 농민 불만 증가

② 농민 스스로 삶 개척, 일부 농민 경영형 부농 또는 상공업자로 변화

③ 대다수 농민 도시나 광산의 임노동자가 되어 농민층은 다양하게 분화

(4) 지주와 임노동자

① 양반의 대지주 출현 : 광작 운영으로 양반 이윤 추구 확대 및 생산력 발달은 상품 화폐 경제의 발달로 이어짐

② 서민지주 등장 : 일부 서민은 농지 확대 및 영농방법 개선으로 부 축적

③ 신분상승 방법 : 축적된 부를 바탕으로 공명첩을 사거나 족보 위조

④ 신분 상승의 목적

　　㉠ 군역을 면하고 자손에게 혜택 세습

ⓛ 양반 지배층의 수탈 방지 및 경제활동 편의 도모

ⓒ 궁극적 목적으로는 향촌사회에서 영향력 증대

⑤ 부역제의 변동 : 16세기 부역제 해이와 17~18세기 노동력 동원 거의 불가능, 18세기
이후 정부는 임노동자를 고용하여 부역문제 해결

⑥ 임노동자 : 부역제 해이로 17세기 이후 1년 단위로 임금을 받고 품팔이 노동력을 제공
하는 임노동자의 수 증가

4) 사회 변혁의 움직임

(1) 사회 불만의 심화

① 사회의 동요

㉠ 신분제 동요 : 지배층과 농민층의 갈등 심화되고 지배층의 수탈로 농민 경제 파탄

ⓛ 농민들의 적극적인 항거운동 발생

② 사회의 불안요소

㉠ 탐관오리의 탐학과 횡포, 재난ㆍ질병의 거듭 발생, 이양선 출몰

ⓛ 비기ㆍ도참설(말세, 변란) 유행, 화적과 수적의 약탈

(2) 예언 사상의 대두

① 예언 사상의 유행

㉠ 사회가 변화되면서 유교적 명분론 상실과 정감록 등 비기ㆍ도참설 유행

ⓛ 말세의 도래, 왕조의 교체, 변란 예고 등의 소문 확산

ⓒ 예언 사상은 농민 운동에 혁명적 기운을 불어넣는 역할

② 무격신앙과 미륵신앙 : 현세에 얻지 못하는 행복을 신앙으로 해결
하려는 움직임

㉠ 무격신앙 : 무당의 굿이나 풀이로 화를 멀리하고 복을 비는 것

ⓛ 미륵신앙 : 미륵불이 나타나 민중을 구제한다는 신앙

(3) 천주교의 전파

① 천주교 전래과정

㉠ 17세기 중국 베이징 천주당을 방문한 사신들에 의해 서학으로
소개

ⓛ 선교사의 선교가 아닌 자생적 발전

ⓒ 18세기 후반 남인(이익의 문인들)계열에 의해 신앙적으로 발전

선운사 도솔암 마애불

ⓛ 이승훈이 베이징에서 최초로 영세(1784, 베드로)를 받고 돌아와 더욱 확산

② 신앙 활동

ⓘ 18세기 후반 남인들의 일부 실학자에 의해 신앙적 수용

ⓛ 이승훈이 세례를 받고 권철신, 이백 등과 함께 신앙 활동

ⓒ 여성들에 의해 널리 신봉

③ 국가의 대응

ⓘ 초기 : 자연적 소멸될 것으로 여김

ⓛ 전례문제 : 조상에 대한 제사 거부와 신분질서 부정 및 국왕의 권위에 대한 도전으로 생각

ⓒ 추조 적발 사건(정조, 1785) : 역관 김범우의 집에서 예배를 보다가 의금부(추조)에 적발하면서 사교로 규정

④ 천주교의 박해

ⓘ 신해박해(정조, 1791) : 최초의 박해로 윤치중이 위폐를 소각한 사건(진산사건)

ⓛ 신유박해(순조, 1801)

ⓐ 노론 벽파가 남인 시파를 축출하기 위한 정치적 박해

ⓑ 이승훈·이가환·정약종·중국인 신부 주문모 사형, 정약용·정약전 등 유형

ⓒ 황사영 백서사건 : 북경 프랑스 주교에게 보낸 서신 발각사건(탄압 심함)

ⓓ 조선 교구 설치(1831)

ⓒ 기해박해(헌종, 1846)

ⓐ 풍양 조씨가 정하상 등 신자 200여명과 프랑스 신부 처형

ⓑ 오가작통법과 척사윤음 반포

> • 오가작통법 : 다섯 집 중에서 한집이라도 천주교도가 나오면 다섯 집 모두 처벌
> • 척사윤음 : 사교인 천주교를 배척하기 위해 전국 백성에게 내린 윤음

ⓒ 병오박해(헌종, 1846) : 한국인 최초 신부 김대건 순교

ⓜ 병인박해(고종, 1866)

ⓐ 최대 규모의 박해, 프랑스 신부 9인 처형

ⓑ 프랑스의 침입으로 병인양요 발생원인 제공

⑤ 천주교 교세의 확장

ⓘ 안동 김씨 세도정치기에 탄압 완화로 백성에게 전파 활발

ⓛ 불안한 사회와 인간평등과 내세신앙에 대한 공감 확산

(4) 동학의 발생

① 배경 : 지배체제의 모순, 성리학과 불교의 지도력 상실, 서양 세력의 접근

② 창시 : 1860년 경주 몰락 양반 출신 최제우, 서학(천주교)에 대항 의미

③ 동학의 특징

ㄱ 유·불·선의 주요 내용과 민간신앙의 요소와 결합하여 천주교의 교리까지 수용

ㄴ 철학적 주기론과 샤머니즘·도교에 가까운 부적과 주술 사용

ㄷ 정치적 특징 : 반봉건적·반외세적 성격

④ 동학의 사상

ㄱ 시천주와 인내천 사상을 바탕으로 천인합일·사인여천 사상 강조

ㄴ 신분차별 금지 및 노비제도 폐지 주장

ㄷ 후천개벽 : 조선 왕조 부정

ㄹ 보국안민·제폭구민 : 폭정 제거와 사회적 모순 혁파하여 국가와 민생 안정 도모

⑤ 동학의 확산과 탄압

ㄱ 민중적·민족적 성격의 동학이 삼남지방의 농촌사회에 널리 보급 번성

ㄴ 혹세무민의 이유로 최제우 처형(1684)하여 일시적 교세 약화

ㄷ 2대 교주 최시형 충청 보은으로 거점 옮겨 동경대전과 용담유사 편찬

> - **동경대전** : 1대 교주 최제우가 지은 동학 경전, 포덕문·논학문·수덕문·불연기연, 1880년 최시형 완간
> - **용담유사** : 최제우가 1860년 한글로 지은 포교가사집, 한글 가사체

(5) 농민의 항거

① 배경

ㄱ 19세기 세도 정치 하에서의 국정 문란, 삼정의 문란, 탐관오리의 수탈

ㄴ 계속된 흉년과 전염병 발생, 농민의 유랑화로 남은자의 세금 부담 증가

② 농민의 항거

ㄱ 초기 : 벽서·괘서·격쟁 등 소극적 형태로 저항

ㄴ 후기 : 민란의 형태로 관아 습격 등 보다 적극적으로 지배층과 대결

③ 홍경래의 난(순조, 1811)

ㄱ 배경 : 봉건체제의 모순과 격화, 서북인(평안도)에 대한 정치적 차별, 관권의 수탈

대상

    ⓛ 주도 세력 : 몰락한 양반 홍경래의 지휘 아래 영세농민·중소상인·광산노동자등

    ⓒ 경과 : 평안도 가산에서 봉기하여 청천강 이북지역을 장악하였으나 정부군에 의해 5개월 만에 평정

    ⓡ 결과 : 19세기 농민항쟁의 선구적 역할

④ 임술 농민 봉기(철종, 1862)

    ㉠ 배경 : 진주목사 홍병원의 탐관오리와 토호의 탐학에 저항(진주 민란)

    ⓛ 경과 : 진주 민란을 계기로 북쪽 함흥으로부터 제주까지 전국적 농민봉기 발생

⑤ 농민 봉기의 영향

    ㉠ 사회의식 발전 : 민란을 이끈 주도자는 몰락한 양반이지만 중심세력은 농민으로 농민들의 사회의식의 발전을 보임

    ⓛ 양반 지배체제의 붕괴 촉진 : 농민항쟁은 반봉건적 사회운동으로 양반 중심의 지배체제 붕괴를 촉진

    ⓒ 이러한 민란이 동학 농민 운동(1894)까지 40여 건의 민란 발생

    ⓡ 정부의 대책

        ⓐ 삼정의 문란을 시정하기 위해 암행어사 파견 삼정이정청(1862) 설치

        ⓑ 안핵사·선무사를 파견하여 민란 수습 및 민심을 회유

        ⓒ 이러한 탐관오리의 죄상 보다는 주도자의 처벌에만 주력하여 민심이 더욱 악화되는 결과를 초래

    ⓜ 영향 : 농민들의 의식 성장과 항쟁으로 양반 중심의 통치체제붕괴 촉진

19세기 농민봉기

Ⅳ. 근대 태동기의 문화

▌학습 방법
- 조선 후기 서민 문화의 특징 주목, 조선 전기와 후기의 문화 구별
- 양명학, 실학에 대해 파악, 각 학문의 대표 학자들의 주장 주목
- 조선 후기 국학 연구에 대한 특징은 난이도가 높게 출제 가능성
- 조선 후기 각 문화유산들의 특징과 시기 주목

▌출제 빈도
ⓛ ⓜ ⓗ 실학의 등장
ⓛ ⓜ ⓗ 국학 연구의 확대
ⓛ ⓜ ⓗ 서민 문화의 발달 및 공예 등

1. 성리학의 변화

| 사림의 변화 |

1) 성리학의 교조화 경향

 (1) 성리학적 질서의 강화

  ① 성리학의 한계

   ㉠ 정치 : 도덕과 명분 강조, 붕당정치 몰두, 민생과 부국강병 소홀

ⓛ 외교 : 화이론적 세계관 고수, 청과 일본의 침략 배척, 대외정책 탄력성 상실

ⓒ 사회 · 경제 : 양반중심 신분제와 지주전호제 고수로 사회 · 경제적 변화 배척

ⓔ 사상 : 성리학만을 정학이라 간주, 주자의 학설만 고수하여 사상적 경직성 노출

ⓜ 학술 : 기술문화 경시하고 정신문화만 중시하는 관념적 이기론으로 다양한 학문의 발달 저해

② 성리학의 교조화

ⓐ 서인 집권 : 인조반정 이후 정권 주도, 성리학적 의리명분론 강조

ⓛ 절대화 : 주자 중심의 성리학 절대화(송시열)로 사회의 모순 해결 모색

③ 성리학의 비판 : 17세기 후반, 반주자학적 학자

ⓐ 한백겸 : 주자의 주석에서 벗어나 6경을 독창적으로 해석

ⓛ 윤휴 : 유교경전에 대한 독자적 해석으로 주자의 학설 탈피, 중용주해 저술, 송시열의 예송논쟁에서 패하고 사문난적으로 몰려 사형(1860)

> **• 사문난적 : 유교의 교리를 어지럽히고 사상에 어긋나는 행동을 하는 사람**

ⓒ 박세당 : 양명학과 노장사상의 영향으로 사변록 저술, 주자의 학설 비판 과 포용성과 개방성 강조, 사문난적으로 유배되어 죽음(1704)

④ 성리학의 심화

ⓐ 이기론논쟁의 지속 : 16세기 후반 이황학파(영남 남인)와 이이학파(노론) 논쟁

ⓛ 호락논쟁

ⓐ 노론 내부에서 호론(인물성이론)과 낙론(인물성동론)의 논쟁

ⓑ 호론은 북벌론을 거쳐 위정척사론(의병의 구국항전)과 낙론은 북학론(애국계몽운동)으로 계승

ⓒ 노론과 소론의 분화

ⓐ 노론 : 이이의 학통을 정통으로 계승, 주자 중심 성리학 절대적 신봉

ⓑ 소론 : 절충적 성격인 성혼의 학통 계승, 양명학과 노장사상 수용하여 성리학 이해에 탄력성

2) 양명학의 수용

(1) 전래

① 성리학의 교조화와 형식화를 비판하며 실천성 강조

② 16세기 : 중종 때 서경덕(화담학파)과 종친들 사이 보급, 이황이 전습록변에서 사문난
   적으로 비판한 것을 계기로 이단으로 간주

(2) 사상 체계

① 지행합일 : 학문의 실천성 강조

② 치양지 : 인간의 상하 존비의 차별이 없다, 양지는 사물을 바로 인식하여 완성

③ 심즉리 : 마음에 의해 모든 성격 판단되는 마음의 우위성 강조

(3) 양명학의 확산

① 17세기 초반 : 최명길·장유 등 조선식 양명학 전환

② 17세기 후반 : 소론계열의 학자들 중심으로 본격적 연구

③ 18세기 초 : 정권에서 소외된 소론 등 본격적으로 연구

(4) 양명학의 발전

① 정제두의 양명학 연구 : 18세기 초 소론출신 윤증의 제자, 양명학을 연구·발전시켜 최
   초로 사상적 체계 완성, 하곡문집 저술

② 강화학파 형성(숙종, 1709) : 강화도에서 연구와 제자 양성, 새로운 학문 분야 개척과
   구한말 국학(이건창·박은식·정인보)으로 계승

③ 강화학파 활동

   ㉠ 일반민을 도덕 실체로 인식 : 왕양명의 친민설 수용, 양반 신분제 폐지 주장

   ㉡ 학문적 체계 확립 : 존언과 만물일체설로 이론적 체계 확립

   ㉢ 가학 형태로 계승 : 소론계열 학자의 집안 후손과 인척 중심으로 계승

(5) 양명학의 한계와 영향

① 한계 : 성리학의 보편화와 우세로 이단으로 몰리는 것을 우려 성리학의 테두리를 벗어
   나지 못함

② 영향 : 실학자(조선후기)들의 교류와 국학자(일제)에게 계승

| 강화학파 계보 |

2. 실학의 발달

1) 실학의 등장

(1) 실학의 개념 : 17~18세기 사회 · 경제적 변동에 따른 사회 모순 해결책을 구상하는 과
정에서 대두한 학문과 사회개혁론

(2) 실학의 등장 배경

① 정치적 : 양난 이후 붕당간의 갈등과 대립이 심화되어 몰락 양반 발생, 진보적 지식인
들은 국가체제를 개편하고 민생 안정 개혁 방안 제시

② 사상적

㉠ 성리학의 한계 : 당면한 현실 문제를 해결하지 못하자 성리학에 대한 비판 대두

㉡ 외래 사상의 수용 : 청의 고증학과 서양과학의 영향으로 실사구시를 내세워 학문
연구의 실증적 방법 강조

③ 경제적 : 지주전호제의 심화와 소작농의 몰락에 대한 해결책으로 토지 개혁론과 감조
론 등장, 상품 화폐 경제의 발달로 상업과 수공업에 대한 관심 증가

④ 사회적 : 실학자들은 몰락한 양반의 생계와 서민층의 생존 문제 주목

⑤ 영 · 정조의 학문 장려 : 탕평책에 의한 인재등용 · 편찬사업 · 영조의 문예 진흥책과 정
조의 규장각 설치는 많은 학자 배출 및 실학의 발전에 큰 배경

(3) 실학의 전개

① 17세기 전반

㉠ 이수광 : 지봉유설 저술(1614)로 실학을 최초로 이론화하여 문화 인식의 폭 확대

㉡ 한백겸 : 동국지리지 저술로 역지리 연구와 대동법의 확대실시 추진

㉢ 김육 : 시헌력 채용, 수차제도 강조, 대동법실시 주장, 해동명신록 저술

㉣ 유몽인 : 은광개발 · 화폐유통 · 선박과 수레이용 등 주장, 어우야담 저술

② 17세기 후반~18세기 초 : 경세치용 학풍으로 민생 안정과 부국강병 목표

③ 18세기 후반 : 이용후생의 중상주의적 성격인 북학이 대두

(4) 실학의 학파

구분	중농학파	중상학파
학풍	경세치용, 경기 남인	이용후생, 북학파 노론, 서울
목표	유교 이상 국가	적극적 부국강병책
지향	토지 개혁, 자영농 육성	상공업 진흥, 기술 혁신

차이점	지주제 반대, 토지분배 관심 화폐 사용 부정적	지주제 긍정, 생산력 증대 관심 상공업 진흥, 화폐 사용 긍정적
계보	유형원 → 이익 → 정약용	유수원 → 홍대용 → 박지원 → 박제가
영향	한말 애국 계몽 운동과 국학	한말 개화 사상
공통점	부국강병과 민생안정 지향, 문벌제도와 자유 상공업 비판	

(5) 실학 사사의 의의와 한계

① 특성 : 정치 · 경제 · 철학 · 지리 · 역사 등에서 성리학의 모순을 극복하는 실증적 · 민족적 · 근대 지향적 학문

② 의의 : 성리학의 폐단과 각종 사회적 모순 개혁하려는 현실 개혁적 사상

㉠ 민족적 : 중국 중심의 사고에서 벗어나 우리 문화의 독자적 · 주체적인 인식 강조

㉡ 민본적 : 피지배층의 입장을 옹호하고 생활 및 권리 신장 주목

㉢ 근대 지향적 : 사회 체제의 개혁과 생산력의 증대를 통해 근대 사회 지향 목표

㉣ 실증적 : 문헌학적 고증의 정확성을 존중하고 과학적 · 객관적 학문태도 중시

③ 실학의 한계 : 몰락한 지식층의 개혁론으로 정책에 반영되지 못함

2) 농업 중심의 개혁론(경세치용학파)

18세기 전반에 농업중심 개혁론을 제시한 실학자는 농민의 입장에서 농민 안정을 위한 토지제도 및 각종 제도의 개혁을 추구

(1) 반계 유형원(1622~1673) : 중농실학의 선구자

① 저서 : 반계수록(1670)을 저술하여 중농실학의 사상 체계화

② 주장

㉠ 균전론 : 신분에 따라 토지 차등 분배

㉡ 농병일치제 : 자영농 육성

㉢ 사농일치의 교육

㉣ 양반문벌 · 과거제도 · 노비세습의 모순 비판

③ 노비제는 부인하면서 양반제도의 폐지를 주장하지 못하는 사상적 한계

(2) 성호 이익(1681~1763)

① 성호(이익)학파 형성 : 안정복의 우파와 서학 좌파 형성, 정약용 성호학파 흐름 집대성

② 저서 : 성호사설, 곽우록

③ 주장

ⓐ 한전론 : 자유로운 매매를 통해 토지 평등화 실현(영업전의 토지 제외)

ⓑ 나라를 좀먹는 6가지 폐단, 사창제(고리대), 폐전론(화폐)

ⓒ 붕당론 : 양반의 수와 특권 제한, 과거제도 3년에서 5년 주기 주장

④ 우리 역사의 독자적 체계화 : 중국 중심 세계관 탈피

(3) 다산 정약용(1762~1836) : 실학사상 계승과 집대성

① 저서 : 목민심서, 흠흠신서, 경세유표를 2서 1표

ⓐ 목민심서 : 목민관의 치민에 관한 도리

ⓑ 흠흠신서 : 형옥에 관한 법률 지침서

ⓒ 경세유표 : 정전제 제시와 서양 과학 기술 수용 위해 이용감 설치 주장

ⓓ 기예론, 탕론, 원목(여유당전서), 전론 등

② 주장

ⓐ 여전론(전론, 정조 1798) : 토지 균등 분배로 토지와 부의 집중 방지

ⓑ 정전론(경세유포, 순조 1817) : 전국토지 국유화하여 정전, 공전 편성

ⓒ 정치론 : 민본적 왕도 정치, 향촌 단위 방위 체제

ⓓ 과학사상 : 기기도설 참조 거중기 제작 수원 화성 축조, 배다리(한강주교)설계 등

3) 상공업 중심의 개혁론(이용후생학파, 북학파)

18세기 후반 상공업 진흥과 기술 혁신 주장, 서울 노론 집안 출신으로 청나라 문물 적극 수용하여 부국강병과 이용후생 주장

(1) 농암 유수원(1694~1755) : 상공업 중심 개혁론 선구자

① 저서 : 우서(중국과 우리나라 문물 비교하여 정치·경제·신분 사상등 개혁안제시)

② 주장

ⓐ 사·농·공·상의 직업적 평등화와 전문화

ⓑ 대상인에 의한 지역 사회 발전 유도

ⓒ 농업의 상업적 경영과 기술 혁신으로 생산성 향상 강조

(2) 담헌 홍대용(1731~1783)

① 저서 : 임하경륜, 의산문답 등 담헌서에 수록

ⓐ 임하경륜 : 균전론에서 성인 2결 토지 지급과 선비 생업 종사

ⓑ 의산문답 : 지전설과 성리학적 화이 비판

ⓒ 주해수용 : 수학 이론 집대성

② 주장 : 중국 중신의 세계관 비판과 성리학의 극복이 부국강병 근본 강조

(3) 연암 박지원(1737~1805) : 개혁의 주체로서 선비의 자각 강조

① 저서 : 연암집, 열하일기, 과농소초, 한민명전의

ㄱ 열하일기 : 청의 문물 소개와 상공업 진흥과 수레와 선박, 화폐 유통 필요성

ㄴ 과농소초 : 한전론 공감으로 영농방법 혁신과 상업적 농업 장려, 수리 시설 확충

② 주장 : 양반 문벌제도의 비생산성 비판(양반전, 허생전, 호질)

(4) 초정 박제가(1750~1805) : 박지원의 실학사상 확충

① 저서 : 북학의(청의 문물 소개 및 사회·경제 개혁안 제시)

② 주장

ㄱ 양반의 상업 종사 강조

ㄴ 상공업 진흥책 : 청과의 통상 강화와 수레와 선박 이용, 절약보다 소비를 강조

4) 국학 연구의 확대

(1) 17세기 역사학

① 특징 : 명분질서를 내세우는 정통론 강화되면서 강목체 역사 서술 강조

② 역사서

년도	역사서	저자	내용	서술방식
인조 1639	휘찬려사	홍여하	기자-마한-신라 정통국가, 삼한 정통론, 강목법 입장에서 고려사 재정리	강목체
현종 1667	여사제강	유계	기자조선 전통 인정과 북벌운동 고취	
현종 1672	동국통감제강	홍여하	기자조선에서 삼국시대까지 서술, 붕당정치 폐지 강조	
광해군 1609	동사찬요	오운	박혁거세에서 고려 멸망까지 서술, 북벌 운동 비판	기전체
현종 1667	동사	허목	단군에서 삼국까지, 고구려를 단군조선 계승 국가로 설명, 붕당 정치 비판	

(2) 18세기~19세기 초 역사학

① 특징 : 현실성 중시, 북벌론에서 북학론, 단군에서 발해까지 새로운 시각 등장

② 역사서

년도	역사서	저자	내용	서술방식
숙종 1705	동국역대총목	홍만종	단군에서 조선까지 단기 정통론 강조, 고려와 조선 왕실 중심 역사	편년체 (강목체)
숙종 1711	동사회강	임상덕	삼국시대와 고려시대 역사, 발해사 배제,	
		이익	실증적·비판적 역사 서술, 중국역사관 탈피, 우리 역사 독자적 체계화 강조	
정조 1778	동사강목	안정복	단군조선에서 고려까지 독자적 정통성 체계화, 중국 중심 역사관 탈피, 고증 사학의 토대 마련	편년체 (강목체)
정조 1784	발해고	유득공	발해와 신라를 남북국 시대로 처음 제안	기전체 형식
순조 1803	동사	이종휘	고대사 연구를 만주까지 확대, 발해·부여를 우리역사 인식, 기자불신설	기전체
순조 1806	연리실기술	이긍익	조선시대 정치와 문화 객관적 중심 정리, 사건을 인과 관계로 서술	기사본 말체
순조 1823	해동역사	한치윤	세기보다 지·고 강조, 발해사 신라사와 동등 취급, 다양한 외국 문헌 이용 민족사 인식 확대	기전체
철종 1852	금석과안록	김정희	금석문에 대한 분석·검토·해설, 북한산비 진흥왕 순수비 판독	

(3) 중인의 역사서

 ① 연조귀감(헌종, 1848) : 이진흥이 향리들의 사적을 집약하여 정리

 ② 규사(철종, 1858) : 이진택의 서얼 역사서로 차별대우 철폐 주장

 ③ 고문비략(철종, 1858) : 최성환이 정치·경제·사회적 제문제의 원인과 해결책

 ④ 이향견문록(철종, 1862) : 유재건이 중인층 이하 인물 행적 수록

(4) 지리서와 지도

 ① 목적 : 경제·문화적 사용

 ② 역사 지리서

  ㉠ 동국지리지(광해군, 1615) : 한백겸의 고증·실증적 비판을 이룬 역사 지리서 효시

  ㉡ 아방강역고(순조, 1811) : 정약용 백제의 첫 도읍지 한성, 발해의 중심지 백두산 동쪽

 ③ 인문 지리서

  ㉠ 택리지(영조, 1751) : 8역지로 이중환 저술, 각 지역의 자연환경·풍속·인심 등 소개

  ㉡ 동국여지지(효종, 1656) : 유형원이 각 지역의 특산물과 마을 형세·사찰·하천·
  농지를 조사하여 국가 재정 확보의 보조 자료로 이용

  ㉢ 대동지지(철종, 1863) : 김정호가 32권 15책으로 편찬, 우리역사와 관련된 지리적
  정보 기술

④ 지도

    ㉠ 서양식 지도 전래 : 중국으로부터 전래, 곤

      여만국전도(마테오리치, 세계지도)

    ㉡ 동국지도(영조, 1757) : 정상기 최초로 100

      리척 사용하여 정확하고 과학적 지도

    ㉢ 김정호 지도 제작

      ⓐ 청구도(순조, 1834) : 신헌, 최한기 등의

        도움으로 관청 지도 집대성

      ⓑ 대동여지도(철종, 1861) : 산맥·하천·

        포구·도로망의 정밀 표시, 10리마다 눈

        금 표시, 목판으로 인쇄 분첩절첩식(총22첩)지도

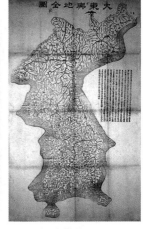

정상기의 동국지도   김정호의 동국여지도

(5) 국어의 연구

  ① 음운학 연구 : 훈민정음운해(신경준, 1750), 언문지(유희, 1824)

  ② 어휘 수집 : 재물보(이성지), 대동운부군옥(권문해), 아언각비(정약용), 고금석림(이의

    봉, 해외 언어 정리)

(6) 백과사전의 편찬

사전	시기	저자	내용
지봉유설	광해군	이수광	최초의 백과사전, 마테오리치의 천주실의 소개, 천문·지리·군사·관제 등 문화의 각 영역을 25개로 기술
성호사설	영조	이익	천지·만물·경사·인사·사문의 5개 부분 기술
동국문헌비고	영조	홍봉한	왕명으로 우리나라 역대 문물 체계적 정리
청장관전서	정조	이덕무	이덕무의 시문 전집으로 중국의 역사와 풍속·제도 등 소개
임원경제지	순조	서유구	19세기 농업과 농촌에 필요한 것을 종합적 기술
오주연문장전산고	헌종	이규경	우리나라와 중국 등 외국의 고금 사물을 고증학적 방법으로 소개

3. 과학 기술의 발달

1) 서양문물의 수용

(1) 발달 배경 : 중국을 통하여 전래된 서양의 과학 기술을 수용하여 과학 기술면에서 큰 진전

(2) 전래 : 17세기부터 청에 왕래하던 사신을 통해 전래, 세계지도(선조, 이광정)·화포·천리경·자명종(인조, 정두원) 등

(3) 특징 : 이익과 그의 제자들 및 북학파 실학자에 관심, 일부는 천주교를 수용했으나 대부분 배척

(4) 서양인 표류

　① 벨테브레(박연) : 훈련도감 소속되어 대포의 제조 및 사용법

　② 하멜 : 15년 억류 후 네델란드로 귀국하여 하멜표류기를 지어 서양에 조선 소개

(5) 한계 : 18세기 어느 정도 수용되었으나 19세기에는 더 이상 진전 정체

2) 천문학과 지도 제작기술의 발달

(1) 천문학

　① 지전설

　　㉠ 김석문 : 역학도해에서 지전설 처음 주장

　　㉡ 이익 : 지구가 둥글다면 어느 나라든 세계의 중심이 될 수 있다고 주장

　　㉢ 홍대용 : 담헌서 저술하여 무한 우주론 주장

　　㉣ 최한기 : 기측체의·지구전요 저술하여 코페르니쿠스 지동설 소개

　② 지전설 의의 : 성리학적 세계관 비판하는 근거 제공

서양문물의 전래

(2) 역법

　① 시헌력 : 선교사 아담 샬이 중심이 되어 만든 것으로 청에서 사용

　② 시헌력 도입 : 김육의 도입으로 각도 표시법과 시간 측정법 자리 잡음

(3) 지도

　① 곤여만국전도의 전래 : 세계지도가 중국을 통해 전해짐으로써 지리학에서도 보다 과학적이고 정밀한 지식 습득하여 세계관이 확대

(4) 수학

　① 기아원본 도입 : 마테오 리치가 유클리드 기하학 한문 번역

　② 황윤석 : 이수신편을 저술하여 전통 수학을 집대성

　③ 홍대용 : 주해수용 저술 우리나라 및 중국·서양 수학의 연구 성과 정리

홍대용의 혼천의

곤여만국전도

3) 의학의 발달과 기술의 개발

(1) 의학의 발달

① 17세기 의학

㉠ 동의보감 : 허준은 전통 한의학을 체계적으로 정리하여 이후 한의학에 바탕이 되고 중국 및 일본에서도 간행

㉡ 침구경험방(인조, 1644) : 허임 자신의 경험을 바탕으로 저술한 침술서

② 18세기 의학

㉠ 마과회통(정조, 1798) : 정약용은 제너의 종두법 소개, 마진(홍역)에 대한 연구

㉡ 종두방서 : 정약용 박제가와 홍역을 예방하기 위한 종두법 연구·실험

③ 19세기 의학

㉠ 방약합편(고종, 1884) : 황필수는 한의학 처방서 대중화

㉡ 동의수세보원(고종, 1893) : 이제마는 사상의학 확립, 태양인·태음인·소양인·소음인 구분하여 체질적 의학을 이론화

(2) 기술의 개발

① 정약용 : 과학과 기술의 중요성 확신 및 기술 개발

㉠ 거중기 제작 : 테렌즈가 중국에서 소개한 기기도설을 참고로 거중기 제작, 1792년 수원 화성 축조 때 고안하여 크게 공헌

㉡ 배다리 설계 : 정조가 수원 행차 시 한강을 안전하게 건널 수 있도록 설계

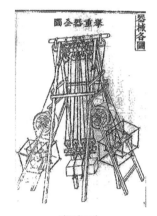

거중기 도면

정조의 배다리

4) 농서의 편찬과 어업 기술의 발달

(1) 농서의 편찬

시기	농서	저자	내용	특징
효종	농가집성	신속	이앙법 · 견종법 등 새로운 농법 보급 노력	성리학적 농서
숙종	색경	박세당	채소 · 과수 · 화초재배법 · 목축양잠 기술 소개	실학적 농서
숙종	산림경제	홍만선	농의학 사전(농업 · 임업 · 축산업 · 양잠)	
정조	해동농서	서호수	우리 토양에 맞게 농법 개량 강조	
순조	임원경제지	서유구	농촌 생활 백과사전(임원십육지)	

(2) 농업 기술의 발달

① 논농사 : 노동력 절감과 생산성 향상을 위해 이앙법 확대 보급

② 밭농사 : 견종법과 소를 이용한 쟁기 사용 보편화, 시비법 발달

③ 수리시설 발달 : 18세기 밭을 논으로 전환하여 논의 비율 증대(저수지)

④ 경지면적 확대 : 황무지 개간 및 해안 간척사업으로 농경지 확대(산간 및 서해안)

(3) 어업 기술의 발달

① 어법 : 아살(대나무 발) 설치, 어망 재료도 면사포 변화

② 17세기 : 전라도 중심 김 양식 기술 개발 보급

③ 18세기 후반 : 냉장선 등장으로 어물 유통 활발

④ 어보

  ㉠ 우해이어보(순조, 1803) : 김려가 지은 우리나라 최초의 어보(우해 : 진해)

  ㉡ 자산어보(순조, 1814) : 정약전이 흑산도에 유배 중 해산물 등 채집 조사(어류학의
    신기원)

4. 문학과 예술의 새 경향

1) 서민 문화의 발달

(1) 배경

① 조선 후기 상공업 발달과 농업 생산력 증대, 서당교육 보급

② 서민의 경제적 · 신분적 지위 향상으로 중인 및 서민층의 창작 주체 변화

(2) 문화의 성격 변화

① 조선 전기 : 정적이고 소극적

② 조선 후기 : 양반의 위선을 비판하고 인간의 감정을 적나라하게 표현하여 부정과 비리에 대한 고발하는 형식

2) 판소리와 탈놀이

조선 후기 가장 두드러지는 것은 판소리와 탈춤이며, 당시 사회적 모순을 적나라하게 드러내며 서민 자신의 존재를 자각

(1) 판소리

① 판소리 : 창 · 사설 · 추임새로 구성 넓은 계층에서 호응, 서민문화의 중심

② 신채효 : 19세기 판소리를 12마당 중 6마당을 정리하여 체계 확립, 현재 5마당(춘양가 · 심청가 · 흥보가 · 적벽가 · 수궁가)만 전래

(2) 탈놀이

① 탈놀이 : 향촌에서 마을 굿의 일부로 공연, 가면극과 산대놀이로 정착

② 가면극 : 봉산탈춤(황해도), 하회탈춤(안동), 별산대놀이(양주), 사자춤(함경도 북청) 등 승려의 부패와 양반의 허구를 폭로하여 서민 의식 성장 기여

③ 산대놀이 : 산대라는 무대에서 공연되던 가면극이 민중 오락으로 정착, 도시의 상인이나 중인층의 지원으로 성행

3) 한글소설과 사설시조

(1) 한글소설의 발달

① 발달 배경 : 서민의 사회 경제적 성장과 문화적 욕구 증대로 한글 해독 인구 증가하여 상업적 출판 및 유통이 활발

② 대표적 한글소설

㉠ 홍길동전(허균) : 서얼에 대한 차별 철폐와 탐관오리 응징, 최초의 한글 소설

㉡ 춘양전, 토끼전, 장화 · 홍련전 등 사회의식 성장시키는데 공헌

(2) 사설시조의 발달

① 서민 중심의 창작 : 양반의 절의와 자연관을 담은 이전의 시조와는 달리 서민의 감정 솔직하게 표현

② 형식의 자유 : 격식에 구애 없이 감정을 구체적 표현, 남녀 간의 사랑과 현실 비판

(3) 시조 · 가사집 편찬

① 청구영언(영조, 1728) : 김천택, 현존 최고 가사집, 고려 말에서 영조 때까지 시조 모아 간행

② 해동가요(영조, 1763) : 김수장 수차례 개편 간행, 고려 말~영조 때까지

(4) 한문학의 변화

① 17세기는 16세기를 계승하여 정형적 시조나 유배 문학 정착, 18세기 이후 실학의 유행과 함께 사회의 부조리한 현실 비판

연대	저자	시	내용
17세기	윤선도	오우가 어부사시사	자연을 벗하여 살아가는 여유로운 삶 표현
17세기 초	유몽인	어유야담	시장주변 떠돌던 이야기 채록한 최초의 야담계 한문소설
17세기 말	김만중	구운몽 사씨남정기	단편 양식의 소설이 17세기에는 장편화
	조성기	창선감의록	
18세기말	박지원	양반전, 허생전, 호질, 민옹전	한문소설, 양반 사회 허구성 지적 및 실용적 태도 강조, 문체 혁신 주장
19세기 초	정약용	애절양, 충식송, 하일대주	18년 유배생활, 삼정의 문란과 사회 비판적 한시

② 유득공·이덕무·박제가·이서구 : 4가, 중국 중심 한시에서 현실주의적 의식과 민족의 개별성 강조한 한시 창작

(5) 시사의 조직 : 중인층과 서민층 각각의 동호인 시사 조직

① 대표적 시사 : 천수경의 옥계시사, 최경흠의 직하시사

(6) 풍자 시인의 등장 : 김삿갓(김병연)·정수동 같은 풍자 시인은 민중과 어울려 활동

4) 진경산수화와 풍속화

(1) 회화

① 17세기 초

화가	그림	내용	화풍
이징	연사모종도, 노안도	주로 인물과 산수	명나라 절강화풍 영향
김명국	달마도, 설중귀려도	군고 거친 필체와 흑백 대비 독특한 묵법	절파화풍, 선종화

② 17세기 말

화가	그림	내용	화풍
윤두서	자화상, 백마도	주로 인물과 말	청의 남종화 영향

| 이징의 연사모종도 | 김명국의 달마도 | 윤두서의 자화상 |

③ 18세기 전반 : 진경산수화 유행

　　㉠ 특징 : 중국 북종화법의 선묘와 남종화의 묵법 고루 수용한 우리 고유한 화법

화가	그림	내용	화풍
정선	인왕제색도, 금강전도	서울 근교 및 금강산 등 명승지 사실적 묘사	진경산수화
심사정	강상야박도, 하경산수도	정선 제자, 남종 문인화 정립과 북종화법 절충한 산수화	
변상벽	추자도, 묘작도	변고양이 별명, 영모화 및 초상화	

❶ 정선의 인왕제색도 ❷ 심사정의 강상야박도 ❸ 변상벽의 묘작도

④ 18세기 후반 : 풍속화 유행

화가	그림	내용	화풍
김홍도	밭갈이, 씨름, 서당, 소림명월도, 신선도병풍	서양의 훈염기법 수용, 자연 사실 그대로 실경산수화, 농촌 서민 생활상	
신윤복	단오풍정, 달밤의 여인, 미인도	양반과 부녀자 생활및 유흥, 남녀 애정 등 해학적 묘사	풍속화
김득신	파적도, 야공도	김홍도와 같은 경향	
김두량	월야산수도, 맹견도	남종화법과 서양화법 수용	

❶ 김홍도의 씨름도
❷ 김득신의 파적도
❸ 신유복의 단오풍정
❹ 김두량의 월야산수도

⑤ 18세기 말

　㉠ 특징 : 서양화법의 영향으로 원근법과 명암법 사용

화가	그림	내용	화풍
강세황	영통골 입구도	한국적 남종문인화풍 정착 공헌	서양수채화 기법

⑥ 19세기

㉠ 특징 : 중국 문인화의 부활로 진경산수화와 풍속화의 침체, 문인화와

화가	그림	내용	화풍
김정희	세한도, 난초	직업화가가 아닌 순수 문인들의 여기로 그린 그림	복고 및 문인화풍
장승업	홍백매도, 군마도	강렬한 필법과 채색법	

❶ 김정희의 세한도
❷ 장승업의 군마도
❸ 강세황의 영통골 입구도

(2) 민화의 발달

① 배경 : 경제적 부를 축적
한 서민층의 문화적 욕
구 충족, 기복 신앙적 측
면에서 제작

추사체 김정희

② 특징 : 무영화가나 떠돌이 화가에 의해 그려져 작가 미상 대부분, 서민의 오
랜 생활 양식과 밀착되어 창의성 보다는 형식성, 소망의 기원

③ 민화의 종류 : 화조도 · 어해도 · 영모도 · 십장생도 · 무속도 등

(3) 서예의 발달

① 18세기

㉠ 이광사(1705~1777) : 우리 정서와 개성을 추구 단아한 동국진체 완성

② 19세기

㉠ 김정희(1786~1856) : 고금의 필법을 바탕 추사체 창안 새로운 경지

호작도

5) 건축의 변화

(1) 17세기 건축

① 대표 건축 : 금산사 미륵전, 화엄사 각황전, 법주사 팔상전

② 특징 : 불교의 사회적 지위 향상과 양반 지주층의 경제적 성장 반영, 규모가 큰 다층 건
물, 내부가 하나로 통하는 구조

법주사 팔상전

금산사 미륵전

화엄사 각황전

논산 쌍계사

부안 개암사

(2) 18세기 건축

　① 대표 건축 : 논산 쌍계사, 부안 개암사, 안성 석남사 사원 대
　　표적

　② 특징 : 부농과 상인의 지원을 받아 장식성이 강한 사원을 건축

　③ 기타 건축 : 불국사 대웅전, 평양 대동문 등

(3) 수원 화성

　① 서양식 축성법 : 정약용의 거중기 사용, 공격과 방어를 겸한
　　성곽, 전통적 성곽 양식과 서양식 건축 기술 도입 축조된 특
　　색 있는 건축물

　② 종합적인 계획도시 : 주위 경치와 조화, 평상시 생활과 경제적
　　터전까지 조화

(4) 19세기 건축

　① 대표 건축 : 경북궁 근정전, 경회루

　② 특징 : 흥선대원군이 국왕의 권위 고양 목적, 화려하고 장중한 건물

수원 화성

경북궁 근정전

경회루

6) 생활 공예와 음악

(1) 공예

① 자기 공예 : 백자가 민간에까지 널리 사용, 양반은 독특하고 세련미를 지닌 청화백자, 서민은 옹기 사용

② 생활 공예

ㄱ 목공예 : 나무의 재질을 살리며 기능성 강조(장롱·책상·문갑·소반·의자 등)

ㄴ 화각 공예 : 소의 뿔의 이용하여 나무에 붙이는 공예

청화백자

달항아리

화각공예

(2) 음악

① 다양화 : 향유층이 확대됨에 따라 성격이 다른 다양한 음악 발전

② 양반(가곡 및 시조), 서민(민요), 광대나 기생(판소리 및 산조와 잡가)

③ 특징 : 전반적 감정을 솔직하게 표현

5장
근대 사회의
전개

Ⅰ. 외세의 침략적 접근과 개항

1. 19세기 후반의 세계

1) 제국주의 등장

(1) 개념 : 19세기 후반 이후 독점 및 자본주의와 변질된 민족주의 결합으로 선진 자본주의 국가가 후진 지역 침략 식민지화하는 정책이나 주의

(2) 제국주의 배경

① 정치적 : 이탈리아와 독일의 통일 이후 민족주의가 고조되면서 배타적 및 침략적 성격의 민족주의로 변질

② 경제적 : 자본주의 발달로 상품시장과 원료획득 및 잉여자본의 투자시장 을 확보하기 위한 식민지 획득의 필요성 대두

③ 사상적 : 사회진화론 이용 적자생존 및 우승열패의 논리로 식민지 침략에 적용

④ 영향 : 제국주의 열강간의 식민지 쟁탈전으로 제1차 세계대전 발발

(3) 제국주의 열강의 침략

① 아프리카 : 유럽 열강 세력 분할, 영국의 종단 정책과 프랑스의 횡단 정책 충돌한 파쇼다 사건(1898)

② 아시아 : 인도(영국), 인도차이나(프랑스), 인도네시아(네덜란드), 태평양 군도와 필리핀(미국), 중국(제국주의 열강 분할), 구 제국주의와 신흥제국주의 갈등 폭발로 세계대전(1914~1918) 발발

2) 동아시아의 근대화와 반제국주의 운동

(1) 중국의 근대화 운동

① 반식민지화 : 1차 아편전쟁(1840) 패배와 불평등 난징조약(1842)으로 식민지화

② 반제국주의 운동의 전개

㉠ 양무운동(1861) : 중체서용의 정신 바탕으로 서양의 과학기술 수용하 여 개혁 진행 하였으나 청 · 일전쟁(1894)의 패배로 한계 노출

㉡ 변법자강운동(1898) : 청 · 일전쟁 패배 후 캉유웨이 중심 급진적 개혁 추진

㉢ 의화단운동(1900) : 부청멸양을 바탕으로 서양 열강 몰아내는 목표, 연합군에 의해 진압

(2) 일본의 개항과 근대화 운동

① 개항 : 불평등 미 · 일화친조약(1854) 체결, 미 · 일수호통상조약(1858)체결

② 메이지유신(1868) : 문명개화론 바탕 국왕중심 중앙집권적 입헌군주제 확립

2. 흥선대원군의 개혁 정치(1863~1873)

1) 19세기 후반의 국내외 정세

(1) 국내 정세

① 정치 문란과 농민 봉기 : 세도 정치로 인한 부정부패와 매관매직 성행, 탐관오리의 농민 수탈, 삼정의 문란, 삼남 지방 중심 농민 봉기 전국적 확대

② 동학과 서학의 확산 : 평등과 내세사상의 서학(천주교)과 사회개혁사상의 동학이 확산

(2) 국외 정세

① 이양선 출몰 : 최초로 통상 요구한 영국 거절(1832)

② 제국주의 열강 침략 : 러시아의 연해주 차지(1860) 등 위기의식과 사회 불안 고조

2) 흥선대원군의 대내적 개혁 정치

(1) 왕권 강화 정책

① 세도 정치 타파 : 안동 김씨 등 일부 세도 가문 축출 및 인재 고루 등용

② 비변사 혁파 : 의정부 기능 부활 및 삼군부 설치로 정권과 군권을 분리

③ 법전 정비 : 대전회통(1865)과 육전조례(1867) 정비

④ 경복궁 중건(1865~1868) : 왕실 존엄성 회복 목적, 원납전 강제 징수와 당백전 남발로

물가 폭등 및 경제적 혼란 초래

  (2) 민생 안정책

    ① 삼정의 개혁

        ㉠ 전정 개혁 : 양전 사업을 통해 은결 및 양반과 토호의 불법적 토지 겸병 금지

        ㉡ 군정 개혁 : 호포법(1870) 실시로 양반도 군포 징수, 군역 평등과 민생 안정

        ㉢ 환곡 개혁 : 사창제 실시로 환곡제 폐단 시정

    ② 서원 철폐(1871) : 만동묘를 비롯하여 47개소만 남기고 철폐, 서원의 소유한 토지와 노

    비를 몰수하여 국가 재정 확충

  (3) 통상 수교 거부 정책

    ① 외세 배격 : 서양과의 통상 일체 거부와 서양 문물 유입 금지

    ② 천주교 탄압 요구 : 프랑스에 의해 베이징 함락(1860)된 후 서양에 대한 경계심과 천주

    교 탄압 요구

    ③ 병인박해(1866. 1)

        ㉠ 원인 : 러시아에 대한 남하 경계 목적 프랑스 선교사 통해 프랑스를 끌어들여 천주

           교에 매우 관대

        ㉡ 경과 : 프랑스 요구 거절과 청의 천주교 탄압 소식에 유생들 천주교

           탄압 요구, 흥선대원군 프랑스 신부 9명과 수천 명의 신도 처형

        ㉢ 영향 : 병인양요 일어나는 원인 제공

  (4) 흥선대원군의 의의와 한계

    ① 개혁정치 의의 : 왕권 중심 전통적 통치 체제 정비, 국가와 민생안정 기여

    ② 한계 : 전통적 틀 안의 보수적 개혁으로 일시적 외세 침략 저지로 근대화

    문호개방 지연 및 열강의 침략을 받게 됨

흥선대원군

3) 서양 열강과의 대립

  (1) 제너럴셔먼호 사건(1866. 7)

    ① 원인 : 미국상인 프레스턴 제너럴셔먼호 평양 대동강 정박 후 통상 요구

    ② 경과 : 평안관찰사 박규수 수차례 퇴거요구, 제너럴셔먼호 침몰(1866. 8)

    ③ 영향 : 미국이 조선에 대한 포함(대포와 함대를 동원한 외교) 외교 정책 추진

  (2) 병인양요(1866. 9)

    ① 원인 : 병인박해로 프랑스 로즈 제독 선교사 처형에 구실로 강화도 침입

    ② 경과 : 문수산성의 한성근 부대 분패 후 정족산성에서 양헌수 부대 분전하

척화비

여 프랑스 군대 철수

③ 결과 : 외규장각 도서 · 문화재 · 금 · 은 등 약탈

(3) 오페르트 도굴(1868. 4)

① 1866년 두 번의 통상요구 거부로 독일 탐험가 오페르트 흥선대원군의 아버지 남연군묘 도굴 실패

② 흥선대원군의 통상거부의지 더욱 강화와 서양 오랑캐라는 인식 확산

병인양요와 신미양요

(4) 신미양요(1871. 5)

① 원인 : 제너럴셔먼호 사건 이후 미국 로저스 제독 강화도 침입

② 경과 : 어재연(광성진)의 덕진진 · 초지진 폭격 패배, 조선 관군 막대한 손실

③ 결과 : 미군의 자연 철군으로 대원군은 강화도 수비 강화(심도포량미 부과)와 척화비 (1871) 건립으로 통상수교 거부의지 강력 표명

3. 개항과 불평등 조약 체제

| 개항기 주요 사건 연대표 |

사 건	연대	내용
강화도 조약	1876	수신사 파견, 수호 조규 부록, 조일 통상 장정
초기 개화 시책	1881	조선 사찰단, 영선사, 별기군
임오군란	1882	제물포 조약, 상민 수륙 무역 장정
갑신정변	1884	한성조약, 톈진조약, 조러 통상 조약
거문도 점령사건	1885	러시아 견제 구실(중립화론 대두)
동학 농민 운동, 갑오개혁	1894	반봉건, 반외세, 청일전쟁
삼국간섭	1895	친러 연립내각
을미사변	1895	친일 내각
을미개혁	1895	태양력, 단발령, 을미의병
아관파천, 독립협회	1896	열강의 이권 침탈, 친러 내각, 이권 수호 운동
대한제국	1897	광무개혁, 황제권 강화
을사조약	1905	외교권 박탈, 통감정치
국권피탈	1910	경찰권 박탈, 총독 정치

1) 개항의 배경

(1) 흥선대원군의 하야(1873) : 고종의 성장과 최익현의 고종의 친정 주장의 상소로 흥선대원군 물러나고, 통상 개화론을 주장하여 새로운 정치 세력 대두

(2) 통상 개화론 : 박규수(양반)·오경석(중인, 역관)·유홍기(중인, 한의사) 등은 부국 강병을 위해 문호 개방 주장

| 개화파에 영향을 준 서적 |

서적	저자	내용
해국도지	청의 위원	세계 지리·역사·과학 기술 저술, 1844년 초간본 국내, 서양지식의 보급 기여
영환지략	청의 서계여	세계지리서
이언	청의 정관응	서양의 정치·경제·제도·국방 등 소개
만국공보		청에 온 미국 선교사가 번역한 국제법
조선책략	청의 황쭌셴	국내 지식층 유포, 미국과의 외교 주장

(3) 서계문제와 일본 내 정한론 대두

① 서계문제(1868) : 메이지 유신 후 일본은 조선에 국교 회복을 위해 서계 전달, 대원군은 그 문서에 황상·조정 등 격식에 어긋난다며 서계 거부

② 정한론 대두 : 일본 강경파 조선침공 정한론 대두, 외유파 반발로 무산

(4) 윤요호 사건(1875) : 일본은 조선 문호의 강제 개방을 위한 구실로 미국의 선례를 모방한 포함외교로 개방 요구

2) 강화도 조약(조·일수호조규, 병자수호조약, 1876)과 부속 조약

(1) 성격

① 윤요호 사건을 계기로 맺어진 최초의 근대적 불평등 조약

② 일본의 경제·정치·군사적 침략의 발판과 서구 열강과 맺는 조약 선례

③ 대표적 불평등 조약은 해안측량권과 치외법권을 인정

④ 해안측량권과 치외법권은 조선의 자주권 침해와 일본의 침략의도

(2) 주요 내용과 일본의 의도

강화도 조약 주요 내용		일본의 의도
1관	조선은 자주국이며 일본국과 평등한 권리를 가진다	청의 간섭 배제로 침략을 쉽게 하려는 의도
4관	조선국 부산은 오래전에 양국 백성의 통상지구가 되었다. 이 밖에 2개의 항구를 개항하여 통상하도록 허가한다	원산은 러시아의 남하 저지 군사적 목적(1880), 인천은 서울 진출과 장악의 정치 경제적 목적(1883) 의도

7관	조선국 연해의 섬과 암초를 조사하지 않아 매우 위험하다. 일본국 항해자가 자유로이 해안을 측량하도록 한다	조선의 영토 주권 침해와 항로 파악으로 쉽게 침략 의도
10관	일본국 인민이 조선국이 지정한 각 항구에서 죄를 범하였을 경우 모두 일본국에 돌려보내 심리하여 판결한다	조선의 사법 주권 침해와 조선에서 일본인이 자유로이 침략적 활동 의도

(3) 부속 조약 : 일본의 경제적 침략을 위한 조항

  ① 조·일수호조규 부록(1876) : 국내에서 일본 외교관의 여행 자유와 개항 장에서 거주 지역 설정과 일본 화폐 유통 등 허용

  ② 조·일통상장정(1876) : 양곡의 무제한 방출과 수출입 상품 무관세 적용

  ③ 조·일통상장정(1883) : 조·일무역 규칙(최초 통상장정 1876)이 불합리하여 내용 개정, 방곡령 선포와 조선 화폐에 의한 관세 및 벌금 납입, 일본 상인 최혜국 대우

3) 서양 열강과의 조약

(1) 조·미수호 통상 조약(1882)

  ① 배경 : 2차 수신사로 일본에 들어간 김홍집이 황쭌셴의 조선책략을 반입하여 국내 관료지식층에 유포되면서 미국과의 통상론 주장

  ② 위정척사 운동 반발 : 경상도 근거지 이만손·홍재학 등 조선책략 반박과 개항과 통상 반대(영남만인소 제기)

  ③ 조약 체결 : 러시아와 일본 견제하고 조선에 대한 종주국 국제적 승인 받기 원한 청의 알선으로 체결

  ④ 조약의 내용

    ㉠ 거중 조정 : 양국 중 한 나라가 제3국의 압박을 받을 경우 서로 도움

    ㉡ 최혜국 대우 : 치외법권과 최혜국 대우 및 협정 관세 등 인정

  ⑤ 조약의 성격 : 서양과 맺은 최초의 조약으로 불평등 조약

(2) 각국과의 조약 체결

  ① 조약 체결 : 청의 알선으로 영국·독일·프랑스 등과 외교관계 수립, 러시아는 직접 수교 체결

  ② 비준 체결의 지연

    ㉠ 영국 : 고율 관세와 아편문제로 지연

    ㉡ 프랑스 : 천주교 신앙과 선교활동 문제로 지연

    ㉢ 러시아 : 청과 일본의 견제로 지연

  ③ 조약 결과

ⓙ 문호 개방으로 서양의 근대적 사상과 문물 수용하여 근대사회로 발전

ⓛ 이권 침탈보다 열강의 침략 경쟁 무대

ⓒ 개항 이후 자본주의 열강의 경제적 침탈과 조선의 수취제도의 모순에 민중의 저항
   의식 확대

④ 조약 의의 : 중국 중심의 동아시아 질서에서 벗어나 국제사회 일원

| 각국과의 조약 내용과 특징 |

구분	연도	내용	특징	수교방법
강화도 조약	1876	청의 종주국 부인 3개 항구 개항 해안측량권 및 치외법권 인정	최초의 근대적 조약 불평등 조약	직접 수교
조·일수호조규부록 조·일통상장정	1876	일본 거류지 설정 일본 화폐 유통 곡물 무제한 유출 허용	경제적 침략의 발판 마련	
조·미수호통상	1882	치외법권 인정 최혜국 대우 거중 조정	서양과 맺은 최초의 조약	청의 알선
조·청 상민수륙무역장정	1882	최혜국 대우 치외법권 양화진과 서울 개방	임오군란 진압 후 영향력 강화 청의 상인 통상 특권 허용	
조·영수호통상	1882	내지 통상권 최혜국 대우	서양 최초 통상 요구	
조·독수호통상	1883	미국보다 나은 대우 요구 최혜국 대우	조선 정부의 일본 침략 견제	
조·러수호통상	1884	청은 이전까지 조선과 서양 열강의 조약 주선으로 종주권 강화 목적	청과 일본의 경계로 지연	직접 수교
조·불수호통상	1886	천주교 신앙 및 선교의 자유 허용	천주교 전래 문제로 지연	

Ⅱ. 개화운동과 근대적 개혁 추진

1. 개화사상의 형성과 개화세력의 대두

1) 개화사상의 형성

(1) 개화사상의 배경

① 국내 : 북학파의 실학사상이 발전적 계승

② 국외 : 청의 양무운동과 일본의 문명개화론의 영향

(2) 선구자 : 박규수 · 오경석 · 유홍기 등

(3) 개화사상 발전 : 흥선대원군과 수구 유생의 실각으로 중요성이 부각된 통상 개화론 문호 개방 전후 발전

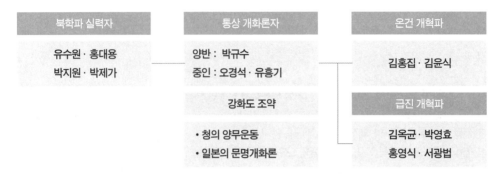

| 개화 세력의 계보 |

북학파 실력자	통상 개화론자	온건 개혁파
유수원 · 홍대용 박지원 · 박제가	양반 : 박규수 중인 : 오경석 · 유흥기	김홍집 · 김윤식
	강화도 조약	급진 개혁파
	• 청의 양무운동 • 일본의 문명개화론	김옥균 · 박영효 홍영식 · 서광범

2) 개화운동의 두 흐름

구분	온건개화파(수구당, 사대당)	급진개화파(개화당, 독립당)
주요인물	김홍집 · 김윤식 · 어윤중(집권세력)	김옥균 · 박영효 · 홍영식 · 서광범 · 서재필(소장파 관료)
정치적 입장	친정 민씨 정권과 결탁, 청과의 관계중시	임오군란 이후 청의 간섭과 정부의 사대정책 비판, 이후 갑신정변 주도세력
개혁방안	동도서기론에 바탕을 둔 점진적 개혁 추구(전제군주제 유지)	정치 및 사회제도의 개혁까지 포함한 급진적 개혁 추구(변법적 개화론, 입헌군주제 추구)
영향	청의 양무운동	일본의 메이지유신

3) 개항후 정부의 개화정책

(1) 개화파 정계 진출 : 개항 후 개화파 인물 등용하여 자주적 개화정책 추진

(2) 수신사 파견 : 조 · 일수호조규에 따라 일본 사절에 대한 답례로 파견

① 1차(1876) : 김기수 일행 일본 정치 · 경제 · 사회 · 문화 · 교육 등 시찰과 일동기유를
저술하여 근대문물 소개

② 2차(1880) : 김홍집 등 58명 파견하여 청의 황쭌셴의 조선책략 가져옴

③ 3차(1882) : 박영효는 임호군란 후 일본 피해 사과의 뜻 표함, 사화기략 저술

④ 태극기

㉠ 1880년 즈음 처음 국기문제 거론

㉡ 박영효(1882) 도안, 고종 제정(1883), 정식 공표(1949.10.15)

㉢ 중앙 태극 청색과 홍색, 네 모서리 건 · 곤 · 감 · 이의 4괘

(3) 관제 개편

① 통리기무아문 설치(1881) : 청의 관제를 모방한 개화 추진의 핵심기구

② 12사 설치 : 통리기무아문 아래 12사 설치하고 외교 · 군사 · 산업 등 담당, 1년만에 7

　사로 통합 개편

(4) 군제 개편

① 2영 설치 : 종래 5군영을 무위영 · 장어영으로 개편

② 별기군 창설(1881) : 신식군대로서 일본인 교관 근대적 군사 훈련 실시

(5) 시찰단 파견

① 조사시찰단(1881) : 일본의 정세와 각종 근대 산업 시설 시찰 목적 (신사유람단)

② 영선사(1881)

　㉠ 김윤식 대표로 청의 근대 무기 제조 및 군사 훈련법 습득 파견 재정 문제 귀국

　㉡ 조선 귀국 후 국내 최초의 근대 무기 제조 공장인 기기창 설립(1883)

③ 보빙사(1883) : 최초의 구미 사절단(민영익 · 홍영식 · 서광범)

(6) 한계 : 정부의 재정 부족과 파견 학생의 지식 부족 등 개화추진 어려움

박영효 사용 태극기(복원)　　　　　별기군　　　　　　　　보빙사

2. 개화정책의 추진에 대한 반발

1) 위정척사운동

(1) 개념 : 정도 · 정학, 성리학을 지키고 성리학 이외 모든 종교나 사상 배척

(2) 성격 : 성리학의 화이론 바탕, 반침략 · 반외세 운동

(3) 주장 : 보수적 유생층 주도, 초기 이항로 · 기정진, 이후 유인석 · 최익현 등

(4) 전개

시기	전개	사건	내용	중심인물
1860년대	통상반대운동	병인양요	척화 주전론, 흥선대원군의 통상 수교 거부 정책	이항로 · 기정진
1870년대	개항반대운동	강화도조약	왜양일체론, 개항불가론	최익현

1880년대	개화반대운동	영남만인소	개화반대론, 조선책략 유포반발	이만손·홍재학
1890년대	항일의병운동	을미사변	을미사변과 반발령, 유생 중심 무장봉기	유인석·기우만

(5) 의의와 한계

① 의의 : 반침략, 반외세 자주운동

② 한계 : 조선왕조의 전제주의적 정치체제, 지주중심의 봉건적 경제체제, 양반중심의 차별적 사회체제, 성리학적 유일사상체제는 근대화 추진의 장애물

2) 임오군란(1882)

(1) 배경

① 근원적 배경 : 수구파(대원군 중심)와 개혁파(민씨 중심) 대립, 영남만인소 및 이재선 사건 등 갈등

② 직접적 배경 : 민씨 정권의 신식군대 별기군 우대 및 구식군대 차별대우

(2) 전개

① 일본공사관 습격 : 대원군 도움으로 개화파 관리 집 및 공사관 습격

② 개화세력 축출 : 민중의 합세로 민씨 정권 축출, 일본 공사 일행 추격 및 명성황후 충주 피란

③ 대원군의 일시 재집권 : 임오군란은 대원군의 재집권으로 일시적 진정, 청·일 양국 대립 초래

④ 청의 군대 파견 : 일본의 군대 파견 조짐 보이자 청은 군대를 조선에 파견하여 군란의 책임자로 대원군 압송

(3) 결과

① 일본의 요구

㉠ 내용 : 조선 정부의 사죄와 배상금 지불, 일본 공사관 경비병 주둔 허용 요구

㉡ 제물포 조약(1882) : 배상금 지급, 경비병 배치, 일본에 가던 박영호·김옥균 태극기 사용(3차 수신사)

② 청의 내정 간섭

㉠ 군대주둔 : 위안 스카이 등이 지휘하는 군대 상주, 조선 군대 훈련

㉡ 고문파견 : 마젠창과 묄렌도르프 고문 파견으로 조선 내정 및 외교 문제 관여, 해관 설치(1883)

㉢ 상민수륙무역장정의 체결(1882) : 상인의 통상 특권 허용하여 청은 일본에 빼앗겼

던 상권 회복

③ 민씨 정권의 재집권 : 청에 의해 친정내각 수립, 개화정책 후퇴

④ 척화비 철거 : 대원군 압송 후 일본의 강압으로 전국 척화비 철거

(4) 의의 : 개항 후 조선 민중이 외세의 침탈과 개화 정책에 대한 최초의 투쟁

3. 개화당의 근대화 운동

1) 개화 세력의 분화 : 임오군란 이후 청의 내정간섭으로 개화세력 둘로 분화

(1) 온건 개화파 : 양무운동 영향, 동도서기론, 친청 사대정책, 민씨 정권 결탁

(2) 급진 개화파 : 메이지유신 영향, 급진적 개혁, 친청 사대정책 반대, 소장파 관료

2) 개화당의 정책

(1) 개화당의 개화정책 추진

① 해외 시찰 : 3차 수신사 및 보빙사 등 외국의 문물 습득

② 박문국 설치(1883) : 최초의 순한문 신문 한성순보 간행, 개화의 긍정적 여론 형성

③ 유학생 파견 : 군사 · 학술 · 기계 등 근대적 문물과 제도 도입하고자 일본에 파견

④ 치도사업 전개 : 치도국 설치 및 도로와 도로변 가옥 정비

⑤ 농무목축시험장 설치(1884) : 품종 개량과 낙농발달 목적

⑥ 농서의 간행 : 농정신편(안종수, 일본 농서 수집 및 번역), 농정촬요(정병하, 작물의 특성
에 맞는 농사법, 국한문혼용체)

⑦ 우정국 설치(1883) : 근대적 우편사업, 최초의 우체국

(2) 개화당의 시련

① 차관 도입 실패 : 일본의 태도 냉담

② 민씨 정권의 탄압 : 친청 사대부의 견제와 탄압

3) 갑신정변(1884)

(1) 갑신정변의 배경

① 청의 내정 간섭 : 청의 식민지 지배 획책 및 친정 정책 추진하던 민씨 정권 횡포

② 개화당 탄압 : 친정수구 세력의 탄압으로 불안감 고조

③ 청군의 철수 : 청 · 프전쟁(1884)으로 청군 일부 철수

④ 일본 공사의 지원 약속 : 일본 공사 개화파 접근하여 개화당 지원 약속

(2) 갑신정변의 경과

① 주도 인물 : 김옥윤 · 박영효 · 홍영식 · 서광범 · 서재필 등

② 정변 단행 : 우정국 개국 축하연을 이용하여 친청수구 세력 살해, 개화당 정부 수립, 개혁정강 14개조 제정 및 발표

③ 정변의 실패 : 청군의 개입과 일본의 지원 약속 취소(3일 천하)

| 개혁정강 14개조 내용과 의미 |

분야	조문	내용	의미
정치	1조	흥선대원군 조속 귀국과 청에 대한 조공 허례 폐지	청과의 속방 및 사대관계 폐지
	2조	문벌 폐지 및 인민 평등권 제정, 능력에 따라 관리 임명	양반 신분 제도 폐지를 통한 평등권 실현
	4조	내시부 폐지 및 그 중 우수한 자 등용	국왕의 권력 제한
	7조	규장각 폐지	양반 귀족 문화의 혁파
	13조	대신과 참찬은 의정부에 모여 정령을 의결하고 반포	입헌군주제 추구
	14조	의정부와 6조 외에 필요없는 관청 폐지	
경제	3조	지조법 개혁, 관리 부정 근절, 백성 보호 및 국가 재정 넉넉	지세 및 조세 제도 개혁
	6조	각도의 환곡미는 영구히 면제	환곡 제도 폐지
	9조	혜상공국 혁파	봉건적 특권 상업 폐지
	12조	모든 재정은 호조에서 관할	재정의 일원화, 왕실 재정 해체
군사	11조	4영을 1영으로 합하되 장정을 뽑아 근위대 설치, 육군대장 황세자	청군식 군사제도의 폐지, 군의 통솔권 확립
기타	5조	부정한 관리와 탐관오리 죄가 심한 자 처벌	국가 기강 확립과 민생 안정
	8조	급히 순사를 두어 도적 방지	근대적 경찰제도 도입
	10조	유배 또는 금고된 조인 다시 조사하여 석방	민심을 얻기 위하여

(3) 갑신정변의 결과

① 한성조약 체결(1884) : 일본에 사의 표명 및 배상금 지불, 공사관 수리비 부담

② 텐진조약 체결(1885) : 조선에서 청 · 일 양국군 공동 철수 및 파병 시 사전 통보

(4) 갑신정변의 영향

① 청의 내정 간섭의 강화 : 갑신정변 진압 후 청의 내정 간섭 심화

② 개화운동 단절 : 개화 세력의 도태로 상당기간 개화 운동 흐름 약화

(5) 갑신정변의 의의와 한계

① 의의 : 근대 국가 수립을 목표로 하는 최초의 정치 개혁 운동

ㄱ 정치 : 청에 대한 의례적 사대관계 청산 및 입헌군주제

ㄴ 경제 : 지조법 개정 및 호조 일원화 등 국가 재정 확보

ㄷ 사회 : 봉건적 신분 제도 타파

ㄹ 근대적 개혁운동의 선구 : 갑오개혁, 독립협회 활동, 애국계몽운동 등 근대화 운동
의 선구적 역할

② 한계 : 일본에 의존적 태도, 군사 · 토지 제도 개혁 소홀로 국민 지지 받지 못함

4) 갑신정변 이후의 상황

(1) 열강의 침략적 대립 : 청 · 일간의 침략적 대립에 러
시아와 영국 가담

① 청 : 갑신정변 이후 내정간섭 강화와 상민수륙무역
장정 체결로 경제적 침략 본격화

② 일본 : 정치적 열세로 있던 일본은 경제적 침략에
주력 조선 농민 고통 가중

③ 러시아 : 조 · 러통상조약(1884)체결, 조 · 러육로
통상장정(1888) 체결로 경흥 개방, 조 · 러 밀약
(1886)을 추진하였으나 청의 압력 실패

④ 영국 : 거문도 점령사건(1885), 러시아의 세력 확대
및 침투 견제

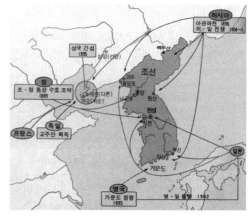

열강의 대립

(2) 조선의 중립론 대두

① 부들러(독일) : 거문도 사건 직전 한반도 영세중립화 건의(김윤식)

② 유길준 : 열강이 보장하는 조선 중립화론 제기

(3) 국내의 정세

① 지배층의 무능 : 집권층의 외세 침략에 대하여 대응 미비

② 농민 생활 악화 : 배상금 등 문물제도 수용에 대한 조세부담 및 지배층 수탈

(4) 일본의 경제적 침투와 방곡령 사건

① 경제적 침략 강화 : 임오군란과 갑신정변 이후 경제적 강세로 조선 경제 타격

② 곡물 유출 증가 : 조선의 수출품은 미곡으로 가난한 농민 이용 입도선매 나 고리대의

방법으로 곡물 사들여 폭리

③ 방곡령 선포(1889) : 함경도와 황해도 곡물 수출 금지, 조일통상장정의 절차 무시로 배상금만 지불하고 방곡령 철회

4. 동학 농민 운동(1894)

1) 동학 농민 운동의 배경

(1) 농민의 불만 고조 : 조세 개혁 실패와 농민 수탈 극심, 국내 수공업자의 몰락

(2) 농민의 저항 : 농민 및 하층민의 정치 · 사회적 의식 성장과 반일 감정 고조

(3) 동학의 확산

① 창도 : 인내천(평등주의) · 구세제민을 바탕 최제우 창시(1860), 경상도 지역중심으로 발전, 정부는 혹세무민의 죄명으로 최제우 처형(1864)

② 계승 : 2대 교주 최시형, 동경대전 · 용담유사 경전 편찬 등 조직 강화, 교단정비(포접제)하여 충청도와 전라도 일대 세력 확대

③ 교조신원운동 : 동학교도의 삼례와 보은 등지 최제우 명예회복과 동학 공인 집회

㉠ 삼례 집회(1차, 1892) : 교조 신원과 동학 탄압 중지, 전라 감사 거부로 실패

㉡ 서울 복합 상소(2차, 1893) : 손병희 중심 국왕에 상소하였으나 실패

㉢ 보은 집회(3차, 1893) : 탐관오리의 처단과 서양과 일본의 세력 축출 요구, 단순 종교 운동이 농민 중심의 정치 운동 전환

㉣ 금구 집회(4차, 1893) : 보국안민 · 척왜양창의를 내세워 전봉준 중심

2) 동학 농민 운동의 전개

(1) 제1기 고부 민란기(1894. 1. 10 ~ 1894. 3. 13)

① 원인 : 고부 군수 조병갑의 만석보 건립과 수세 강제 징수

② 전개 : 전봉준 사발통문 돌려 1천명의 농민 관아 점령 및 아전 처벌

③ 결과 : 안핵사 이용택 파견, 2달만에 해산

(2) 제2기 1차 농민 봉기(1894. 3.) 동학농민운동의 절정기(남접 중심)

① 원인 : 안핵사 이용태의 고부 봉기 관련자 역적으로 탄압

② 농민 주장 : 탐관오리 제거와 조세 개혁 주장

③ 전개 : 전봉준 · 손화중 · 김개남 등 4천명의 농민 규합 탐관오리 숙청과 보국안민을 위해 반봉건 · 반외세적 창의문과 격문 발표(무장봉기), 4대강령 발표(백산봉기), 황토현

전주 감영군 격파(최초 관군 격퇴)

④ 결과 : 농민군 개발된 무기 장태 이용 황룡촌 전투 승리, 전주성 점령, 완산전투

(3) 제3기 전주 화약(1894. 5)과 집강소 설치(1894. 6) : 폐정 개혁안의 실천기

① 원인 : 전주성 점령 후 청군 아산만에 상륙, 텐진조약에 의거 일본 인천에 상륙

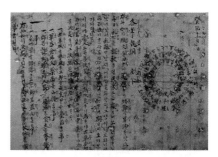

사발통문

② 전개 : 폐정개혁안 27개 조문 제시, 전주 화약 체결 후 자진 해산

③ 집강소 설치 : 전주에 총 본부인 대도소 설치, 자치권력 기구(전국 53개 군에 설치한 민정기관)

④ 청 · 일 전쟁(1894. 6)

　㉠ 조선 정부의 철병 요구 : 전주화약 체결 후 동시에 일본과 청의 군대 철수 요청, 또 다른 봉기를 방지하기 위한 내정 개혁 구실로 철수 반대

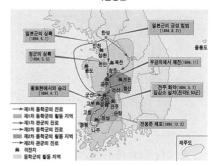

동학농민운동의 전개

　㉡ 일본의 경복궁 점령 : 교정청 설치하여 자주적 개혁 시도, 무력으로 경복궁 점령

　㉢ 청 · 일 전쟁 결과 : 일본의 승리로 시모노세키조약 체결(1895. 4)

(4) 제4기 2차 농민 봉기(1894. 9) 남접과 북접 연합, 반외세적

① 원인 : 정부의 폐정개혁안 약속 불이행, 일본의 경복궁 점령, 일본의 내전 간섭 및 개혁 강요

② 전개 : 최시형 중심 삼례 거점으로 재봉기, 남접(전봉준)과 북접(손병희) 연합부대 형성, 교주 최시형의 기포령으로 전국 조직 참여

③ 결과 : 전봉준 공주 우금치 패배, 김개남 청주 전투 패배, 전봉준 체포 · 처형 및 김개남 처형, 동학 농민 운동 실패

3) 동학 농민 운동 참가 계층

(1) 엽관파 : 서병학을 중심의 세력, 몰락 양반이며 체제 반항

(2) 종교파 : 최시형 · 손병희 · 손천민 · 박인호 등 북접파, 봉건정부와 타협과 종교로 공인 모색

(3) 개혁파 : 전봉준 · 김개남 · 손화중 · 서장옥 · 최경선 · 김덕면 등 남접파, 반봉건 투쟁 및 정치 · 사회적 개혁 추구

4) 동학 농민 운동의 의의

  (1) 성격

    ① 반봉건 : 봉건적 지배체제에 반대, 탐관오리 제거, 신분제 폐지, 토지 평균 분작 등 개혁

      정치 요구했던 아래로부터의 농민운동

    ② 반외세 : 일본을 비롯한 외세의 침략 물리치는 자주적 민족운동, 2차 농민봉기는 일본

      침략 세력을 몰아내는 반제국주의 민족운동

  (2) 의의

    ① 갑오개혁 영향 : 신분제 철폐 등 갑오개혁 부분적 반영, 성리학적 질서 붕괴 기여

    ② 항일 의병 투쟁 가담 : 2차 봉기 잔여세력 영학당 결성 을미의병 가담

  (3) 한계 : 무력 기반 열세, 근대적 방안 미비, 신분간 갈등(양반 민보군 조직)

5. 근대적 개혁 추진과 열강의 침탈

1) 갑오개혁과 을미개혁

  (1) 개혁의 배경

    ① 일본의 내정 개혁 강요 : 동학농민운동의 계기로 향후의 농민봉기 예방하 기 위해 내정

      개혁 불가피 주장

    ② 자주적 개혁 추진 : 온건 개화파 중심 교정청 설치(1894), 당상15명과 낭청 2명

| 갑오개혁 때 중앙관제 |

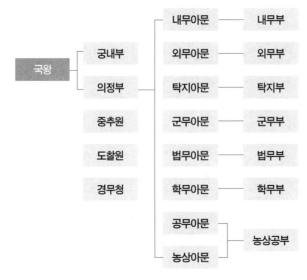

(2) 제1차 갑오개혁(1894. 7)

① 제1차 김홍집 내각(친일) : 일본 경북궁 점령, 민씨 정권 축출 후 흥선대 원군 섭정하는 김홍집 내각 성립

② 군국기무처 설치 : 일본 내정 간섭 강요로 교정청 폐지 군국기무처 설치

③ 정치면

　　㉠ 개국 연호 사용 : 청의 연호 버리고 개국기원 사용, 개국 503년

　　㉡ 왕실과 정부의 사무 분리 : 정치적 실권 내각 장악, 국왕의 전제권 제한

　　㉢ 과거제도 폐지 : 신분 차별 없이 새로운 관리 임용제도 실시

　　㉣ 관제 정비 : 6조를 8아문 체제 개편

④ 경제면

　　㉠ 재정일원화 : 탁지아문이 재정의 모든 사무 관장

　　㉡ 국가재정의 분리 : 왕실과 정부의 재정 분리

　　㉢ 신식화폐장정에 의한 은 본위제도 채택, 조세의 금납제, 도량형 개편

　　㉣ 신식화폐 조례로 일본 화폐 국내 유통 원활

⑤ 사회면

　　㉠ 신분제 철폐 : 양반과 평민 계급 타파, 노비제도 폐지, 인신매매 금지

　　㉡ 봉건적 폐습 타파 : 조혼 금지, 과부 개가 허용, 고문과 연좌제 폐지

⑥ 군사면 : 일본의 강요로 군사적 개혁 소홀

(3) 제2차 갑오개혁(1894. 11)

① 제2차 김홍집 내각(친일) : 흥선대원군 퇴진, 군국기무처 폐지, 김홍집·박영효 연립 내각 성립

② 홍범 14조 반포 : 고종 종묘에서 독립서고문, 홍범 14조 반포, 최초의 헌법적 성격

③ 정치면

　　㉠ 지방 체제 정비 : 8도에서 23부 337군 정비

　　㉡ 관제 정비 : 의정부 내각 8아문에서 7부 체제 정비

④ 사회면

　　㉠ 사법권 독립 : 재판소 설립

　　㉡ 경찰권 일원화 : 경무청관제 반포하고 전국 경찰 업무 일원화

　　㉢ 교육 : 한성 사범학교 설립, 외국어학교관제 공포

(4) 갑오개혁 한계 : 위로부터의 개혁으로 군사면 및 농민의 토지개혁은 미비

내용	성격
1. 청에 의존하는 생각을 버리고 자주 독립의 기초를 세운다	청의 종주권 부인, 일본의 침략의도
2. 왕실 전범을 제정하여 왕위 계승과 종친, 외척의 구별을 명확히 한다	국왕 친정 체제 확립
3. 임금은 각 대신과 의논하여 정사를 행하고 종친, 외척의 내정간섭을 용납하지 않는다	국왕의 전제화 약화 내각의 권한 강화
4. 왕실 사무와 국정 사무를 나누어 서로 혼동하지 않는다	
5. 의정부 및 각 아문의 직무, 권한을 명백히 규정한다	
6. 납세는 법으로 정하고 함부로 세금을 징수하지 아니한다	조세법 개정
7. 조세의 징수와 경비 지출은 모두 탁지아문의 관할에 속한다	재정 일원화
8. 왕실의 경비는 솔선하여 절약하고 이로써 각 아문과 지방관의 모범이 되게 한다	왕실 재정과 정부 재정의 분리
9. 왕실과 관부의 1년 회계를 예정하여 재정의 기초를 확립한다	예산 제도의 수립
10. 지방 제도를 개정하여 지방 관리의 직권을 제한한다	지방 제도의 개편
11. 총명한 젊은이들을 파견하여 외국의 학술 기예를 견습한다	선진 문물의 도입
12. 장교를 교육하고 징병을 실시하여 군제의 근본을 확립한다	국민개병제 확립
13. 민법, 형법을 제정하여 인민의 생명과 재산을 보전한다	법치주의에 의한 국민의 생명과 재산보호
14. 문벌을 가리지 않고 인재 등용의 길을 넓힌다	문벌 폐지와 능력에 따른 인재 등용

2) 을미사변

(1) 삼국 간섭(1895. 4) : 청·일 전쟁 시모노세키 조약으로 획득한 요동반도 를 러시아·프랑스·독일 3국의 개입으로 반환 결정, 조선국내 친러 세력이 새롭게 대두

(2) 제3차 김홍집 내각(친러, 1895. 7) : 온건개화파와 이범진·이완용 등 친러파의 연립내각 출범, 인아거일책

(3) 을미사변(1895. 10) : 삼국 간섭 이후 이완용·민영환·윤치호 등 명성황 후를 앞세워

친러 · 친미 정책 추진, 일본 공사 미우라 경북궁 난입 명성황후 시해

(4) 춘생문 사건(1895. 11) : 을미사변 후 불안한 고종을 궁 밖으로 나오게 하여 친일 정권 타도하여 새 정권 수립하려한 사건, 이 계기로 친러 · 친미파 붕괴 초래

3) 을미개혁(1895) 제3차 개혁

(1) 제4차 김홍집 내각(친일) : 친러파 축출 후 김홍집 · 유길준 등 친일세력 중심 내각, 근대적 개혁 추진

① 정치면 : 국호 건양 연호 사용

② 사회면 : 태양력 사용(1896, 음 11. 17 → 1. 1), 소학교 설치, 종두법 (지석영)시행, 단발령(1895)시행(최익현 반대), 우편 사무 재개

③ 군사면 : 중앙군 친위대, 지방군 진위대 편성

(2) 을미의병(1896. 1) : 을미사변과 단발령 시행에 반발

(3) 아관파천(1896. 2) : 을미의병 봉기로 일본 세력 약화, 친러파는 고종을 러시아 공사관으로 피신, 을미개혁 중단, 친러 정권 수립

4) 갑오개혁과 을미개혁에 대한 평가

(1) 긍정적 측면(자율성)

① 개화세력과 농민층(갑신정변, 동학 농민 운동)의 개혁의지 반영과 개화파의 자주적으로 추진

② 봉건질서와 신분제 타파로 근대적 개혁

(2) 부정적 측면(타율성)

① 개혁의 일부는 일본 제국주의 세력에 의해 강요된 것으로 일본의 조선 침략을 용이

② 민중과 유리된 지배층 중심의 개혁

5) 독립협회(1896)

(1) 창립 배경

① 일본의 정치적 약화 : 아관파천 후 친러 내각이 성립, 국왕이 러시아 공사관 의탁으로 국가의 자주성 약화

② 열강의 이권 침탈 가속화 : 아관파천 후 산림벌채권 · 광산채굴권 · 교통 및 통신시설 부설권 등 러시아 등의 이권 침탈 본격화

③ 러 · 일 협정 체결 : 일본의 한반도에서 러시아와 세력 균형 유지 목적

	1차 협상(1896. 5)	2차협상(1896. 6)	3차 협상(1898. 4)
협정	베베르·고무라 각서	로마노프·야마가타 의정서	로젠·니시 협정
내용	친러 정권 인정 병력 철수 약속	조선 공동 점거 러일간의 완충지대 설정	대한제국 주권과 완전 독립 확인
결과	러·일 동시 군사 주둔	러의 군사 및 재정고문 파견 알렉세프(한·러은행) 설치	러의 상공업면 일본 경제적 우위 인정

(2) 독립협회 창설(1896. 7)

① 창립 : 서재필·윤치호 등 완전한 자주독립국가 수립과 독립신문 창간

② 구성 : 서재필·윤치호·이상재 등 개화파, 남궁억·정교 등 진보적 유학자 형성, 도시

　시민층 및 학생·노동자·부녀자·천민 등 광범위한 사회계층 지지

(3) 독립협회 활동

| 독립협회의 3대 사상 |

자주국권사상	자주독립의 주권국가, 근대적 민족주의 사상과 실천으로 자주권 확립, 자주적 중립외교
자유민권사상	국민의 자유와 평등 및 주권의 확립을 통한 민주주의 사상
자강개혁사상	정치·경제·사회·문화 등 근대적 개혁을 통한 국력 배양, 입헌군주제와 신교육·산업개발·국방력 강화

① 민중 계몽 : 강연회 및 토론회 개최, 신문과 잡지의 발간, 민중에게 근대적 지식과 자주

　국권 및 자유 민권사상 고취

② 자주독립 의식 고취 : 독립문 건립 및 모화관을 독립관으로 개수

(4) 독립협회의 발전

① 민중의 지지 확보 : 관료는 이탈하고 민중에 기반을 둔 사회단체로 발전

② 자주 국권 운동 : 외세(특히 러시아)의 내정간섭과 이권요구에 대응 전개

　㉠ 구국운동상소문(1898. 2) : 자주독립 선서

　㉡ 만민공동회 개최(1898. 3) : 최초의 근대적 민중대회, 러시아의 침략 정책 규탄과 군

　　사·재정고문 철수 및 한러은행 폐쇄

　㉢ 자주국권 운동 확대 : 수시로 만민공동회 개최로 외국의 내정간섭과 이권요구 및

　　토지조차 요구 등에 저항

③ 자유 민권 운동

　㉠ 기본권 운동 : 국민의 신체자유·재산권 보호·언론·출판·집회·결사의 자유

ⓛ 국민 참정권 운동 : 지방관 선거제도 필요성 강조

(5) 독립협회의 성과

① 민중 대표 기관으로 성장 : 전국 각지 지회 설치 등 의회 설립에 참정권 및 국정운동 본격적 전개

② 개혁적 박정양 내각 수립 : 보수내각 퇴진 및 진보적 박정양 중심 내각 수립

③ 관민공동회 개최(1898. 10) : 헌의 6조 결의

④ 중추원 관제 반포(1898. 11) : 역사상 최초로 의회 설립 추진 실패

| 헌의 6조 |

1. 외국인에게 의지하지 말고 관민이 합심하여 황제권을 공고히 할것	자주국권 수호 의지
2. 외국과의 이권에 관한 계약과 조약은 해당 부처의 대신과 중추원 의장이 함께 날인하여 시행할 것	외국의 이권 침탈 방지
3. 재정은 탁지부에서 전담하지 말고 예산과 결산을 국민에게 공포할 것	재정의 일원화
4. 중대한 범죄는 공판하고 피고의 인권을 존중할 것	민권보장
5. 칙임관은 정부에 그 뜻을 물어 과반수가 동의하면 임명할 것	입헌군주제 강조
6. 정해진 규정을 실천할 것	법치행정

(6) 독립협회의 해산

① 원인 : 입헌군주제를 지향한 독립협회의 활동은 보수 관료 세력에 의한 공화제 음모론(박정양 대통령)으로 박정양 내각 붕괴, 대한제국에 의해 정식 해산과 수구파 내각 성립

② 만민공동회 저항 : 독립협회 부활, 개혁파 내각 수립, 중추원 설치 등 요구 투쟁

③ 대한제국 탄압과 해산 : 황국협회(보부상)와 군대를 이용 강제 해산(1899. 3)

(7) 독립협회 의의와 한계

① 의의 : 민중 바탕 국권 수호와 민권 신장을 추구한 자주적 근대화 운동

② 한계 : 삼국간섭의 주도 국가 상대 외세 배척과 친일 · 친미적 성향 강함

6) 대한제국과 광무개혁

(1) 대한제국의 성립(1897~1910)

① 배경

㉠ 고종의 환궁 : 아관파천 후 고종은 경운궁(덕수궁)으로 환궁

㉡ 교전소 설치(1897. 3) : 신법과 구법 절충하여 신구 관제와 법규 정비 목적, 독립협회 해산 후 황제 직속 입법기구 교정소로 전환

ⓒ 대내·대외 : 러·일간의 세력 균형을 유지되는 자주적 국가 이룩 노력

　② 성립(1897. 10)

　　　⊙ 국호·연호 : 원구단 제사 후 국호 대한제국, 연호 광무, 왕을 황제로 변경

(2) 광무개혁

　① 성격 : 복고적 성격의 점진적 개량 추구, 구본신참(동도서기론)의 시정 제시, 대한국국
　　제를 제정하여 전제 황권 강화

　② 정치면

　　　⊙ 대한국국제 반포(1899. 8) : 전제 군주 체제 강화, 황제 권한 강화

　　　ⓛ 독립협회 탄압

　　　ⓒ 지방제도 개편 : 23부를 13도로 환원, 내각을 의정부 부활, 평양 서경으로 격상

　③ 경제면

　　　⊙ 양전사업 : 진정 개혁 민생 안정과 국가 재정 확보 목적, 양지아문 설치로 근대적 토
　　　지 소유 문권인 지계 발급

　　　ⓛ 상공업 진흥책 : 종래 탁지부와 농상공부 관할 홍삼·광상·철도·수리 사업 등 수
　　　입 황제 직속 궁내부 내장원 이관(1897), 상행위 통제와 도량형 통일 평식원 설치
　　　(1902), 근대적 공장과 민간 회사 설립 지원

　④ 사회·문화면

　　　⊙ 학교 설립 : 실업과 기술 중시로 실업 및 기술학교 설립, 근대산업 기술 습득 유학생
　　　파견, 신교육령(1897. 10)에 의해 소·중·사범학교 설립

　　　ⓛ 근대 시설 확충 : 새 호적제도 재정, 국립병원 광제원, 정보사, 재판소 등

　⑤ 군사면

　　　⊙ 국왕 호위대 재 창설(1897. 3) : 황제 호위 시위대 및 지방 진위대 대폭 증강

　　　ⓛ 제도 개혁 : 원수부 설치(1899. 6) 및 무관학교 설립, 징병제 실시 조칙 반포(1903. 3
　　　농병일치제적 징병, 일제 방해로 무산))

　⑥ 외교면

　　　⊙ 대한제국 승인 : 일본 먼저 승인, 이후 열강 승인

　　　ⓛ 한·청 통상조약(1899) : 최초 청과 대등한 외교 관계

　　　ⓒ 간도시찰원 파견(1902) : 간도와 연해주 교민 보호 목적, 북간도 이범윤 파견 후 간
　　　도관리사로 임명(1903)

(3) 광무개혁의 의의와 한계

　① 의의 : 자주적 입장의 근대적 개혁 추진과 근대화 및 국력 증강 노력

② 한계

  ㉠ 전제권 강화 : 지주세력 중심 민권 운동 억압과 민의 반영하지 못함

  ㉡ 보수적 성격 : 진보적 정치 개혁 운동(독립협회)의 탄압과 열강의 간섭

7) 간도와 독도

 (1) 간도

  ① 간도 귀속 문제 : 19세기 이후 본격적 간도 개척, 백두산정계비의 해석을 둘러싼 조·

   청간의 분쟁 발생

  ② 정부 대책 : 이범윤 간도 관리사로 파견, 함경도 행정구역 편입(1902)

  ③ 간도 협약(1909) : 일본은 남만주 철도부설권 및 광산 채굴권 등 얻는 조건으로 청의

   간도 영토 인정

 (2) 독도

  ① 17세기 말

   ㉠ 숙종(1693) : 안영복은 일본으로부터 울릉도 독도 조선 땅 확인

   ㉡ 일본 : 막부는 다케시마와 부속도서 조선 영토 인정 문서 조선에 넘김

  ② 대한제국 : 울릉도를 군으로 승격하여 독도 관할(1900)

  ③ 일본 독도 병합 : 러·일 전쟁 중 자국 영토 강제 편입(1905. 2)

8) 대한제국의 식민지화 과정

 (1) 러·일 전쟁(1904~1905)

  ① 배경 : 삼국간섭 이후 한반도를 둘러싼 러·일 각축전

   ㉠ 러시아 한반도 거점 시도 : 군항 블라디보스토크와 여순을 연결하는 해군기지 일본

    의 반대로 실패(1899)

   ㉡ 제1차 영·일동맹(1902) : 청(영국), 조선(일본) 상호 인권 인정 동맹

   ㉢ 용암포 사건(1903) : 러시아의 용암포 무단 점령 일본의 방해로 실패

  ② 러시아와 일본의 협상 결렬

   ㉠ 러시아 : 북위 39°선 이북 중립지역 제안(1903)

   ㉡ 일본 : 압록강 전후하여 만주(러시아), 조선(일본) 주장

  ③ 러·일전쟁(1904. 2)

   ㉠ 여순항 : 일본 협상 결렬로 여순항 러시아 함대 기습 공격

   ㉡ 일본 대승 : 봉차전 전투 및 쓰시마와 동해 해전 대승

(2) 국권의 피탈

① 국제적 일본의 한국지배 묵인 조약

ⓐ 가쓰라·태프트 밀약(1905. 7) : 필리핀(미국), 조선(일본) 지배권 상호 인정

ⓑ 제2차 영·일동맹(1905. 8) : 영국은 조선에 대한 일본 지배 인정

ⓒ 포츠머스 강화조약(1905. 9) : 영국과 미국의 지원을 받아 승리한 일본은 러시아로 부터 조선 지배권 인정

② 국권의 피탈

ⓐ 한·일 의정서(0904. 2) : 군사기지사용권 획득 및 조선의 국외중립 선언 무효화

ⓑ 제1차 한·일협약(1904. 7) : 고문정치 실시, 외교(스티븐슨), 재정(메가다)

ⓒ 을사조약(2차 한·일협약 1905. 11) : 외교권 피탈과 통감부 설치

ⓓ 한·일신협약(정미 7조약 1907. 7) : 차관정치 실시, 행정권 및 군대 해산

ⓔ 한일합방조약(1910. 8) : 조선 국권 강탈, 총독부 설치 및 헌병경찰제 실시

(3) 을사조약 반대 투쟁

① 항일언론활동 : 장지영(황성신문) 시일야방성대곡, 고종(대한매일신보) 을사조약 부인 친서 등

② 상소운동 및 자결 순국 : 조병세·이상설 등 상소, 이한응·민영환 등 자결 순국

③ 의병운동 : 원주(원용팔)·홍주(민종식)·태인(최익현) 등 의병항쟁

④ 의열투쟁 : 5적 암살단, 스티븐슨 저격(장인환, 1908), 이토 히로부미 살해(안중근, 1909), 이완용 저격(이재명) 실패 등

⑤ 외교 : 헐버트 미국에 친서 전달, 헤이그 특사(1907)

9) 항일의병의 전개

(1) 을미의병(1895) : 항일 의병 운동의 시작

① 원인 : 명성황후 시해(을미사변)사건과 단발령 계기

② 전개 : 위정척사의 사상을 가진 보수적 유생층 주도(유인석·이소응 등) 일반 농민과 동학농민의 잔여세력이 참여 친일 관리 및 일본인 처단하면서 전국적 확대

③ 결과 : 아관파천 후 친일 정권 붕괴와 단발령 철회 및 고종의 해산권고 조칙(1896) 자진 해산, 이후 활빈당·남학당·영학당·동학당 등으로 계승 발전

항일 의병

(2) 을사(1905)·병오의병(1906) : 의병의 확대

  ① 원인 : 을사조약 체결되자 이를 계기로 전국 각지 의병

  ② 특징 : 국권 회복 위한 무장투쟁, 신돌석·홍범도 같은 평민 의병

    장 등장

  ③ 대표적 의병장

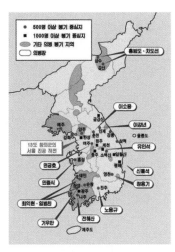
의병 부대의 활동

    ㉠ 민종식 : 을사조약 발표 후 관직 버리고 충남 홍주성에서 의병

    ㉡ 최익현 : 유생으로 전북 태인·순창에서 의병, "왕이 보낸 군

      대와 싸울 수 없다"하여 스스로 체포 쓰시마로 유배 후 순국

      (전라도 지역 의병운동 기폭제 역할)

    ㉢ 신돌석 : 평민 의병장으로 경상·강원도·충청도 활약

    ㉣ 기타 : 원용팔(강원도 원주), 이세영·안병찬(홍주), 유인석(강원·충청도)

(3) 정미의병(1907)

  ① 원인 : 고종 강제 퇴위(1907. 7)과 한·일신협약(정미 7조약)으로 내정 장악과 군대 해

    산으로 의병 전국적 확산

  ② 전개

    ㉠ 해산 군대의 의병화 : 서울 시위대 및 지방 진위대 의병 가담, 본격적 전쟁양상(항일

      의병 전쟁화)

    ㉡ 서울진공작전(1908) : 이인영(총대장), 허위(군사장)등 유생 의병장 주도, 1만여 명

      의 연합의병 양주 집결 후 서울 진공 계획, 평민 의병장 제외의 한계와 일본의 화력

      우세로 실패

    ㉢ 평민 의병장 활약 : 유격 전술 사용 최소 희생으로 일본군 타격, 호남 일대 활발

(4) 일본의 남한 대토벌 작전(1909)

  ① 배경 : 서울진공작전 이후 안규홍 등 의병장 독자적 활동 유격전 양상

  ② 전개 : 일본은 의병부대로 인해 조선 식민지화 불가 판단 의병 토벌 실시, 정미의병 점

    차 소멸되고 일부 만주와 연해주 근거지 옮겨 항일 독립군으로 발전,

  ③ 국내진공작전 : 만주(홍범도), 연해주(이범윤)의병 국내 진입작전 전개

  ④ 국내 의병 활동 지속 : 각지 유격전 양상 의병 활동 지속, 마지막 의병장 채응언은 1913

    년 황해도 헌병 파견소 습격

(5) 의병 전쟁의 의의와 한계

  ① 의의

    ㉠ 구국운동 : 외세의 침략에 대항한 대표적 구국운동, 민족의 강인한 저항 정신 표출

ⓛ 항일 무장 독립 투쟁의 기반 : 국권회복을 위한 투쟁과 일제의 항일 무장 독립 투쟁
        의 정신적 기반 구축
    ② 한계
        ㉠ 무력적 열세 : 군사적 열세와 일본 정규군 상대로 전쟁 수행 한계
        ㉡ 성리학적 한계 : 의병장 대부분 양반 유생으로 성리학적 전통적 지배 질서 고집
        ㉢ 국제적 고립 : 을사조약 후 외교권 상실로 인한 국제적 지원 고립

10) 애국 계몽 운동의 전개

 (1) 애국 계몽 운동의 성격

    ① 사회진화론 영향 : 다윈의 양육강식과 적자생존의 논리의 사회진화론 바탕으로 개화
        자강을 추구, 교육ㆍ언론ㆍ종교ㆍ문화의 진흥과 산업진흥의 실력양성운동과 국권 회
        복운동
    ② 주도 : 개화운동 및 독립협회의 전통을 계승한 진보적 지식인과 도시민
    ③ 영향 : 독립전쟁과 독립군 기지창설 운동 발전

 (2) 애국 계몽 운동의 활동

    ① 보안회(1904. 7) : 송수만ㆍ원세성 등 유생과 관료 중심, 일본 황무지 개간권 저지
    ② 헌정연구회(1905. 5) : 이준ㆍ양한묵ㆍ윤효정 등 중심, 입헌군주제 수립과 민권 확대
        주장, 일진회 비판으로 해산
    ③ 대한자강회(1906. 4) : 윤효정ㆍ장지연 등 헌정연구회 계승, 교육과 산업 의 진흥 통한
        실력양성 목표, 고종 황제의 강제 퇴위 반대로 해산, 이후 대한협회로 계승
    ④ 대한협회(1907. 11) : 남궁억ㆍ오세창ㆍ윤효정 등 중심, 대한자강회 계승, 유사한 실력
        양성 운동 전개, 국권 피탈(1910) 후 해체
    ⑤ 신민회(1907. 4)
        ㉠ 조직 : 윤치호(회장)ㆍ안창호(부회장)ㆍ양기탁(총감독)ㆍ이동녕ㆍ신채호 등 조직
        ㉡ 성격 : 각계 각층을 망라한 비밀결사단체
        ㉢ 목표 : 국권회복과 공화 정치 체계의 근대국민국가 건설
            ⓐ 표면적 : 문화ㆍ경제적 실력양성운동 전개
            ⓑ 내면적 : 독립군 기지건설 등 군사적 실력양성
        ㉣ 활동
            ⓐ 교육구국운동 : 오산학교(정주)ㆍ대성학교(평양)ㆍ보창학교(강화) 등 설립
            ⓑ 민족산업진흥 : 평양 자기 제조 주식회사ㆍ협성동사ㆍ상무동사와 같은 상회사,

안악에 소방직 공장·소연초공장 등 설립

ⓒ 잡지서적출판 : 소년(최남선)잡지, 태극서관(대구)·면포·서포(안악) 등에서 서적 보급

ⓓ 청년학우회 : 표면은 수양단체, 내면은 국권회복 목적

ⓔ 무관학교 설립 : 신흥무관학교(신흥강습소)·동림무관학교·밀산무관 학교 설립

ⓕ 군사적 실력양성 : 서간도 독립군 기지 건설 예정 105인사건(1911)으로 무산, 이동녕·이회영 등 삼원보에 신한민촌 건설

ⓜ 해체 : 일제 안악사건(1910. 12) 데라우치 총독 암살 음모를 조작하여 105인 사건으로 신민회 간부 체포로 해체

ⓗ 의의 : 신민회 활동은 애국 계몽 운동이 항일 의병 운동과 연대하는 계기 마련, 1919년 3·1운동 이후 대규모 독립군 부대에 의한 항일 무장투쟁 기초

(3) 애국 계몽 운동의 의의

① 민족 독립의 이념 제시 : 국권회복과 근대적 국민국가 수립 목표로 과제 충실과 근대사의 발전 방향에 합치되는 민족 운동 이념 제시

② 민족 독립운동의 전략 제시 : 신민회의 활동으로 일제로부터 독립쟁취 독립전쟁론

③ 민족 독립 운도의 장기적인 기반 구축 : 인재 양성과 독립운동의 경제적 토대 마련, 간도와 연해주 독립군 기지 건설로 항일 무장투쟁의 기초

(4) 애국 계몽 운동의 한계

① 국권 상실 위기 원인 : 민족 실력 부족과 의병 투쟁 비판적

② 사회진화론 : 제국주의 침략 긍정 논리와 일제의 식민지배 인정하는 타협적 측면

III. 개항 이후의 경제와 사회

▌학습 방법
 • 개항 이후 외세의 경제적 침탈 과정과 경제적 구국운동을 연결하여 이해 필요
 • 조·청 상민 수륙 무역 장정의 영향, 일제의 화폐 정리 사업, 국채 보상 운동 주목
 • 개항 이후 사회 모습의 변화에 대해 파악

▌출제 빈도
 ⊕ ⊕ ⊤ 개항 이후 외세의 경제 침탈
 ⊕ ⊕ ⊤ 경제적 구국 운동의 전개

1. 열강의 경제 침탈

1) 일본 상인의 침투

(1) 일본 상인의 특권

① 강화도조약(1876. 2) : 치외법권 인정으로 일본 경제 수탈 합법화

② 조·일수호조규부록(1876. 8) : 일본 화폐 사용권과 거류지 무역 인정

③ 조·일통상장정(1883. 7) : 일본 상품 무관세와 양곡 무제한 유출 허용

(2) 개항 초기 거류지 무역 : 10리 이내 활동범위, 중개무역 객주나 보부상 등 많은 이득, 조·일통상장정으로 100리까지 확대로 외국 상인 내륙 진출하여 조선상인 몰락

(3) 일본 상인의 중계무역

① 일본 상인 특징 : 일본의 모험 상인으로 몰락 상인이나 무사층 출신

② 서양 면직물 판매 : 영국산 면직물 판매와 쌀·귀금속 등 대량 수입, 국내 식량부족과 쌀값의 폭등으로 농촌의 면직 수공업 몰락

2) 청과 일본 상인의 상권 침탈 경쟁

(1) 청 상인의 진출(임오군란(1882) 이후)

① 조·청 상민수륙무역장정(1882) : 청의 정치적 영향력 강화, 개항장 100리 활동

② 일본 상인 세력 쇠퇴 : 청의 거상의 막대한 특권으로 상권 확대, 조선상인 몰락

③ 무역품 : 수입(영국산 면직물·중국 비단·약재 등), 수출(홍삼·인삼·해산물 등)

(2) 청·일간의 치열한 경쟁 : 일본 상인들과 치열한 경쟁으로 후에 청·일 전쟁(1894)의 간접적 원인

(3) 청·일전쟁 이후 : 일본 상인 주도권 장악과 제국주의적 경제 침탈 본격화

(4) 1880년대 조선 정부의 경제 정책

　① 특권적 상업 활동 보호 : 외국의 상권 침탈과 무관 안정적 재정확보 목적

　② 보부상 : 도임방(1881)설치, 해상공국(1883)·상리국(1885)으로 발전, 이후 대한제국
　　이 독립협회 견제 위한 황국협회에 흡수(1898)

　③ 당오전 주조(1883. 2) : 국가 재정화보 목적으로 당오전 발행, 전환 (1883. 7)설치, 당오전
　　남발로 위조 화폐 및 물가 폭등 등 경제혼란, 1885년 이후 당오전 발행 금지

　④ 결과

　　㉠ 국내 중계 상인 몰락 : 개항장의 수출·입 중계 국내 상인 및 국내 산업도 몰락

　　㉡ 조선 경제 파탄 : 미곡의 막대한 유출로 물가 폭등 및 농촌의 경제 위기 봉착

　　㉢ 방곡령 시행(1889) : 곡물 유출 방지로 함경도·황해도 시행, 절차상의 문제로 실패

3) 제국주의 열강의 경제 침탈

(1) 열강의 이권 침탈 : 아관파천(1896) 이후 본격화

| 열강의 이권 침탈 |

나라	내용
일본	경인선 부설권 미국으로부터 양수(1897, 완공 1899) 경부선 부설권(1898, 완공 1904) 직산 금광 채굴권(1900) 경의선 부설권 대한제국으로부터 양수(1903, 완공 1906) 경원선 부설권(1904, 완공 1914)
미국	경인선 부설권(1896, 일본에 양도) 갑산 광산·운산 금광 채굴권(1896) 전등·전화·전차 부설권(1896)
러시아	경성·종성 광산 채굴권(1896) 두만강·압록강·울릉도 산림 채굴권(1896)
영국	은산 금광 채굴권(1900)
독일	당현 금광 채굴권(1897)
프랑스	경의선 부설권(1896, 대한제국 환수, 다시 일본에 양도)

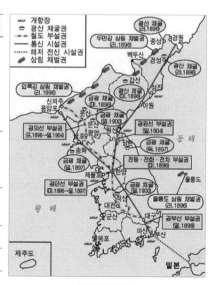

열강의 이권침탈

(2) 일본의 토지 약탈

　① 개항 초기 : 고리대를 이용한 일본인 농장 확대

　② 청 · 일 전쟁 이후 : 일본의 영향력 강화로 전주 · 군산 · 나주 일대 반강제적 약탈

　③ 러 · 일 전쟁 이후 : 철도 부지와 군용지 확보 구실로 토지 약탈

　④ 동양척식주식회사 설립(1908) : 일본 약탈 토지 관리 및 이주 장려 위한 국책회사

(3) 일본의 재정 장악과 금융 지배

　① 배경 : 제1차 한일협약(1904. 8) 체결 후 일본인 재정 고문 메가다 파견

　② 금융 지배

　　㉠ 일본 은행 설립

　　　ⓐ 제일 은행 설치(1878) : 최초 부산 지점 세관 및 화폐 정리 담당

　　　ⓑ 농공 은행 설립(1906) : 전국 주요도시 설립한 지방 은행, 일본 식민지 정착 위한
　　　　자금 공급, 이후 조선 식산은행 흡수

　　㉡ 화폐 정리 사업(1905) : 재정 고문 메가다 사업 시작, 대한제국의 재정과 유통체계
　　　장악, 한국 상공업자의 몰락

　③ 차관 제공

　　㉠ 청 · 일 전쟁 이후 : 내정 간섭과 이권 획득을 목적(조세 징수권)

　　㉡ 러 · 일 전쟁 이후 : 화폐 정리와 식민 시설 개설을 명목으로 차관 강요

　　㉢ 국민적 저항 : 국채보상운동(1907) 전개

2. 경제적 구국운동 전개

1) 방곡령 시행(1889)

(1) 배경 : 일본으로 곡물이 대량 유출, 쌀값 폭등으로 민생 피폐

(2) 전개 : 함경도 · 황해도에서 곡식 방출 금지하는 방곡령 시행

(3) 결과 : 일본은 조 · 일 통상장정 단서 근거로 방곡령 철회 요구, 조선은 거액의 손해 배상
　금 지불(11만원)

2) 상권 수호 운동

(1) 배경 : 조 · 청 상민수륙무역장정(1882)으로 외국상인이 내륙까지 침투

(2) 전개

① 1880년대 : 청·일 상인들의 조선 상권 침식으로 상인은 철시와 상점 퇴거 요구

② 1890년대 : 서울 상인 황국중앙총상회(1898) 조직, 외국인 내륙 상행위 반대요구

3) 독립협회의 이권 수호 운동(1898)

(1) 배경 : 아관파천 후 열강의 이권 침탈 심화

(2) 전개

① 러시아 절영도 조차 요구 저지(1898. 3) : 독립협회는 만인공동회 개최로 저지

② 재정 고문 철수(1898. 5) : 러시아의 세력 확대로 재정 고문 파견, 독립 협회 저지

③ 한·러 은행 폐쇄(1898. 3) : 러시아가 서울에 설치한 은행 폐쇄

④ 도서의 매도 요구 저지 : 러시아는 군사적 목적 목포·증남포 부근 도서 매도 요구

⑤ 기타 국권 수호 운동 : 독일·프랑스 광산 채굴권 등 요구 저지

4) 황무지 개간권 요구 철회 운동(1904)

(1) 배경 : 한일의정서 체결 후 일본은 본격적으로 토지 약탈 및 국가와 황실의 소유 황무지
개발 요구

(2) 전개

① 보안회 활동 : 매일 가두 집회로 일본의 침략 및 거족적 반대운동 전개

② 농광회사 설립 주장 : 일부 민간 실업인 및 관리 설립과 황무지 우리 손 개간 주장

(3) 결과 : 철회, 일본 군사경찰제 시행으로 무단 지배 터전 마련, 국책회사인 동양척식주식
회사 설립으로 식민지 경영 추진

5) 국채 보상 운동(1907)

(1) 배경 : 차관 도입으로 외채 총 1,300만원 상환 어려운 처지

(2) 전개 : 양기탁·서상돈·김광제 등 대구에서 모금 운동, 서울은 국채 보상 기성회 조직
되어 전국적 발전, 대한매일신보·황성신문·만세보 등 언론도 적극 지원

(3) 결과 : 일본이 일진회를 이용하여 저지 및 국채보상금 횡령이란 모함으로 간부 구속

3. 민족자본의 성장 노력과 좌절

1) 배경 : 열강의 경제적 침탈로 국내 경제 파탄되면서 농민과 상공인 중심 경
　　제적 자주권을 지키기 위해 노력

2) 전개

　(1) 열강의 경제 침략에 대한 대응

　　① 시전상인 : 황국중앙총상회(1898. 9) 조직, 종로직조사(근대적 생산공장) 설립

　　② 경강상인 : 증기선 도입(운송권 회복 목적)

　　③ 개성상인 : 인삼 재배 판매권 일본 상인에게 침해로 조직적 저항

　　④ 객주 · 여각 · 보부상 : 창신상회 · 태평상회 등의 상회사 설립하여 대항

　　⑤ 해상공국(1883) : 외국 상인 불법과 보부상 권익 보호 국가 설립 단체

　　⑥ 객주상회 : 개항장 객주들의 근대적 상인 단체, 일본 상인 불법에 규탄 및 고발

　(2) 근대적 상회사 설립 : 대동상회(평양) · 장통상회(서울), 종삼상회(인삼), 호상상회(군산,
　　미곡무역), 동업자 조합 성격(초기), 근대적 성격 주식회사(후기)

　(3) 대한제국의 상공업 육성책(식산흥업책) : 황실 중심 추진

　　① 근대적 공장과 회사 설립 : 방직 · 제지 · 무기 등 직접 운영, 농상회사 설립 및 일본에
　　　유학생 파견

　　② 해운회사 및 철도회사 등 국가 산업 발달 노력

| 민족 자본으로 설립된 회사 |

구분	설립회사
해운회사	대한협동우선회사(1900), 인천윤전주식회사(1900)
철도회사	부하철도회사(1898), 대한철도회사(1899) : 일본의 국권 침탈로 철도 설립하지 못함
육운회사	이운사(1892) : 전운국의 기선 인수 세곡운반 등에 종사한 관민합관회사 통운사(1901)
공업회사	해서철광회사(1900), 수안금광합자회사(1903)

　(4) 근대적 산업 자본의 성장

　　① 유기 공업 : 조선유기상회 합자회사 설립

　　② 면직물 공업 : 외국 면직물 수입으로 국내 면직물 타격, 대한직조공장 · 종로직조사 등
　　　직조 공장 설립, 연초공장 · 사기공장 등 설립

　(5) 금융 지배에 대한 저항

　　① 은행 설립 : 일본 제일은행 등 일본 상인의 고리대 성행에 대항 민족 은행 설립

㉠ 조선은행(1896) : 최초 민간 설립 은행, 전현직 관료 자본 중심, 영업부진 폐쇄
　　　　(1901)

　　　㉡ 한성은행(1897) : 전 조흥은행 · 현 신한은행 전신

　　　㉢ 천일은행(1899) : 현 우리은행 전신

　　　㉣ 결과 : 화폐 정리 사업(1905)을 계기 몰락, 변질되어 일본 자본에 예속

　② 1905년 이후 금융 침탈 :

　　　㉠ 서울 : 1900년 제일은행이 중앙은행 열할 담당 엔화 발행, 1909년 한국은행으로 계
　　　　승, 1911년 조선은행이 중앙은행 역할 담당

　　　㉡ 지방 : 1906년 농공은행 설립, 1918년 조선식산은행으로 개편

| 근대적 민족 자본의 성장 |

산업 자본의 형성	금융 자본의 형성	상업 자본의 형성
조선 유기 상회 대한직조상회 종로직조사	조선은행 한성은행 천일은행	경강상인(증기선 도입) 대동상인 · 장롱회사 창신회사 · 태평상회
↓	↓	↓
	화폐 정리 사업	
	↓	
일본 자본에 흡수	금융 자본 몰락	일본 자본에 흡수

4. 근대적 사회 구조와 의식의 변화

1) 평등사회로의 이행

　(1) 개항 무렵 : 실학 중심 양반제도와 노비제도의 폐지 주장

　(2) 종교의 영향

　　① 천주교(서학) : 19세기 중엽 교세 확장으로 평등 의식 확산, 초기는 양반 중심 점차 중
　　　인과 평민계층 확대

　　② 동학의 : 후천개벽 바탕으로 인내천 · 시천주의 평등사상 강조, 평민층 이하 지지

　　③ 개신교 : 선교 목적으로 학교 및 의료시설 설치, 한글보급 · 미신타파 · 남녀 평등사상
　　　등 보급, 이후 애국 계몽 운동에 크게 기여

　(3) 갑신정변(1884) : 개화당은 문벌폐지와 인민 평등권 확립 주장, 인재등용

(4) 동학농민운동(1894) : 노비문서 소각과 과부의 제가 등 완전한 신분제 철폐 요구, 양반 중심의 전통적 신분제 붕괴에 크게 기여

(5) 갑오개혁(1894) : 신분제도 법적 폐지, 노비제도 완전 폐지, 평등사회 기틀 마련

2) 근대적 사회 의식의 확산

(1) 갑오개혁 한계 : 법제상 신분제도는 폐지, 신분 차별의식은 남아있음(1923, 백정의 형평운동 발생)

(2) 독립협회와 자유민권운동

　① 민권의식 고양 : 천부인권사상 바탕으로 재산권·신체의 자유·언론·출판·집회·결사의 자유와 남녀평등 강조

　② 평등의식의 확산 : 만민공동회 의장 시전상인 선출 및 백정출신 박성춘 연사

　③ 근대적 정치의식 고양 : 입헌군주제 실현과 의회설립운동 전개

(3) 애국 계몽 운동 : 독립협회 활동 계승, 근대 사회의식 확산, 교육 및 산업 운동 발전

(4) 여성 지위 상승 : 개항 후 여성에 대한 의식 변화, 남녀평등 의식 확장과 함께 여성 교육 중요성 강조됨에 많은 여성 교육기관 설립(순성 여학교)

5. 생활 모습의 변화

1) 의·식·주 생활의 변화

(1) 의복문화의 변화

　① 도입 : 서양문물 적극적 수용 주장한 개화파 양복 도입, 갑오개혁 후 관복과 군복이 양복으로 변화

　② 남성 복장 : 종전의 바지·저고리에 마고자와 조끼를 입는 풍습 등장

　③ 여성 복장 : 개량한복이 여학생의 교복 및 신여성 옷차림, 양장 유행, 두루마기를 외출복, 장옷 점차 사라지고 양산 등장

(2) 음식 문화의 변화

　① 식사법 : 개항 전 양반과 상민 한 상 불가, 개항 후 서양 선교사 영향 한자리

　② 서양음식 : 궁중과 고위 관리층을 중심으로 유행, 만두·찐빵(중국), 초밥·우동·어묵·단무지 등(일본)

(3) 주택 문화의 변화

① 신분 규제의 해제 : 개항 후 가옥의 규모나 건축양식 제한 없이 자유롭게 건축

② 근대식 건물의 건립

    ㉠ 배경 : 개항장과 서울 등지 서양식 건물이나 일본식 주택 등장

    ㉡ 내용 : 관청 및 공공건물·학교·상업용·종교 건물 건축(명동성당, 정동교회, 덕수궁 석조전 대표적)

    ㉢ 결과 : 1890년대 민간에서도 한옥과 양옥을 절충한 건물 건축

| 장옷 | 덕수궁 석조전 | 명동성당 |

2) 국외 이주 동포의 증가

(1) 배경 : 19세기 세도정치기(생활고 해결), 19세기 전반기(전염병), 20세기(독립운동) 해외 이주 증가

(2) 이주 지역

① 간도 : 19세기 후반 수탈을 피해 함경도와 평안도 주민 이주, 1900년대 청의 한인 거주 인정으로 이주 증가, 1910년 무렵 간도 및 만주 한인 20만 명

② 연해주 : 19세기 함경도 일대 빈농의 생활고 해결 이주, 러시아는 연해주를 개척 위한 한인 이주 허가, 국권 피탈 이후 독립운동 터전 이용

③ 일본 : 19세기 말 유학생 주축, 생활터전 상실 농민 일본 산업노동자 취업

④ 미국 : 수교 후 유학이나 정치적 망명 이주, 1902년 하와이 사탕수수 농장 노동자로 최초 합법적 이주, 자치단체 만들어 한인사회 발전, 그 후 멕시코 지역 등 이주

Ⅳ. 근대 문물 수용과 근대 문화 형성

■ 학습 방법
- 근대 시설과 교육의 특징과 시기 파악, 시기문제에 대한 오답률 상승
- 개항기 언론(신문)의 특징과 발행시기 주목
- 개항기 국학(국사, 국어) 연구와 문예 및 종교의 새 경향 주목

■ 출제 빈도
  ⑮ ⑭ ⑬ 근대 시설의 수용과 언론 활동
  ⑮ ⑭ ⑬ 근대적 교육 기관의 설립

1. 근대 문물의 수용

1) 서양 과학 기술의 수용
(1) 수용 배경 : 개항 전 북학파 실학자 관심 고조, 개항 후 동도서기론 대두

(2) 수용 과정

① 흥선대원군 집권기 : 서양 침략 대응 무기 제조술 관심

② 개항 이후 : 무기 제조술 및 외국 기술자 초빙 등 서양 과학기술과 근대 문물 도입

③ 갑오개혁 이후 : 서양 근대문물 관심 고조, 교육제도 개혁 목적 유학생 해외 파견, 교육

시설 및 각종 기술학교 등 설립

2) 근대 시설의 수용
(1) 근대 시설의 양면성

① 국민 생활의 편리함 제공

② 열강의 이권 침탈 및 침략 목적에 이용

③ 기술과 관리는 외국인에 의존하여 독자적 기술 미약

(2) 대표적 근대 시설

분야	시설		연도	내용
출판	박문국		1883	근대적 인쇄술 도입, 한성순보 발간
	광인사		1884	최초의 민간 출판사
화폐	전환국		1883	묄렌도르프 건의 당오전 유통
무기	기기창		1883	영선사의 파견 계기로 근대식 무기 제조 공장 설립
전기	전등		1887	경북궁에 처음 전등 점등
통신	전신		1885	서울~의주 간 전신선 가설
	우편		1895	갑신정변 중단 을미개혁 때 재개, 만국 우편 연합 가입(1900)
	전화		1898	궁중에 가설, 서울 민가 사설(1902)
의료	우두국		1882	지석영, 천연두 예방
	광혜원		1885	알렌과 정부 공동 출자(최초 근대식 병원) 제중원 개편
	광제원		1899	정부 출자 의료 기관, 대한의원 개편
	자혜의원		1909	진주·청주·함흥 등 전국 10여 곳 설립된 도립병원·
	세브란스		1904	에비슨 설립, 의료 요원 양성
교통	철도	경인선	1899	미국(모오스) 착공, 일본이 완성
		경부선	1904	일본 완성
		경의선	1906	1896년 프랑스 부설권 재정부족 1900년 환수, 러·일 전쟁 중 군사적 목적 일본 양도 완성
	전차	서대문~청량리	1898	미국(콜보란)과 황실 공동 한성전기회사 설립(1898), 전차 운행(1899)
건축	독립문		1896	프랑스 개선문 모방, 독립의식 고취목적 독립협회 건축
	명동성당		1898	고딕 양식 건축
	덕수궁 석조전		1910	르네상스식 건축
	손탁 호텔		1902	최초 호텔, 사바찐(러시아 건축가) 호텔 및 각종 공사관 설계, 명동성당 건축 자문

2. 언론기관의 발달

1) 언론기관

구분	언론	시기	문체	대상	내용
초기 신문	한성 순보	1883	순한문	정부관료	최초 신문, 박문국에서 발간, 개화 정책 지지 목적, 갑신정변 폐간, 한성주보(1886, 최초 상업 광고 게재, 국한문 혼용)
	독립 신문	1896	순한글 영문판	서민층	최초 근대적 일간지, 민간신문 대중 계몽 및 근대화 실현 목적 독립협회 해산 후 폐간
대한 제국기 신문	황성 신문	1898	국한문 혼용	남궁억 중심 유림층	구본신참 표방(점진개혁, 민족주의 성격) 일제의 침략정책과 매국노 규탄 보안회 지원(황무지 개간권 요구 부당성 지적) 을사조약 항일 논설(시일야방성대곡)
	제국 신문	1898	순한글	부녀자, 하층민	신교육 및 국민 계몽 강조
	대한 매일 신보	1904	영문 순한글 국한문	다양, 최다 독자	베델(영국)이 발행, 신민회 기관지(반일, 의병 투쟁에 호의적, 을사조약 규탄 고종 친서 발표) 국채보상운동 주도(베델 추방, 양기탁 구속) 신문지법 제정(1907)으로 위축
	만세보	1906	국한문 혼용	손병희 등 중심	천도교 기관지, 일진회 공격(이용구), 재정난으로 대한신문 개칭(1907), 친일내각의 기관지화
	대한민보	1909	순한글	오세창 중심	대한협회 기관지, 국민신보에 대항
	경남 일보	1909	순한글	김홍조 중심	최초의 지방 신문

2) 친일 언론의 등장

언론	시기	내용
국민신보	1906	이용구·송병준 중심, 친일 단체인 일진회 기관지
경성일보	1906	총독부 기관지
대한신문	1907	이인직이 재정난에 어려운 만세보 인수하여 창간한 친일 내각지
매일신보	1910	대한매일신보 폐간 후 창간한 총독부 기관지

3) 신문지법(1907)

(1) 제정 : 1907년 7월 24일 일제의 애국적 언론기관 통제 목적 제정, 1952년 4월 4일 폐기

(2) 내용 : 정기간행물 발행의 허가제와 보증금제로 발행허가 억제, 허가 된 정기간행물의 발매 · 반포금지 · 발행정지 · 발행금지 등

3. 근대 교육과 국학 연구

1) 근대 교육

(1) 근대 교육 기관의 설립

① 원산학사(1883) : 최초의 근대적 사립학교, 함경도 덕원 주민과 개화파 인사 합자 설립, 외국어 · 자연과학 · 국제법 등 근대 학문과 무술 교육

② 동문학(1883) : 근대적 최초 직업학원, 묄렌도르프가 정부지원 설립, 외국어 교육기관

③ 육영공원(1886) : 최초의 관립학교, 미국인 교사 초빙 상류층 자제대상 영어 · 수학 · 지리학 · 정치학 등 근대 학문 교육

④ 기타 : 성균관 정비, 서당은 초등 교육 기관으로 발전

(2) 근대적 교육 제도의 발전

① 교육입국조서의 반포(1895. 2) : 갑오개혁에 의해 학무아문(1894. 6) 설치, 지 · 덕 · 체의 교육 3대 강령, 소 · 사범 · 외국어학교 설립, 실용주의 교육 강조

② 각종 관립 학교의 설립 : 학무아문 국민소학독본 · 초등본국역사 교과서 (1894. 7) 한성사범학교 관제 반포(1895. 4) 와 규칙 반포(1895. 7), 최초 사범학교 설립, 민영환 흥화학교(1898. 11) 설립

(3) 사립학교의 발전

① 개신교 계통의 사립학교 : 선교 목적 사립학교 설립, 근대학문 및 민족의식 고취

학교	설립	소재지	설립자	특징
배재학당	1885	서울	아펜젤러	최초 개신교 계통의 근대식 사립학교(감리교)
이화학당	1886	서울	스크랜턴	최초 여성 전문 교육기관
경신학당	1886	서울	언더우드	최초 전문 실업 교육기관
정신여학교	1887	서울	앨러스	서울 정동에 창립한 여성교육단체
숭실학교	1897	평양	베어드	최초 지방 사립학교, 근대적 대학 교육 시작

② 광무개혁 이후

학교	설립	특징
한성중학교	1900	대한제국 최초 중등 교육 기관
순성여학교	1899	최초 여성 인권 단체, 찬양회 설립(1898)
광무학교	1900	광업 계통의 실업 교육

③ 민족 운동가들의 사립학교 : 을사조약 이후 국권 회복 목표로 애국 계몽 운동

학교	설립	소재지	설립자	특징
보성학교	1905	서울	이용익	
양정의숙	1905	서울	엄주익	
휘문의숙	1906	서울	민영휘	고종 직접 이름 하사
진명여학교	1906	서울	엄준원	
숙명여학교	1906	서울	엄귀비	
서전서숙	1906	북간도	이상설	국외 항일 교육기관으로 1908년 폐교
대성학교	1907	평양	안창호	
오산학교	1907	정주	이승훈	신민회와 관련
신흥강습소	1911	서건도	이시영	
중동학교	1909	서울	최규동	관립 외국어 교육 기관으로 시작

(3) 학회의 활동 : 국권 회복 목적으로 정치와 교육 결합시킨 구국 운동 단체

학회	설립자	특징
서북학회	이갑	학보발행 및 순회 강연
기호학회	이광종	학보발행 및 학교 설립
영남학회	장지연	대한자강회
호남학회	이채	학보
관동학회	남궁억	황성신문
흥사단	안창호	흥사단보
대동학회	김윤식	대동전수학교
여자교육회	진학신	양규의숙 설립

(4) 근대 교육의 시련 : 일제의 사립학교 탄압

　① 보통 학교령(1906) : 관립 6년제 소학교 4년제 보통학교로 개편

　② 사립 학교령(1908) : 민족의식 고취 목적 설립한 학교운영이 일제의 통제 폐교

2) 국학 연구

(1) 목적 : 일제 침략으로 국권 상실의 위기에 국사·국어 연구를 통해 민족 의식 고취

(2) 국사 연구

① 근대 계몽 사학의 성립

㉠ 영웅 전기 : 신채호·박은식 중심 을지문덕전·강감찬전·이순신전·최도통전 등 외국 침략에 대항하여 승리한 영웅 전기 보급

㉡ 외국 역사서 번역 : 미국 독립사·월남 망국사·이태리 건국 삼걸전 등 국가의 위기 경계와 국민의 독립의지 및 역사의식 고취

㉢ 일제 침략 비판 : 황현(매천야록, 절명시)·정교(대동역사, 대한계년사) 등 조국 독립 강조

② 민족주의 사학의 등장

㉠ 역사가 : 신채호, 박은식, 정인보, 문일평, 최남선 등 민족주의 사학자 일제의 한국사 왜곡 대항

㉡ 독사신론 편찬(1908) : 신채호, 역사 서술의 주체를 민족으로 설정, 민족주의 역사학의 방향 제시

㉢ 조선광문회 조직(1910) : 박은식·최남선 광문회 조직, 민족 고전 정리 간행

③ 외국인의 역사 연구

㉠ 힐버트 : 조선통사, 대동기년, 조선최근사

㉡ 그리피스 : 운둔의 나라 한국, 오페르트 도굴사건 기술

㉢ 메켄지 : 한국의 비극, 자유를 위한 한국의 투쟁

㉣ 게일 : 한국인의 역사

3) 국어 연구

(1) 목적 : 국가의 흥망과 언어의 상관관계 강조하는 어문 민족주의 방향 전개

(2) 배경

① 국한문 혼용체 보급 : 갑오개혁 이전 한성주보 등 보급, 갑오개혁 이후 혼용체 본격적 보급 한성신문, 서유견문(유길준), 국가공문서

② 순한글체 확대 : 점차 한글 전용 확대 독립신문, 제국신문, 대한매일신보 출현

(3) 전개

① 국문연구소 설치(1907) : 주시경·지석영 중심 표기법 통일 필요성 등 국어 맞춤법 연구 정리

② 문법서 편찬 :

　　㉠ 유길준 : 조선문전(1895, 최초의 근대 문법서)

　　㉡ 이봉운 : 국문정리(1897, 한글 전용, 띄어쓰기 선구)

　　㉢ 지석영 : 신정국문(1905, 공식적 최초 국문 통일안 제시)

　　㉣ 주시경 : 국어문법(1906, 한글 맞춤법 통일안 확립)

4) 국학 운동의 의의

(1) 의의 : 민족의식 고취, 애국심 고양, 근대 계몽사상 성립

(2) 한계 : 학문적 깊이에는 한계성 존재

4. 문예와 종교의 새 경향

1) 문학계의 변화

고전문학에서 신문학으로 옮겨가는 과정에서 순 한글로 쓰인 신소설과 신체시 등장

(1) 신소설

　① 특징 : 언문일치 문장 자주독립 의식과 미신타파 · 신식교육 · 봉건적 윤리 배격하여 여권신장 기여, 주로 신분타파 · 자유결혼 · 평민의식 등의 내용

　② 대표작

　　㉠ 이인직 : 혈의 누(1906, 최초 대동아공영권 주장), 은세계(의병투쟁 비판)

　　㉡ 안국선 : 금수회의록(1908, 동물 등장, 여우-제국주의 꾸짖음, 게- 인간야유)

　　㉢ 이해조 : 자유종(1910, 여성해방 주장), 빈상설(축첩 폐단 지적)

　　㉣ 최찬식 : 추월색(자유연애), 안의성

　③ 한계 : 권선징악 주제와 문명개화에만 치중 반민족적 성향 보이기도 함

(2) 신체시 : 전통시에서 근대시로 변화하는 과도기적 문학 형태

　① 최남선 : 해에게서 소년에게(1908, 소년 창간호 발표)

　② 신채호 : 시론, 천희당시화(대한매일신보 17회 연재)

(3) 번역 문학

　① 작품 : 천로역정(근대 첫 번역소설), 이솝이야기, 빌헬름 텔, 로빈슨 표류기 등

　② 의의 : 한국인의 서구 문화에 대한 이해와 근대문학 발달 기여

(4) 신문학의 의의와 문제점

　① 의의 : 근대의식과 민족의식 고취

　② 문제점 : 일부 문명개화에만 치중하여 의병 투쟁 비난과 일제 침략 간접적 합리화하는
　　등 반민족적 경향

2) 예술계의 변화

(1) 음악

　① 서양 음악 도입 : 기독교의 수용으로 찬송가 등 서양 근대 음악 소개

　② 창가 : 우리말 가사에 서양식 악곡에 맞추어 부르는 신식 노래, 학도가·권학가·애국
　　가·독립가 등 민족의식 높이는데 기여, 군악과 7음계 도입

(2) 연극

　① 창극 : 전통적 판소리 1인 1역의 공연 형태 변화

　② 신극 : 신소설 등을 각색 연극으로 공연, 원각사(1908, 최초의 서양식 극장)에서 이인직
　　의 은세계·치악산 등 공연

(3) 미술

　① 서양식 화풍, 유화 도입 : 고희동

　② 전통적 한국화 발전 : 장승업, 안중식 등

(4) 건축

　① 고딕 양식 : 명동성당, 정동교회

　② 르네상스 양식 : 덕수궁 석조전

　③ 기타 : 독립문(개선문 모방), 손탁호텔(1902, 서울 최초 서양식 호텔)

3) 종교 운동의 변화

(1) 민족 종교

　① 천도교

　　㉠ 동학의 천도교로의 개칭 : 친일 단체인 일진회 중심으로 동학조직 흡수 기도, 3대
　　　교주 손병희 천도교로 개칭(1905) 근대종교 발전

　　㉡ 언론 활동 : 보성사(인쇄소) 경영으로 만세보라는 민족신문 발간 민족 의식 고취

　② 대종교

　　㉠ 창도 : 나철(오적 암살단 조직)·오기호 등 단군 신앙 기반으로 창도(1909)

　　㉡ 항일 운동 전개 : 을사조약 체결 후 오적 암살단 결성과 간도·연해주 등지에서 해

외 항일 운동 적극 참여(중광단, 북로군정서)

(2) 전통 종교

① 불교 : 한용운 조선불교유신론(1910) 제창, 통감부의 불교 예속 정책과 일본 불교의 침
투에 불교의 자주성 회복 및 근대적 개혁 전개(미신적 요소 제거)

② 유교 : 박은식 유교구신론(1909) 제창, 양명학적 입장과 통치자 중심의 사고 극복 및
민중 중심 유교로 전환하여 적극적 교화활동 주장

(3) 외래 종교

① 개신교

㉠ 교육·의료 사업 : 알렌·에비슨 등 서양 의술 보급 및 의학 교육 기관 설립

㉡ 근대화에 기여 : 선교 과정에서 한글 보급·미신 타파·근대 문명 소개·남녀평등
사상 보급

㉢ 대부흥 운동의 전개 : 영적 각성 운동, 황성 기독교 청년회(1903, 교육·계몽선교),
한국인 최초 목사 길선주 사경회 주도

② 천주교

㉠ 선교의 자유 : 조·프수호통상조약(1886)을 통해 선교 자유 획득

㉡ 복지 사업 전개 : 고아원과 양로원 설립 운영

㉢ 교육·언론 활동 : 약현학교 설립과 경향신문 간행

6장

일제의 강점과
민족 운동의 전개

Ⅰ. 일제의 국권 침탈과 식민 지배

■ 학습 방법
 • 일제의 국권 침탈 과정과 우리 민족의 항쟁을 연결시켜 학습 필요
 • 국권 피탈 후 일제의 식민지 지배 정책을 시기 순으로 구분

■ 출제 빈도
   ⊕ ⊕ ⑦ 후일제의 국권 침탈 과정
   ⊕ ⊕ ⑦ 일제의 식민지 지배 정책

1. 20세기 전반의 세계

1) 제1차 세계대전과 국제 질서 변화

(1) 제국주의 열강의 대립

  ① 삼국 동맹(독일 · 오스트리아 · 이탈리아)과 삼국 협상(영국 · 프랑스 · 러시아) 대립

  ② 독일 3B(베를린 · 비잔티움 · 바그다드) 정책과 영국 3C(케이프타운 · 카이로 · 콜카타)
     정책의 대립

  ③ 모르코 사건(북아프리카) : 독일과 프랑스의 대립(1905, 1911)

  ④ 범게르만주의(독일 · 오스트리아)와 범슬라브주의(러시아 · 세르비아)의 대립

(2) 제1차 세계대전(1914~1918) 전개

  ① 계기 : 사라예보 사건(1914, 세르비아 청년 오스트리아 황태자 암살사건)

  ② 전개 : 동맹국과 협상국(연합국) 전쟁, 독일 무제한 잠수함 작전, 미국의 참전과 러시아
     이탈, 협상국(1918, 연합군) 승리 전쟁 종결

(3) 러시아의 혁명과 사회주의 국가 등장

  ① 배경 : 19세기 차르(러시아 황제)의 전제 정치 지속(무정부주의와 사회주의 확산)

  ② 전개

     ㉠ 피의 일요일 사건(1905) : 노동자 입헌 정치 요구, 정부 무력 진압

     ㉡ 3월 혁명(1917) : 제1차 세계대전 장기화에 불만, 멘셰비키 중심 임시정부 수립

     ㉢ 11월 혁명(1917) : 레닌의 볼셰비키 임시정부 타도, 소비에트 정부 수립

③ 결과 : 레닌 전 세계 사회주의 만들기 위해 약소국 독립 지원, 1919년 국제 공산당 조직인 코민테른 형성(혁명의 세계화 돌입)

④ 스탈린 집권(1924) : 중공업 육성 · 농업 집단화 등 사회주의 경제 건설 주력, 반대파 숙청하여 독재 강화

2) 전후 세계 질서의 재편

(1) 베르사유 체제의 성립

① 파리 강화 회의(1919. 1) : 전승국 27개 나라 전후 처리 문제 회의

㉠ 윌슨 14개조 평화안 : 미국 대통령 윌슨 전후 문제 처리 14개조 평화안 제시

㉡ 베르사유 조약의 체결(1919. 6) : 전쟁의 책임 독일, 식민지 포기 및 배상금

㉢ 식민지 처리 : 아프리카와 아시아 위임통치, 유럽전역 독립국가 결성

(2) 국제 연맹의 창설(1920)

① 윌슨의 평화안과 베르사유 조약에 따라 세계 평화 유지를 위해 국제 연맹 창설

② 한계 : 공산주의 소련 가입 불가와 국제 분쟁에 대한 효과적 무력제제 수단 미비

(3) 유럽의 민주주의 발전

① 민주 공화국 수립 : 황제 체제의 독일 · 오스트리아 · 오스만 제국 혁명으로 수립

② 민주주의 채택 : 신생 독립국

3) 아시아의 민족주의 운동 전개

(1) 중국의 민족 운동

① 신해혁명(1911) : 쑨원(손문) 중심 청조 타도 후 중화민국 성립

② 5 · 4 운동(1919) : 위안스카이 정부 일본 21개조 요구 수락에 베이징 대학생 반대 시위 전국적 확산(국내 3 · 1운동 영향 받음)

③ 중국공산당 결성(1922) : 천듀수(진독수), 마오쩌뚱(모택동)

④ 제1차 국공합작(1924~1927) : 쑨원 중국공산당과 결탁 군벌과 제국주의 타도 목표 혁명, 국민당 공산당 축출하고 군벌 타도 완성(1928)

⑤ 4 · 12 쿠테타 : 국공 분열, 쑨원 사후 장제스(장개석) 공산당 추방 난징에 국민당 수립(1928)하고, 베이징 점령 후 북벌 완성

⑥ 공산당의 대장정(1934~1936) : 국민당이 공산당 공격, 마오쩌뚱의 공산당 1만 Km 행군하여 산시성 연안(옌안) 근거지 마련

⑦ 제2차 국공합작(1937) : 시안 사건 후 국민당과 공산당은 결합, 중 · 일 전쟁의 상황 항

일통일전선 결성

⑧ 국공내전(1946~1949) : 2차대전 종전 이후 3차 국공합작 결렬, 공산당 은 국민당 제거

후 중화인민공화국 성립(1949. 10)

(2) 인도의 민족 운동(영국 식민지)

① 간디의 비폭력 · 불복종 운동(1920) : 1차 세계대전 후 영국의 약속 불이행으로 국민회

의 대회 불복종 운동 의 방침 제시 후 전국적 확산

② 소금의 행진(1930) : 영국의 소금 금지법 제정 후 과다 세금 부과, 간디 360Km 떨어진

해안까지 행진하며 식민통치 저항, 1935년 인도 통치법 개정 후 자주권 회복

(3) 동남아시아 민족 운동

① 인도네시아 : 1920년 공산당 결성 후 독립운동 전개 네델란드 탄압 실패, 1927년 수카

르노 국민당 결성 후 전국적 독립운동 전개

② 베트남 : 1925년 호치민 베트남 청년 동지회 결성, 19830년 인도차이나 공산당 창설,

프랑스 탄압에도 활발한 독립운동 전개

2. 일제의 침략과 국권 피탈

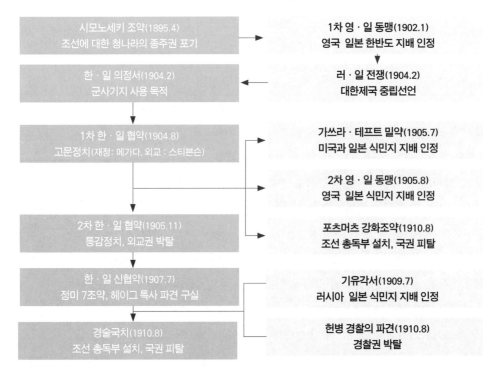

일제의 한반도 침략과정

시모노세키 조약(1895.4) 조선에 대한 청나라의 종주권 포기	1차 영 · 일 동맹(1902.1) 영국 일본 한반도 지배 인정
한 · 일 의정서(1904.2) 군사기지 사용 목적	러 · 일 전쟁(1904.2) 대한제국 중립선언
1차 한 · 일 협약(1904.8) 고문정치(재정: 메가다, 외교 : 스티븐슨)	가쓰라 · 테프트 밀약(1905.7) 미국과 일본 식민지 지배 인정
	2차 영 · 일 동맹(1905.8) 영국 일본 식민지 지배 인정
2차 한 · 일 협약(1905.11) 통감정치, 외교권 박탈	포츠머츠 강화조약(1910.8) 조선 총독부 설치, 국권 피탈
한 · 일 신협약(1907.7) 정미 7조약, 헤이그 특사 파견 구실	기유각서(1909.7) 러시아 일본 식민지 지배 인정
경술국치(1910.8) 조선 총독부 설치, 국권 피탈	헌병 경찰의 파견(1910.8) 경찰권 박탈

1) 러·일 전쟁(1904. 2)

(1) 배경 : 삼국간섭과 아관파천 계기 한반도와 만주를 둘러싼 러시아와 일본의 대립

(2) 과정

　① 대한제국 대외 중립 선언(1904. 1) : 러·일 전쟁에 앞서 대한제국 열강에 국외 중립 선언을 열강에 통보, 일본 무시 2월 9일 서울 군대 파병

　② 일본의 선제 공격 : 일본은 여순항 기습공격, 군사동맹의 성격 한·일의정서 강제 체결, 5월 압록강을 건너 러시아군 대파 전쟁 주도권 장악

(3) 결과

　① 발틱함대의 전멸 : 러시아는 여순항 패배로 발틱함대 파견, 대한해협에서 일본 해군에 대파

　② 가쓰라·태프트 밀약(1905. 7) : 미국과 일본은 양국의 식민지 인정 밀약 체결

　③ 제2차 영·일동맹(1905. 8) : 1차 동맹 재확인 및 일본이 한국에 정치·경제·군사상 이익 보장과 영국은 인도 지배 및 국경지역 이익 옹호하는 동맹 체결

　④ 포츠머스 강화 조약(1905. 5) : 미국의 중재로 러시아와 일본 조약 체결, 한반도에 대한 일본 지배권 인정 내용

2) 한·일 의정서(1904. 2)

(1) 배경 : 고종의 대한제국 국외 중립 선언(1904. 1)

(2) 전개 : 일본은 대외 중립 선언 무시 군대 파견 한·일 의정서 체결 강요

(3) 결과 : 일본 전략상 필요한 군사기지 사용, 동의 없이 제3국과 조약 체결 할 수 없다, 독도 강제로 시네마현에 귀속(1905. 2)

3) 제1차 한·일 협약(1904. 8) : 고문정치 실시(한·일 외국인 고문 용빙에 관한 협정서)

(1) 과정 : 러·일전쟁 주도권 장악 후 일본은 식민지화 기본방침인 대한시설 강령을 결정과 한·일 협약(한·일 협정서) 체결

(2) 결과

　① 재정고문 : 일본의 메가다 츠네타로 초빙

　② 외교고문 : 미국의 스티븐슨 초빙

　③ 화폐정리사업(메가다) : 제일은행 및 일본은행 금융업계 지배, 민족 금융 몰락과 경제 파탄

　④ 협약에도 없는 군부·내부·학부·궁내부 등 각 부 일본인 고문 배치

4) 제2차 한·일 협약(1905. 11. 을사조약) : 통감정치, 외교권 피탈

(1) 배경 : 포츠머스 강화 조약 체결로 사실상 대한제국 일본의 보호국 전락

(2) 과정 : 이토 히로부미는 고종의 조약 체결 거부에도 불구하고 강제 위협, 을사조약 체결

(3) 결과

   ① 통감정치 : 이토 히로부미 초대 통감 임명 통감부 설치(1906)로 모든 내정 간섭

   ② 외교권 박탈 : 일본 외무성이 외교 관장, 고종의 미국에 칙서 거부, 주권 상실

5) 정미 7조약(1907. 7. 한·일신협약) : 차관정치

(1) 배경 : 고종 을사조약 무효 네델란드 헤이그 밀사 파견(1907. 6), 영국과 일본 방해로 실패,

(2) 과정 : 고종 강제 퇴위(1907. 7), 순종 즉위로 강제 협약 체결

(3) 결과

   ① 통감 권한 확대 : 고등 관리 임용시 통감의 동의 필요 등 차관정치 기반 마련

   ② 군대 해산(1907. 8) : 정미 7조약의 부수 각서에 의해 대한제국 군대 해산으로 군사권

     장악, 각지 의병운동 전개(정미의병)

   ③ 차관정치 실시 : 내정에 일본인 참여로 모든 행정적 실권 장악

6) 기유각서(1909. 7) : 사법권 박탈, 감옥 사무 관장

(1) 배경 : 한·일신협약 3조 사법권 정비에 관해 체결

(2) 결과 : 조선의 사법 및 재판소 폐지, 일본 통감부 사법청 설치로 사법권 박탈 및 감옥 사

   무 관장, 언론·집회·결사·출판의 자유 유린, 간도 협약(1909. 9)

7) 헌병 경찰 파견(1910. 6) : 대규모 헌병 경찰 파견으로 경찰권 박탈

8) 한·일 병합 조약(경술국치, 1910. 8) : 조선 총독부 설치로 국권 강탈

3. 식민 통치 체제의 변화

통치방식	시기	내용
헌병경찰통치	1910~1919	군대와 헌병 경찰 배치
민족분열통치	1919~1931	철저 기만 정치
민족말살통치	1931~1945	병참 기지화 정책, 황국신민화정책, 국가총동원령

| 일제 통치 방식의 변화 |

1) 헌병 경찰 통치(1910~1919) : 무단통치

(1) 조선 총독부

　① 기능 : 입법 · 사법 · 행정권 일제 식민 통치의 최고기관

　② 구성

　　㉠ 조선 총독 : 현역 대장 중에서 임명, 군대 통수권도 장악, 무소불위 절대 권력자

　　㉡ 총독부 산하기구 : 정무총감(행정), 경무총감(경찰 사무), 그 외 관리 거의 일본인 차지

(2) 중추원

　① 기능 : 총독의 자문기구, 조선인도 참여한다는 명분 설치

　② 성격 : 식민 치하 조선인에 대한 일종 회유책

　③ 실제 운영 : 의장은 정무총감, 소속의원 80여명도 전원 이완용 · 송병준 · 김윤식 등 친

　　일파, 3 · 1운동까지 한번도 소집 없었음

(3) 헌병 경찰제도 운영(무단통치)

　① 조직 : 헌병사령관에 경무총감, 각 도 헌병대장 경무부장이 경찰업무 수행

　② 권한 : 사법권 행사

　　㉠ 경찰 임무 대행 및 독립운동가 색출 · 처단

　　㉡ 즉결 처분권 : 정식 절차 없이 태형 및 구류 등의 처벌

　　㉢ 그 외 민사소송 조정권 · 산림 감시권 · 징세 사무권 · 일반 행정권 등 조선인에 대

　　하여 포괄적 권한

(4) 통치 법령

　① 조선 시행 법령 : 범죄즉결례 제정(1910), 경찰범 처벌 규칙(1912), 조선태형령(1912), 조

　　선형사령(1912), 조선민사령(1912) 등

　② 기본권 박탈 : 언론 · 출판 · 집회 · 결사의 자유 등

　③ 제복 착용 : 관리나 교원까지 칼과 제복 착용

④ 독립운동 탄압 : 105인 사건으로 신민회 해체 및 같은 조작사건으로 비밀 항일단체 발
원색출에 혈안

2) 민족 분열 통치(1919~1931) : 문화 통치, 보통 경찰 통치

(1) 배경 : 거족적 3·1운동으로 조선 민족의 단결력 확인, 국제여론의 악화로 식민 통치 방
식의 변화 모색

(2) 목적 : 민족운동 분열·약화 정책, 새로운 친일파 양성 민족 이간 분열책

(3) 내용과 그 기만성

구분	표면적 정책	실세 상황
총독임명	문관 총독도 임명 가능	광복될 때까지 한 번도 임명된 적 없음
경찰제도	헌병경찰을 보통경찰(고등경찰제도)로 전환	경찰 인원 및 비용 3배 이상 증가 치안 유지법 공포(1925, 독립운동 억압 수단)
지방자치	도평의회와 부·면 의회 설치, 선거제 도입	극부층·친일파에게만 선거권 보장
언론정책	조선·동아 등 민족계 신문 발행 허용	철저한 사전 검열·삭제·압수 탄압
교육정책	제2차 조선교육령(1922)발표 동등 교육 기회 확대로 학교 설립 경성 제국 대학 설립(1924)	초등교육과 기술 교육만 실시 (식민차별교육)

| 일제의 조선교육령 |

구분	내용
1차(1911)	일본어 학습 강요, 사립학교 및 서당 등 억제, 보통·실업·전문 기술교육에 한정
2차(1922)	사범학교 설치, 대학교육 허용, 교육시설 3면 1교 확대, 보통학교 6년 고등보통학교 5년 연장
3차(1938)	보통학교 소학교 및 고등보통학교 중학교 개칭, 초등학교 시설 확장(1면 1교), 우리말과 역사교육 금지, 황국신민서사 제정과 암송 제창 강요
4차(1943)	군부에 의한 교육 통제, 전시 비상조치령, 중학교와 고등여학교 4년 축소, 민족교육기관 탄압
기타	서당규칙(1918, 총독부 편찬 교과서 사용), 소학교를 초등학교 개칭(1941), 전시교육령(1945, 전학교 학도대 조직)

(4) 결과 : 문화통치라고 하며 친일분자 육성 및 식민통치 은폐

3) 민족 말살 통치(1931~1945) : 전시 체제

(1) 병참기지화 정책

① 배경 : 세계 경제공항 타개책으로 대륙 침략 본격화, 군국주의 체제 등장

② 내용

　㉠ 침략전쟁 : 만주사변(1931), 중·일전쟁(1937), 태평양 전쟁(1941)

　㉡ 병참기지화 : 국가 총동원령(1938) 제정 전쟁수행 필요 인적·물적 자 원 총동원, 원산·흥남·청진·남포 등 항만과 공장시설 개척

(2) 황국 신민화 정책

　① 목적 : 침략전쟁에 필요한 인적·물적 자원 효율적 동원하기 위해 조선 민족의식 말살

　② 내용 : 황국 신민화를 구호, 중·일 전쟁 이후 더욱 강화

　㉠ 내선일체, 일선동조론 주장으로 민족 자체 말살

　㉡ 신사 참배, 황국신민의 서사 암송, 궁성요배, 정오묵도 강요(1937)

　㉢ 신교육령 제정(1938) : 우리말과 글 사용금지, 역사 교육 금지

　㉣ 학술·언론 탄압 : 동아일보, 조선일보 등 언론마저 폐간(1940)

　㉤ 창씨개명(1940) : 일본식 성명 강요(거부 시 공직 및 징용, 식량 배급 제한)

(3) 국가 총동원령

　① 배경 : 중·일전쟁 이후 조선에 국가 총동원령(인적·물적 수탈 강화)

　② 내용

　㉠ 인적 수탈 : 국민 징용령(1939), 학도 지원병제(1943), 징병제도 (1944), 정신대 (1944, 여성 20만명 강제 동원, 군수동장 및 위안부)

　㉡ 물적 수탈 : 전쟁 물자와 식량 공출(식량 배급제)

(4) 기타 : 조선사상범 보호 관찰령(1936), 국민 총력 운동(1940), 애국반 설치(1940)

4. 식민지 경제 수탈 정책

1) 1910년대 경제 수탈

(1) 토지 조사 사업 실시(1912~1918) : 토지 약탈

　① 배경 : 국권 피탈 후 식민지 경제 체제 완비 주력, 토지조사국 설치 (1910), 토지 조사령 공포(1912)

　② 목적

　㉠ 표면적 : 지세의 공정성 확보와 근대적 토지 소유제도 확립

　㉡ 실제 목적 : 지세의 안정적 확보와 조선인의 토지 약탈 및 지주층 회유

　③ 내용 : 기한부 신고제(농민 직접 신고, 절차 복잡하게 만듦)

④ 결과

    ㉠ 총독부 귀속 : 기한 내 미신고 및 불분명 토지ㆍ공유지 등(전 농토 40%)

    ㉡ 농민 경작권, 도지권, 입회권 : 모든 권리 부정, 농민 몰락, 화전민 등 해외 이주

    ㉢ 총독부 소유 증가 : 동양척식주식회사에 헐값 매각, 일본인에 의한 식민 지주제

(2) 임야 약탈

  ① 산림령 공포(1911) : 모든 산림 총독부 담당

  ② 임야조사령 발표(1918) : 임야조사사업 발표로 산림 50% 총독부와 일본인 강점

(3) 산업 침탈

  ① 회사령(1910) : 총독부 허가제 실시로 민족 기업의 성장 억제(1920년 신고제)

  ② 어업령(1911) : 일본 어부들이 조선 이주 어장 독점하여 조선어업령 공포로 통제

  ③ 은행령(1912) : 총독부 공포, 보통은행 설립 기준 강화로 조선은행 설립 저지

  ④ 지세령(1914) : 1913년 1년간 지세 44.7% 증가로 농민 소작농 전락

  ⑤ 광업령(1915) : 총독부 허가제 원칙 조선광업령 공포, 전 광산 80% 일본인 차지

  ⑥ 산업 박람회 개최 : 효과적 수탈 목적, 조선물산공진회(1915), 조선부품 공진회(1917), 조선박람회(1929)

  ⑦ 수리조합령(1917) : 농지 수리 개량 목적 제정

(4) 산업 시설의 국유화

  ① 사회 공공시설 독점 : 철도ㆍ항만ㆍ통신ㆍ도로 등 독점 경영

  ② 전매 제도 실시 : 인삼ㆍ소금ㆍ담배 전매제 실시로 민족 자본 성장 저해

  ③ 경제 통제 : 농공은행ㆍ조선식산은행ㆍ각종 금융조합 등을 통해 산업 경제권 통제

2) 1920년대 경제 수탈

(1) 산미 증식 계획(1920~1933) : 식량 수탈

  ① 배경 : 일본 산업의 공업화 추진으로 식량부족 해결(일본 내 쌀값 폭등)

  ② 목적 : 미곡 생산량을 증대시켜 일본의 미곡 수요 충당 목적

  ③ 결과 : 무리한 증산계획 실패, 일제의 쌀 수탈은 계획대로 시행

  ④ 영향 : 식민 지주제는 오히려 더욱 강화

    ㉠ 조선 식량 부족 : 만주 잡곡 수입 보충

    ㉡ 농업 구조 불균형 : 벼농사 중심의 단작형 농업

    ㉢ 증산비용 농민 전가 : 소작료 상승, 소작쟁이 유발

    ㉣ 농민 몰락 : 자작농 감소, 화전민 전락, 도시 빈민 만주 및 연해주 이주 증가

쌀 생산량과 수탈량 및 소비량(조선총독부 조선미곡요람(1934))					
연도	생산량 (만석)	수탈량 (만석)	수탈 비율	조선 1인당 소비량(석)	일본 1인당 소비량(석)
1920	1,270	185	14%	0.713	1.148
1922	1,432	340	21%	0.658	1.155
1924	1,517	475	37%	0.571	1.138
1926	1,497	544	38%	0.533	1.131
1928	1,730	742	52%	0.510	1.095
1930	1,370	540	27%	0.451	1.077
1932	1,590	760	57%	0.370	1.122

(2) 일본 자본의 침투

① 회사령 철폐(1920) : 회사 설립 요건 허가제에서 신고제 전환, 일본 기업의 조선 진출 지원, 경성 방직 주식회사(1919) · 평양 메리야스공장 등 회사 설립, 민족 자본 성장

② 관세 철폐(1923) : 일본 상품 수입 증가, 수출입 일본 의존도 심화(물산장려운동)

③ 신은행령(1927) : 조선인 소유 은행 일본 은행에 강제 합병

3) 1930년대 경제 수탈

(1) 1930년대 중반까지(1931~1937)

① 조선 공업화 정책

㉠ 배경 : 1929년 세계경제 대공항 계기로 세계적인 보호무역 추세 전개, 일본 부족한 자원 한반도에서 조달 위해 조선 공업화 정책 시행

㉡ 내용 : 만주는 농업과 원료 생산지대, 조선은 경공업 중심의 중간지대, 중 · 일 전쟁 (1937) 후 병참기지화 정책으로 중화학 공업 및 광업의 성장 폭 크게 상승

㉢ 결과 : 조선인은 노동력과 자원 수탈 일본 자본 이익 극대화

② 남면북양 정책

㉠ 배경 : 세계경제 대공항 이후 원료 부족 현상 발생, 일제 한반도 경제 수탈 심화

㉡ 내용 : 공업 원료 증산 정책 남부지방 면화 재배와 북쪽지방 양 사육

③ 농민 운동에 대한 탄압

㉠ 농촌 진흥 운동(1932) : 일제의 농민 반발 무마로 농민 회유 · 통제 강화 정책

㉡ 조선소작조정령(1932) : 소작쟁이의 조정 및 억제 정책, 농민운동 심화

㉢ 조선농지령(1934) : 조선 내 소작 문제를 해결하기 위한 법령

(2) 중·일 전쟁 이후(1937~1945)

① 배경 : 조선 공업화 정책 전개, 중·일 전쟁 이후 병참기지화 정책 시행, 국가 총동원령 법(1938) 제정, 인적·물적 자원 수탈 강화

② 병참기지화 정책

㉠ 배경 : 중·일 전쟁으로 일제는 필요한 군수물자 수요증대로 조선을 대륙 침략의 병참기지로 삼고 경제적 수탈 강화

㉡ 내용 : 중화학 공업과 광업 생산 주력으로 기형적 산업구조 형성, 생산은 주로 북부 지방으로 지역 간의 불균형 초래

㉢ 결과 : 농업과 공업·경공업과 중공업 간의 불균형, 군수산업과 관련 방직업 성장

③ 물적 자원 수탈

㉠ 산미 증식 계획 재개 : 군량 확보 목적 계획 재개, 각 도 및 군·읍·면·개인까지 할 당량 배분, 미곡 공출제 실시로 농민 경제 완전 파탄

㉡ 경제생활 규제 : 가축 증식 계획, 식량 배급제(1939)

㉢ 전쟁 물자 공출 : 국방 헌금 징수, 쇠붙이 공출제(무기 제조)

④ 인적 자원 수탈

㉠ 강제 징병제 : 국가총동원령에 따라 육군 특별 지원병 제도(1938), 태평양 전쟁 (1941)으로 인한 병력 부족으로 학도 지원병 제도(1943), 전쟁 막바지에 강제 징병 제(1944)로 20만 명 강제 전쟁터 동원

㉡ 강제 징용제 : 국민 징용제(1939) 공포로 탄광·철도·군수공장 조선인 동원

㉢ 정신대와 일본군 위안부 : 여자 정신대 근무령(1944) 여성 강제 동원령, 일부 군수 공장 등에 강제 동원하고 일부 젊은 여성은 군 위안부 동원하여 전시 성 노예화

㉣ 현재 진행중인 위안부 : 일본은 자발적 참여 주장함으로써 전쟁으로 인한 여성 인 권 유린에 대한 책임 외면

4) 일제 식민 정책의 폐단

(1) 한국 발전 저해 : 일제의 식민지 정책은 한국의 자주적 근대화 발전에 막대한 손실

(2) 식민 통치를 위한 수단 : 모든 정책 일제의 식민지 통치 수단 계획하고 집행, 시설 투자 및 경제 계발도 통치 수단 진행

Ⅱ. 3 · 1 운동과 대한민국 임시정부

1. 1910년대 민족 운동

1) 국내 독립 운동(비밀 결사) : 도시 중산층과 개화 지식인 중심 조직적 전개

(1) 독립 의군부(1912~1914)

 ① 조직 : 유생 의병장 출신 임병찬 고종의 밀명으로 의병 규합 결성, 복벽주의 지향

 ② 활동 : 국권 반환 요구서 제출(조선총독부 및 일본정부), 의병 사전 계획 발각 실패

(2) 송죽 형제회(1913)

 ① 조직 : 황에스터·김경희·평양 숭의여학교 교사와 학생이 결성한 여성 비밀결사

 ② 활동 : 엄격한 회원제, 만주 및 연해주 등지 독립자금 전달, 3·1운동 적극 참여

(3) 조선 국권 회복단(1915)

 ① 조직 : 윤상태·서상일·이시영 등 경북 유생 중심, 유생토론회를 가장한 비밀결사

 ② 활동 : 단군 신앙 바탕 국권 회복 운동 전개, 군자금 모집과 파리 강화 회 의 독립 청원 서 제출, 3·1운동 적극 참여

(4) 대한 광복회(1915)

 ① 조직 : 1913년 풍기 광복단과 대구 조선국권회복단 통합 광복회 개편, 박상진·채기 중·김좌진 등 의병 출신과 근대 지식인 중심 근대식 대표적 비밀결사

② 목표 : 공화주의 지향, 국권 회복 최종 목표, 만주 독립군 사관학교 설립

③ 활동 : 군자금 모집, 친일파 처단, 1918년 밀고자로 발각되어 활동 중단

(5) 조선 국민회(1915)

① 조직 : 장일환·배민수 등 평양 숭실대학교 학생과 기독교 청년 중심 비밀결사

② 활동 : 공화주의 지향, 해외 독립운동 세력과 연결 주권 회복 운동 전개, 1918년 발각되어 해산

(6) 자립단(1915)

① 조직 : 함경도 단천 방주익·강명환 등 기독교 인사 중심 비밀결사

② 활동 : 민족의 자립을 위한 교육 목표의 계몽주의, 산업경영 및 청년교육 실시, 1916년 일본 경찰에 발각 해산

(7) 기타 : 기성단(1914, 평양 대성학교 출신), 선명단(1915, 요인 암살), 민단조합(1915, 복벽주의)

2) 국외 독립 운동(독립운동 기지 건설)

(1) 목표 : 만주·연해주 지역 독립운동 거점 마련과 민족산업 육성, 민족교육 실시, 군사력 양성 등 무장독립전쟁의 수행을 통해 독립 쟁취

(2) 대표적 독립운동 기지

① 북만주 : 이상설·이승희 중심, 밀산부 한흥동(최초 독립기지) 건설

② 남만주(서간도)

㉠ 조직 : 이회영·이동녕 등 신민회 인사 중심 삼원보 건설

㉡ 전개 : 신한민촌 건설(1910), 경학사(1911)조직, 신흥강습소(1911) 창설

㉢ 발전 : 서로군정서, 부민단(1912)은 한족회(1919)로 확대, 백서농장 건설, 신흥강습소는 신흥중학(1913)·신흥무관학교로 개칭(1919)

③ 북간도 : 한인 최대 규모의 독립 기지

㉠ 조직 : 이상설 용정촌 서전서숙(1906, 해외 최초 민족 교육기관) 설립, 김약연 명동학교(1911) 설립으로 본격적 독립 기지 발전

㉡ 왕청 중광단 조직(1911) : 대종교도인 서일, 무오독립선언 발표 (1918), 북로군정서 개편(1919), 3·1운동 이후 대한정의단 발전

㉢ 간민회 조직(1913) : 한인교육 목적 한민교육회 창설, 3·1운동 후 대한국민회

④ 중국 관내 지역(상해 중심)

㉠ 배경 : 상해는 각국 외교 기관 주재하고 있어 외교 활동 유리와 중국 국민당과 긴밀

한 협력 관계 가능 초기부터 해외독립운동 중심지

  ⓛ 동재사 조직(1912) : 신규식·박은식·정인보 등 한인 유학생 중심, 신동제사 개편 (1913)과 박달학원 설립(1913) 등 청년 교육 주력

  ⓒ 대동보국단 조직(1915) : 신규식·박은식 중심 시베리아·간도·국내 연락기능

  ⓔ 신한혁명당(1915) : 이상설·박은식 중심, 복벽주의 입각 입헌군주제 수립, 중국· 독일과의 동맹 이용 국내 진입 시도

  ⓜ 대동단결선언(1917) : 신한혁명당 중심 황제권 포기로 국민 주권주의 와 공화주의 바탕으로 임시정부 수립 내용

  ⓑ 신한청년당(1918) : 여운형·김규식 김철 등 중심, 독립청원서 작성 파리강화 회의 에 제출(김규식)

⑤ 블라디보스토크의 신한촌(러시아 지역)

  ㉠ 조직 : 개척리 마을 신한촌으로 개명, 나선촌 설립(1875, 김동삼 등), 남석동 건설 (1884, 김석우 등)

  ⓛ 한민회(1905) : 을사조약 후 한인사회 공동이익 목적 조직, 해조신문(1908)발행

  ⓒ 13도의군(1910) : 유인석·홍범도·이범윤·이상설 등 의병장 중심, 안창호·이종 호·이갑 등 애국 계몽 운동 계열 인사 참여

  ⓔ 성명회(1910) : 유인석·이상설 등 항일 의병 운동 계열과 애국 계몽 운동 계열의 합작 조직, 한·일 합방의 무효 선언, 광복의 그 날까지 피의 투쟁 결행 선언문 채택

  ⓜ 권업회(1911) : 이범윤 중심 조직, 러시아 당국 최초로 공식적 인가

  ⓑ 대한 광복군 정부 수립(1914) : 이상설·이동휘 등 대한 광복군 정부 조직

  ⓢ 대한 국민 의회(1919. 3) : 전로한족중앙총회는 한인사회당 일부 흡수 하여 상해 대 한민국 임시정부로 통합

⑥ 미주 이주 동포

  ㉠ 정착 : 1902년 하와이 사탕수수 농장 노동 이민 시작

  ⓛ 신민회 조직(1903) : 하와이 호놀룰루 홍승하·윤병구 등 동족단결·민지계발·국 정쇄신 바탕 미주 지역 최초의 정치 단체 조직

  ⓒ 대한인국민회(1910) : 공립협회·한인합성협회·대동보국회의 통합으로 조직, 통 일적 정치 운동 기관, 신한민보 발행

  ⓔ 흥사단(1913) : 안창호 샌프란시스코에서 조직, 정치 활동 보다 민족 부흥 목적, 흥 사단보 간행, 국내 교육과 실력 양성 운동 전개

⑦ 멕시코 이주 동포 : 1909년 계약 기간 만료 노예 생활 해방된 이근영·신광희 등 군인

양성 운동 전개, 승무학교 설립(1910)

⑧ 일본 이주 동포

 ㉠ 배경 : 개화정책 일환 유학생 파견, 국권 강탈 후
 몰락 농민 이주

 ㉡ 2 · 8 독립선언(1919) : 조선학회 · 동경조선유학
 학우회 등 이광수 · 최팔용 중심 조선 청년 독립
 단 조직, 2 · 8 선언문 발표

 ㉢ 조선인 학살 : 일본 관동 대지진(1923) 당시 일본
 이 유언비어 퍼트려 한인 학살

국외 독립운동 기지

2. 3 · 1 운동의 전개

1) 배경

(1) 새로운 국제 질서 형성 : 러시아 혁명(1917), 제1차 세계대전 종전

 ① 러시아 혁명 이후 : 사회주의 소련 등장, 약소 식민지 지원 약속

 ② 민족 자결주의(1918) 대두 : 윌슨 제창, 독일 · 러시아 식민지만 적용

(2) 국외 독립운동 : 국내 민족지도자 자극

 ① 신한청년단 활동(상하이) : 김규식 파리 강화 회의 파견 조선 독립 주장

 ② 무오독립선언서(1918. 7, 대한독립선언서) : 이상룡 · 안창호 · 김규식 등 39인 만주 길
 림에서 중광단 중심 발표

 ③ 2 · 8 독립선언(1919. 2) : 일본 도쿄 조선청년독립단 선언서와 결의문 선포

(3) 국내의 움직임

 ① 고종 승하(1919. 2) : 고종 황제 독살설로 국민 분노

 ② 일본의 토지 약탈 : 토지 조사 사업으로 농민 분노

 ③ 독립운동 준비 : 종교계 중심 3월 1일 거사일

2) 전개 과정 : 비폭력 투쟁에서 폭력 투쟁 양상 발전

(1) 운동의 성격 변화

 ① 제1기 : 민족 대표 33인 손병희(천도교 15), 이승훈(기독교 16), 한용운(불교 2) 태화관
 에서 낭독, 독립선언서(최남선) 제작 · 배포, 비폭력주의

② 제2기 : 학생주도 전국적 주요 도시 확산, 상인(철시), 노동자(파업)

③ 제3기 : 농민 참여 전국 농촌 각지 확산, 시위 규모 확대, 무력 저항 운동 전환

④ 제4기 : 국외 확산, 만주 · 연해주 · 상해 · 미국 · 일본 등

(2) 탄압 : 만세 시위 군중 무차별 사격, 제암리 학살 사건, 유관순 순국 등

3) 3 · 1 운동의 의의와 한계

(1) 3 · 운동의 의의

① 민족 역량 통합 : 애국 계몽과 의병 운동 및 복벽주의와 공화주의 통합기반 마련

② 일제 무단통치 완화 : 일제 통치 방식 무단통치에서 문화통치로 완화

③ 민족 저력 과시 : 우리 민족 독립의지 국제사회에 알리는 계기

④ 대한민국 임시 정부 수립(1919. 9) : 3 · 1운동 계기로 최초의 민주 공화제 정부인 상해 임시정부 통합

⑤ 민족 해방 운동 영향 : 중국 5 · 4운동, 인도의 비폭력 · 불복종 운동 등 아시아 민족 해방 운동 영향

(2) 3 · 1 운동의 한계

① 독립 실패 : 일제의 무자비한 탄압으로 실패

② 지도력 부족 : 독립선언서 낭독 후 종로 경찰서 자수 등 민족 대표 소극적 자세와 조직적 운동으로 발전하지 못했다는 한계

③ 비현실적 낙관주의 : 세계 여론이 우리 편이 되어 줄 것이라는 비자주적 독립 염원, 민족 자결주의에 대한 맹신과 판단 착오

3. 대한민국 임시정부

1) 대한민국 임시 정부의 수립

(1) 국내외의 임시정부

정부	시기	지역	대표자
대한 국민의회	1919. 3. 17	연해주	손병희(대통령), 이승만(국무총리)
대한민국 임시정부	1919. 4. 11	상해	이동녕(의정원 의장), 이승만(국무총리)
신한민국 정부	1919. 4. 17	철산 · 의주	이동휘(집정관), 이승만(국무총리)
한성 정부	1919. 4. 23	서울	이승만(집정관 총재), 이동휘(국무총리)

(2) 통합 임시정부 수립

① 수립(1919.9) : 한성정부의 법통을 계승, 정부 위치는 상하이로 확정

② 성립 : 무장투쟁론, 외교독립론, 실력양성론 등 다양한 노선과 민족주의, 사회주의 이념 결합

(3) 임시정부의 체제 : 최초의 민주공화제 정부, 삼권분립과 대통령 지도체제

① 삼권분립 : 임시 의정원(입법), 국무원(행정), 법원(사법)

② 대통령 지도체제 : 대통령 이승만(외교독립론자), 국무총리 이동휘(무장투쟁론자)

구분	대표	내용
외교독립론	이승만	대한민국 임시정부 초기 방법론 이승만 한국에 대한 국제연맹의 위임통치 요청
무장투쟁론	이동휘 · 신채호	신민회 독립군 기지건설에 선두 3 · 1 운동 이후 일제의 탄압으로 다수의 독립군 단체 결성
실력양성론	안창호	애국계몽운동 계승, 민립대학설립운동, 물산장려 운동 등 신채호가 이를 비판하며 무정부주의자로 변모

2) 대한민국 임시 정부의 활동

(1) 군자금 모금 및 첩보 활동

① 연통제(1919.7) : 안창호에 의해 설치된 국내외를 연결하는 비밀 행정 통치 제도

㉠ 조직 : 전국 도 · 군 · 면에 독판 · 군감 · 부장 · 면감 등 조직 형성

㉡ 활동 : 정부 문서와 명령 전달 및 군자금의 송부 · 정부 보고 등 업무 담당

㉢ 붕괴(1921) : 함경도와 평안도 연통제 서류 등 일제의 압수와 조직원 검거

② 교통국(1919.5) : 비밀 통신망

㉠ 설치 : 각 군에 교통국, 각 면에 교통소 설치

㉡ 활동 : 정보의 수집 · 분석 · 교환 · 연락 업무 담당

③ 이륭양행(만주) · 백산상회(부산) : 각종 정보 · 애국공채 발행 · 국민의연금 전달

㉠ 이륭양행 : 만주 안동에 아일랜드인 쇼가 경영, 임시 교통국 안동지부, 1922년 와해

㉡ 백산상회 : 안희제가 부산에 세운 무역회사, 일제의 수색 및 장부검열 등 압박 1927년 해산

(2) 외교 활동 : 정부의 가장 주력 분야이나 별다른 성과 없음

① 독립 청원서 : 파리강화회의에 대표 파견하여 제출(김규식, 신한청년단)

② 구미위원부 설치 : 미국 · 유럽 등 국제회의 한국 독립 문제 제기(이승만)

(3) 문화 활동

① 사료편찬소 설립 : 독립운동 관련 역사 정리, 한·일 관계 사료집 간행, 한국독립운동
지혈사 저술(박은식)

② 독립신문 간행(1919) : 임시정부의 기관지, 독립의지 선전

(4) 군사 활동

① 육군무관학교 설립 : 상하이에 설립하여 초급 지휘관 양성

② 임시정부 직할군대 : 만주 무장 독립군 임시정부 직할부대 개편, 광복군 사령부·광복
군 총영·육군 주만 참의부 등 결성

③ 한국광복군 창설 : 충칭에서 직접 무장부대 편성(1940) 항전의 주도적 전개는 광복군
이 창설된 이후

④ 한계 : 중국 영토내에서 직접 군사 활동 많은 제약

3) 국민 대표 회의 소집(1923)

(1) 회의 소집 배경

① 임시정부 침체 : 만주 지역 독립군 연결 단절, 비밀행정조직 붕괴, 일제의 탄압으로 자
금과 인력난

② 사상적 대립 : 독립운동 노선 갈등(외교독립론과 무장투쟁론), 대통령 이승만 독선

(2) 원인

① 이승만의 위임통치안 제출 : 미국 정부에 위임통치안 제출(1919. 2)

② 임시정부의 무력함에 대한 비판 대두 : 임시정부 국민적 합의없이 급조된 정부

(3) 전개

① 개조파·창조파의 대립 : 잘못된 부분 수정 개조파, 새로운 조직 건 창조파 논쟁

② 정부 옹호파 대두 : 윤기섭·김구 등 협성회 조직, 국민대표회의 지지파와 대립

③ 이승만의 위임통치안 : 청원서 제출 계기로 외교독립론에 대한 비판

| 개조파·창조파의 세력과 노선 |

| 구분 | 세력 | 대표 | 사상 | 주요입장 | | 노선 |
				태도	지향	
개조파	임시정부 내 개조파	안창호	민족주의	임시정부 인정	독립당 건설	실력양성론
	상해파 고려공산당	이동휘	공산주의	임시정부 인정	민족혁명당 건설	무장독립론
	서로군정서, 한족회	김동삼	민족주의	임시정부 인정	정부 개조	
창조파	북경군사통일회	신채호	민족주의	임시정부 불신임	신조직 건설 (위원제 정부)	무장투쟁론
	이르쿠츠파 공산당	김만겸	공산주의	임시정부 불신임	민족혁명당 건설	
	대한국민의회파	문창범	공산주의	임시정부 불신임	신조직 건설 (위원제 정부)	

(4) 결과 : 임시정부 활동 침체

① 국민대표회의 결렬(1923. 6) : 독립운동 지도자들의 의견 대립

② 대통령 이승만 파면(1925. 3) : 탄핵안 심판위원에 의해 정식 파면

③ 2대 대통령 : 박은식 취임, 4개월만에 병사(1925. 7), 내각책임제 개헌

4) 국민 대표 회의 이후의 임시정부

(1) 임시정부의 재정비

① 지도 체제 : 국무령 중심의 내각책임제 개헌, 이상룡과 홍진 국무령 취임

② 삼균주의 선포(1931. 4) : 조소앙 쑨원 삼민주의와 사회주의 영향 제창, 임시정부 정
치 · 경제 · 교육 균등의 삼균주의 수용

(2) 임시정부의 활동

① 정세의 변화 : 일본이 중국을 침략하여 중국 정부와 동맹 성립, 운봉길 의거 계기로 중
국 국민당 임시정부를 적극적 후원

② 한인애국단 창설(1931) : 김구는 일제에 대한 암살 및 파괴 공작 목적 창설

③ 한국광복군 창설(1940) : 무장 투쟁의 필요성 임시정부 충칭에서 창설

| 임시정부 헌정 지도체제의 변천 |

개헌	지도체제	내용	수반
1차 개헌(1919. 9)	대통령 지도체제	삼권분립, 민족운동 통합	이승만, 박은식
2차 개헌(1925. 7)	국무령 중심의 내각책임제	임시정부 내부 혼란 수습	이상룡, 홍진
3차 개헌(1927. 3)	국무위원 중심의 집단지도체제	좌우 이념 대립 통합	국무위원 10여명
4차 개헌(1940. 10)	주석 중심제	대일, 대독 선전포고	김구
5차 개헌(1944. 4)	주석 · 부주석 중심제	사법권 조항 부활	김구, 김규식

| 임시정부의 노선 변화 |

구분	진행	시기	내용
성립	임시정부 통합	1919	무장투쟁론, 외교독립론, 실력양상론 등 다양한 노선 결합
노선갈등	국민대표회 소집	1923	외교독립론과 무장투쟁론 갈등, 개조파와 창조파 분열
침체와 극복	한인애국단 조직	1931	이봉창, 윤봉길 의거로 중국 국민당 지원
무장독립전쟁	한국광복군 조직	1940	조선의용대 흡수, 민족혁명당 참여

Ⅲ. 3 · 1 운동 이후 항일 운동과 무장 독립 전쟁

▎학습 방법
- 6 · 10만세 운동과 광주 학생 항일 운동 비교 및 신간회와의 관련성 학습
- 의열단과 한인애국단의 활동 사항을 구분
- 1920년대 무장 독립 전쟁의 전개 과정을 순서대로 암기
- 1930년대 무장 독립 운동과 구분 숙지

▎출제 빈도
- ⏸ ⏹ ⏵ 6 · 10만세 운동과 광주 학생 항일 운동
- ⏸ ⏹ ⏵ 의열단과 한인애국단
- ⏸ ⏹ ⏵ 무장 독립 전쟁의 전개

1. 3 · 1 운동 이후의 항일 운동

1) 1920년대 항일 민족 운동

(1) 국내 무장 항일 투쟁 : 일제 식민기관 파괴, 친일파 처단, 군자금 모금 등

① 천마산대 : 평북 의주 천마산 최시흥 한말 군인 중심 조직(1919. 3), 만주 광복군 사령부와 연계 유격전 전개, 대한통의부에 편입

② 보합단 : 평북 의주 동암산 김동식 · 김중량 등 조직(1920. 3), 군자금 송달 및 친일파 숙청, 대한통의부 편입

③ 구월산대 : 대한독립단의 파견부대, 이명서 대장 황해도 구월산 중심활동(1920), 평안도 지역 동지 규합과 친일파 처단

④ 의용단 : 평양 홍석운 · 김동혁 등 조직(1919), 일본 경찰서, 관공서 습격

(2) 항일 학생 운동의 전개

① 6 · 10 만세 운동(1926)

㉠ 배경 : 문화통치에 일제의 수탈과 식민 교육에 대한 반발 심화

㉡ 주도 세력 : 학생과 사회주의 세력, 사회주의 세력 사전 발각 참여 무산

㉢ 전개 : 순종 인산일 계기 격문 살포 후 군중 시위 운동, 일제 탄압 좌절

㉣ 의의 : 항일 민족 운동의 구심체로 등장, 신간회 결성(1927)

② 광주 학생 항일 운동(1929. 11. 3)

　　㉠ 배경 : 식민지 노예 교육 항거하는 동맹 휴학, 신간회 활동의 자주독립 의식 고취

　　㉡ 전개 : 광주에서 한 · 일 학생 간 충돌, 일제의 편파 수사, 신간회 조사단 파견 및 지원, 전국적 항일 투쟁 발전

　　㉢ 의의 : 3 · 1 운동 이후 최대 규모의 항일 학생 운동

2) 애국 지사들의 항일 의거

(1) 의열단(1919, 김원봉)

　① 배경 : 3 · 1 운동 실패 후 무장 조직의 필요성 대두, 만주 및 연해주 중심 독립군 부대 및 무장 항일 단체가 조직

　② 조직 : 만주 길림 김원봉 · 윤세주 등 열혈청년 13명의 비밀 결사

　③ 목적 : 민중의 직접 혁명을 통한 일제 타도 추구

　④ 조선혁명선언의 영향(1923) : 신채호 의열단 행동지침의 선언문 발표

　⑤ 활동 : 조선총독부 · 경찰서 · 동양척식주식회사 등 식민지 지배 기관 파괴, 조선총독부 고위 관리 및 친일 인사 처단

　⑥ 활동 변화 : 개별적 투쟁 한계 인식 조직적 무장 투쟁 준비

　　㉠ 무장 투쟁 준비 : 다수의 의열단원들 황포 군관학교 입학(1926)

　　㉡ 학교 설립 : 조선 혁명 간부학교(1932)

　　㉢ 조선혁명당(1935) : 중국내 민족 유일당 결성

(2) 한인애국단의 활동(1931)

　① 배경 : 국민대표회의 결렬과 만보산사건(1931. 7), 만주사변(1931. 9)

　② 조직 : 김구의 주도로 암살 파괴 공작을 위한 한인애국단 조직

　③ 활동

　　㉠ 조명하(1928) : 타이완에서 일본 육군대장 구미노미야 처단

　　㉡ 이봉창(1932. 1) : 일왕 히로히토 암살 미수, 일본 빌미로 상하이 사변 발생

　　㉢ 윤봉길(1932. 4) : 홍거우 공원 일왕 생일과 상하이사변 전승 축하식 폭탄 투척

　④ 영향 : 윤봉길 의거로 중국 국민당 영토 내 무장 독립 투쟁 승인과 지원

구분	이름	시기	내용	소속
국내 활동	강우규	1919. 9	사이토 총독 저격 미수	단독
	박재혁	1920. 9	부산 경찰서 폭탄 투척	의열단
	최수봉	1920. 12	밀양 경찰서 폭탄 투척	
	김익상	1921. 9	조선총독부 폭탄 투척	
	김상옥	1923. 1	종로 경찰서 폭탄 투척 및 경찰과 교전	
	나석주	1926. 12	식산은행 및 동양척식주식회사 폭탄 투척 의거	
국외 활동	김지섭	1924	일본 동경 궁성 폭탄 투척	단독
	조명하	1928. 5	타이중 시(타이완 도시)에서 구미노미야(일왕 장인) 처단	
	이봉창	1932. 1	일왕 히로히토 암살 미수	한인애국단
	윤봉길	1932. 4	상하이 훙거우 공원 수통 폭탄 투척	

2. 3 · 1 운동 이후 무장 독립 전쟁의 전개

1) 1920년대 만주지역 독립군의 활동

(1) 독립군 부대의 출현

① 배경 : 3 · 1 운동 이후 민족 역량과 무장 투쟁의 필요성 절감

② 전개 : 만주 및 연해주를 중심으로 30여개의 무장 독립군 부대 조직

③ 만주 지역 독립군 부대

ㄱ 서간도(남만주) : 서로군정서(1919. 5),

ⓐ 서로군정서(1919. 5) : 이상룡 · 이탁 중심, 신흥무관학교 개편, 대한 통군부 통합(1922. 1)

ⓑ 대한독립단(1919. 4) : 박장호 · 조맹선 중심, 복벽주의 위정척사 계열, 광복군사령부에 통합(1920. 12)

ⓒ 광복사령부(1920. 2) : 조병준 · 안병찬 중심, 임시정부 직속 기관, 대한통군부 편입(1922. 1)

ⓓ 대한통의부(1922. 8) : 민정과 군정을 겸한 재만 한인 군정부 성립, 통의부와 의군부로 분열, 정의부로 창립(1923. 11)

ㄴ 북간도

ⓐ 북로군정서(1919. 8) : 김좌진 · 신민회 등 조직, 동북 만주

만주지역 독립군 활동

1920년대 독립 전쟁

최강부대, 대한독립군단으로 발전 후 자유시 참변(1921. 6) 이후 해체

   ⓑ 대한독립군(1919. 12) : 홍범도 사령관 왕청현과 봉오동 근거지 조직, 봉오동 전투 및 청산리 전투 공헌 1920년대 독립 전쟁

(2) 독립 전쟁의 전개

 ① 삼둔자 전투와 봉오동 전투(1920. 6)

  ㉠ 참가부대 : 대한독립군(홍범도) · 군무도독부군(최진동) · 국민회군(안무) 등 연합

  ㉡ 일본군 추격대 : 독립군 활동 일본 정규군은 독립군 추격 · 섬멸 작전 추진

  ㉢ 성과 : 연합부대는 봉오동에서 매복작전으로 일본군 격퇴

 ② 훈춘사건(1920. 10) 조작 : 봉오동전투에 패한 일본 간도 지역 독립군 토벌 목적

 ③ 청산리전투(1920. 10)

  ㉠ 참가부대 : 북로군정서(김좌진) 중심 대한독립군 · 국민회군 연합

  ㉡ 성과 : 청산리일대 6일 동안 치열한 전투 대승

(3) 독립군의 시련

 ① 간도 참변(1920. 10, 경신참변)

  ㉠ 일제의 보복 : 봉오동 · 청산리 전투에 패한 일본은 간도 습격, 한인 무차별 살해

  ㉡ 초토화 작전 : 독립군 기반인 한인촌 3~4개월간 무차별 습격으로 한인촌 폐허

 ② 대한독립군단의 조직(1920. 12)

  ㉠ 배경 : 일본의 토벌 작전으로 북로군정서 · 대한독립군 · 서로군정서 · 국민회군 등 소련 영내로 이동

  ㉡ 조직 : 서일 중심 북만주 밀산현 조직, 연해주 이만에서 자유시로 이동

 ③ 자유시 참변(1921. 6, 흑하사변)

  ㉠ 배경 : 러시아는 붉은군대(볼셰스키 중심) · 하얀군대(반혁명파)와 대립 상태, 일본은 한얀군대 지원한다는 명목 출병, 독립군은 붉은군대 지원하여 일본군 및 하얀군대 전멸

  ㉡ 원인 : 자유대대(이르쿠츠크파, 대한국민의회 지지)와 니항군(상해파, 임시정부 지지)의 독립군통수권을 두고 갈등

  ㉢ 전개

   ⓐ 제1기(상해파 주도) : 니항군대 사할린 의용대 개칭(1921.2), 자유 대대 반발

   ⓑ 제2기(이르쿠츠크파 주도) : 자유대대 통수권 동양비서부 교섭 성공, 니항군대 반항

   ⓒ 제3기(무장해제) : 칼란다리시빌리 사할린의용대 무장해제 단행, 불응하자 무차별 공격

㉣ 성격 : 한국 독립군 역사상 최대의 불상사이자 비극

　　　　ⓐ 외부적 : 사할린의용군이 볼셰비키군의 포위와 집중공격

　　　　ⓑ 내부적 : 이르쿠츠크파 고려공산당과 상해파 고려공산당의 대립투쟁

(4) 독립군의 재정비와 통합운동

　① 3부 성립 : 만주 지역의 독립군은 3개의 군정부 성립(1923~1925)

　　㉠ 참의부(1923. 8, 입법) : 백광운 등 압록강 유역 상해 임시정부 직할로 조직

　　㉡ 정의부(1923. 11, 사법) : 오동진 등 남만주 중심 정의부 창립

　　㉢ 신민부(1925. 3, 행정) : 간도 참변 이후 귀환한 독립군 중심 북만주 결성, 대종교적

　　　민족주의와 공화주의 표방, 신민보 간행

　② 3부의 성격 : 군사조직과 행정조직을 갖춘 3권 분립체제의 조선사회 자치 조직 발전

　③ 미쓰야 협정(1925. 6, 삼실협정) : 일제가 독립군 탄압 위해 만주 군벌 장쭤린과 맺은 협

　　정 체결, 독립군 체포 시 보상금 지급 등

　④ 3부 통합의 전개 : 민족유일당운동 전개, 후반 국민부와 혁신의회로 통합

　　㉠ 혁신의회(1928. 12) : 3부 인사(촉성회) 중심 북만주 조직, 한국독립당 조직 그 아래

　　　한국독립군 편성

　　㉡ 국민부(1929. 4) : 3부 인사(협의회파) 중심 남만주 조직, 조선혁명당 조직 그 아래

　　　조선혁명군 편성

| 3부 통합운동의 전개 |

(5) 만주 지역 정당의 조직

　① 한국혁명당(1929. 7) : 윤기섭 · 신익희 등 난징에서 조직, 독립운동 단결과 사상 정화

　　주장, 산하에 철혈단 무장 행동대 편성

　② 조선혁명당(1929. 12) : 국민부 민족유일당 개편, 산하에 조선혁명군 편성, 내부 분열

　　로 1935년 조선민족혁명당 참가로 해체

　③ 한국독립당(1930. 3, 상해) : 이동녕 · 김구 · 안창호 등 임시정부 유지 세력 주도, 토지

　　국유제를 바탕으로 민족공화국 수립 목적

　④ 한국독립당(1930. 7, 북만주) : 혁신의회 기반 이청천 · 홍진 등 조직, 산하에 한국 독립

　　군 편성, 난징의 한국혁명당과 통합 신한독립당으로 발전

2) 1930년대 무장 독립전쟁

(1) 민족주의 계열 무장 투쟁의 전개

  ① 배경 : 일제의 만주사변(1931. 9)을 일으켜 만주국(1932. 3) 수립, 독립군은 중국 내 무장 조직과 연대하여 한·중 연합 작전 수행

  ② 한·중 연합 작전의 전개

　　㉠ 한국독립군 : 혁신의회 지청천 중심, 중국 호로군과 연합 쌍성보 전투(1932)·동경성 전투(1933)·대전자령 전투(1933) 등

　　㉡ 조선혁명군 : 국민부 양세봉 중심, 중국 의용군과 연합 영릉가 전투(1932)·흥경성 전투(1933) 등

  ③ 한·중 연합 작전의 약화

　　㉠ 한국독립군 해체 : 중국 호로군의 내부 분열, 독립군 강제 무장 해제(1933. 10), 독립군 중국 관내 이동 및 일부 동북 인민혁명군·조선의용대 흡수

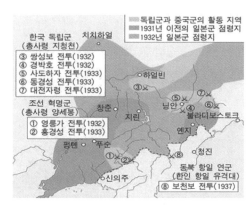

1930년대 무장 독립 전쟁

　　㉡ 조선혁명군 해체 : 양세봉 피살(1934. 9), 일·만 연합군에 사령관(김동산) 투항 (1937.3) 큰 타격, 일부 동북항일연군·조선의용대 흡수

(2) 민족 연합 전선의 형성 노력

  ① 조선민족혁명당(1935. 7)

　　㉠ 조직 : 중국 관내 및 만주 일대의 5개 정당 및 단체 참여 조직

　　㉡ 특징 : 임시 정부계 제외한 민족주의와 사회주의 참여한 통일전선단일 정당 성립

　　㉢ 목적 : 토지국유화를 바탕으로 민주공화국 수립 내용 반포

　　㉣ 분열 : 김원봉(의열단, 공산주의 이념)의 전권 장악으로 조소앙·박창세 등 민족주의 계열 인사 탈퇴(1935. 9), 지청천 탈퇴(1937. 4)

  ② 한국국민당(1935. 11)

　　㉠ 조직 : 분열된 임시정부 세력(한국독립당)이 통합하여 난징에서 조직

　　㉡ 인물 : 김구·이동녕 등 한인애국단과 임시정부 고수파 세력

　　㉢ 목적·성격 : 민주공화국 수립 목적과 공산주의와 무산계급혁명론을 배격한 민주주의에 입각한 삼균주의 강령 채택

  ③ 조선민족전선연맹(1937. 12)

　　㉠ 조직 : 김원봉 조선민족혁명당과 4개 단체 참가한 민족주의 좌파 조직

ⓛ 성격 : 계급혁명보다 민족독립 강조

ⓒ 조선의용대 조직(1938. 10) : 조선민족혁명당 직할 부대

ⓐ 창설 : 중·일 전쟁 후 김원봉 중국 정부 지원으로 한커우에서 창설

ⓑ 목적 : 중국의 항일 전쟁 참가 및 조선 민족의 독립 추구

ⓒ 활동 : 적의 후방 교란 및 정보수집, 인력 확보 임무 수행

ⓓ 분열 : 지도부 내부 분열로 화북지역 북상 조선의용대 화북지대 결성, 홍군과 연합 호가장 전투(1941. 12)·반소탕전(1942. 5) 대승

ⓔ 결과 : 화북지대는 공산주의계 조선독립동맹 흡수(1942. 8), 김원봉 중심 본대는 한국광복군에 흡수(1942. 10)

ⓡ 분열 : 김원봉의 항일노선에 불만을 지닌 좌파 세력 증가

ⓜ 결과 : 김성숙 등 독립운동단체 통합 주장, 임시정부에 흡수(1942. 10)

④ 전국연합진선협회(1939. 9)

ㄱ 조직 : 김구(광복진선)·김원봉(민족전선) 주도 7개 독립운동 정당결성

ㄴ 결과 : 이념의 차이로 공산주의 단체 조선민족해방자동맹·조선청년전 위동맹 탈퇴, 5개 단체 단일조직 형성, 민족민족혁명당 탈퇴로 협회 와해(1939. 9)

(3) 공산주의 계열 무장 투쟁의 전개

① 배경 : 1920년대 이후 만주에 조선공산당 만주총국 설치, 1929년 중국공산당 요구 1930년 한인 공산주의자들은 중국공산당 조직에 편입

② 추수·춘황투쟁(1931) : 가을걷이와 춘궁기 때 벌인 투쟁, 소작료 인하 및 생존·자치권 보장 요구, 소규모 유격 중심 항일 무장 투쟁 전개

③ 항일 유격대 결성 : 적위대(중국공산당 산하 무장조직)의 청년 중심 반석 공농반일 의용군 조직, 남만유격대 개편, 동만주(연길현유격대·화룡유격대(1932)), 간도(훈춘유격대(1933)) 등 결성

④ 동북인민혁명군 결성(1933. 8) : 만주 한인 항일유격대와 중국공산당 유격대가 결합하여 중국공산당 계열의 정규군 조직, 자치 정부 수립과 토지·사회 개혁 적극적 실시

⑤ 동북항일연군 개편(1936. 3) : 시안사건 계기로 모든 당파·민족·계층을 망라한 동북항일연군 개편, 일제 타도 목적인 연합 부대 성격

⑥ 조국광복회 결성(1936. 5)

ㄱ 조직 : 동북항일연군 조선인 간부 중심

ㄴ 목적 : 독립적 인민정부 수립과 한인의 참다운 자치 실현 목적

ㄷ 활동 범위 : 함경남도 북부와 평안북도 북부 등 국내 비밀 지부 조직, 항일 통일전선

전술을 구사할 토대 마련

　ⓐ 보천보 전투(1937. 6) : 김일성이 이끄는 동북항일연군 함경도 갑산의 보천보의 경찰 주재소 · 소방서 · 면사무소 등 습격, 국내신문 크게 보도

3) 1940년대 무장 독립전쟁

(1) 한국독립당(1940. 5)

　① 결성 : 민족주의 우파3당(한국국민당 · 한국독립당 · 조선혁명당) 통합 추진, 충칭에서 단일대당으로 결성

　② 이념 · 성격 : 삼균주의 수용, 임시정부 그 자체의 성격

　③ 한국광복군 창설(1940. 9, 충칭) : 중국 국민당 승인, 당군이 아닌 한국 의 국군

　④ 건국강령 반포(1941. 11) : 조소앙의 삼균주의 바탕, 독립을 위한 건국 강령 반포

　⑤ 조선민족혁명당 합류(1942. 10) : 공산주의계 탈당으로 산하 조선의용대 합류

　⑥ 좌우 연합정부 구성(1944. 4) : 좌익 진영 참여 대한민국임시헌장 개정, 주석(김구) · 부주석(김규식) 선임

(2) 한국광복군(1940. 9)

　① 창설 : 임시정부 정규군, 신흥 무관 출신 중심 충칭에서 창설

　② 활동

　　ⓐ 대일선전포고(1941. 12) : 태평양 전쟁 발발 후 대일 · 대독 선전포고문 발표

　　ⓑ 연합군 일원으로 참전 : 인도 · 미얀마 등 영국군과 연합 작전(1943), 미국군과 합동 작전(1944) 수행으로 국내 진입 작전 준비

　　ⓒ 국내 정진군 편성 : 일본군과의 전면전 전개 계획, 총사령관(지청천) · 지대장(이범석) 중심 훈련 실시, 비행대 편성, 일제의 패망으로 국내 진입 실현되지 못함

(3) 조선독립동맹과 조선의용군

　① 화북조선청년연합회(1941. 1) : 조선의용대 화북지대와 중국공산당 결합, 조선독립동맹 결성

　② 조선독립동맹(1942. 7)

　　ⓐ 조직 : 조선의용대 대다수 흡수, 강화된 무장력 바탕 주석(김두봉) · 무정 · 최창익 중심

　　ⓑ 목적 · 활동 : 민주공화국 수립 목적, 반제국적 반봉건적 혁명

　　ⓒ 조선의용군 조직(1942. 7) : 조선의용대 화북지대 개편, 중국 팔로군과 연합작전 수행, 일제 패망 후 북한인민군 편입(1949. 7)

Ⅳ. 사회 · 경제적 민족 운동

■ 학습 방법
- 신간회의 결성 배경과 활동 주목
- 실력 양성 운동(물산장려운동, 민립대학설립운동, 문맹퇴치 운동)의 특징과 시기 파악
- 농민·노동 운동의 시기별 특징 구분 숙지

■ 출제 빈도
- ⊕ ⊕ ⊗ 신간회의 결성 배경과 활동
- ⊕ ⊕ ⊗ 실력 양성 운동
- ⊕ ⊕ ⊗ 농민 운동과 노동 운동

1. 민족 실력 양성 운동

1) 민족 기업의 성장과 물산 장려 운동

(1) 민족 기업의 성장

① 배경 : 회사령 허가제에서 신고제 변경(1920), 일제의 규제로 소규모 공장 건설

② 기업 유형

㉠ 대지주 · 상인 중심 기업 : 지주와 거상의 자본으로 경성방직주식회사(김성수)

㉡ 서민 출신 기업 : 서민의 소자본 모아 설립한 평양 메리야스 공장 · 고무신 공장

③ 위축 : 병참 기지화 정책, 기업정비령(1942) 해체 및 일본 기업에 합병

민족 기업의 성장

민족 기업의 성장	민족 기업의 형태	민족 기업의 쇠퇴
3 · 1운동 이후 민족 자본의 육성 필요성 대두 민족기업 설립 움직임	지주 출신 : 경성방직 서민 출신 : 평양 메리야스, 고무신 공장 민족계은행 : 삼남, 호남 , 경남 합동 은행	1930년 대후 판매적 성향 (일제에 헌금) 친일적 형태로 일본 기업화

회사령 철폐(1920) : 일본의 기업 활동 촉진 목적 ▶ 민족 기업 성장

(2) 물산 장려 운동 '내 살림 내 것으로, 조선 사람 조선 것으로'

① 배경 : 회사령 철폐로 한국 경제 예속 목적 한 · 일간의 관세 철폐 추진

② 조선물산장려회 발족(1922. 6) : 조만식 중심, 평양에서 자급자족 시작(1920. 8)

③ 전국 확대 : 자작회·자작자급회·토산장려회 등 각종 단체 설립과 여성 단체인 토산 애용부인회가 결성되어 단시일 전국적 확대

④ 활동 : 토산품 애용과 자급자족 바탕으로 근검절약, 생활개선, 금주·금연 운동 등 전개

⑤ 결과 : 생산 능력 저하 상태의 운동은 제품의 가격 상승 요인, 이득은 상인이나 자본가로 한정, 무명 및 광목 제품 생산 방직업의 호황

⑥ 한계 : 자본가의 이익을 위한 단순 경제적 운동 전략, 일제의 민족 말살 통치로 강제 해산(1940. 8)

2) 민립 대학 설립 운동과 문맹 퇴치 운동

(1) 민립 대학 설립 운동

① 배경

㉠ 우민화 교육 정책 : 조선교육령(1911. 8) 반포, 일제의 식민 통치에 유용한 하급 기술 인력 양성 목적

㉡ 하급 기술자 양성 교육 : 제2차 조선교육령(1922. 2) 반포, 조선인은 초급 교육이나 기술 교육만 실시

② 민족 교육 운동의 전개

㉠ 야학 중심의 민족 교육 : 유년필독·국어문법 등 우리말 교재로 역사 및 지리 교육으로 자주 의식과 항일 사상 고취

㉡ 조선교육회 창설(1920. 6) : 한규설·이상재 창설, 이듬해 민족주의 우파 중심 조선교육개선회 조직 총독부에 식민 교육 개선 진정서 제출(0921. 4)

③ 민립 대학 설립 운동

㉠ 배경 : 조선교육회 고등 교육 기관 설립 목적 , 총독부 대학 설립 요구 묵살

㉡ 민립대학기성회 조직(1922. 11) : 이상재·한용운·윤치호 등 결성 조직, 국내·외 모금운동 전개

㉢ 결과 : 일제의 탄압과 자연재해로 중단되어 좌절

㉣ 일제의 무마책 : 경성제국 대학 설립(1924), 일본에 협력하는 인재 양성 목적

(2) 문맹 퇴치 운동

① 배경 : 일제의 식민 차별화 정책으로 조선 내 문맹자 급증, 3·1 운동 계기로 시작

② 전개

㉠ 3·1 운동 이전 : 종교 계통의 한글 보급 노력

ⓛ 1920년대 : 주로 학생 및 지식인 중심 야학 설립, 동아일보 및 조선일보 적극

　　　ⓐ 동아일보 : 브나로드운동 전개, 문맹퇴치·미신타파·구습제거·생활 개선 목적

　　　ⓑ 조선일보 : 아는 것이 힘 배워야 한다는 구호, 문자보급 운동 전개

　　ⓒ 야학 설립

　　　ⓐ 배경 : 공립학교 수용 능력 제한과 비싼 학비로 노동자, 농민, 도시빈민 교육기회 상실

　　　ⓑ 특징 : 미취약 아동 및 성인남녀 농민·노동자의 의식교육 통해 노동쟁의, 소작쟁의가 활발하게 일어나는데 기여

　　　ⓓ 조선어 강습회(1932) : 조선어학회는 강습회 및 강연회 등 통해 문자 보급 노력

　③ 일제의 탄압 : 단순 글만이 아닌 민족의식 고취 목적, 위기의식 느낀 일제는 1935년 일체의 계몽 활동과 문맹퇴치 엄격 금지

(3) 민족 실력 양성 운동의 한계

　① 근본적 한계 : 일제의 허용 범위에만 국한된 운동 전개

　② 친일 노선화 : 정치적 실력 양성 우선론과 단계적 운동론 주장 했으나, 실제는 일제의 침략을 인정하는 타협적 성격

2. 민족 협동 전선 운동

1) 사회주의 운동의 대두

(1) 배경 : 레닌의 약소 민족의 독립운동 지원 선언 이후 사회주의 사상은 만주 연해주 독립운동가들 수용, 국내 지식인과 청년층 확산

(2) 전개

　① 초기 : 사회주의는 학생이나 청년, 지식인 중심 전파

　② 확대 : 여성·농민·노동자로 확산 본격적 활동, 조선공산당 결성(1925) 조직적 운동 전개

(3) 조선공산당

　① 조직 : 서울청년회(1921)·무산자동지회(1922)·신사상연구회(1923)·화요회(1924)·북풍회(1924) 등 사회주의 단체 조직

　② 1차 조선공산당(1925. 4) : 화요회와 북풍회 중심 김재봉 책임비서, 화요회 중심 박헌영 책임비서로 고려공산청년회 조직, 신의주에서 변호사 구타사건 계기 해체(1925. 11)

③ 2차 조선공산당(1925. 12) : 고려공산청년회 권오설 중심, 6·10 만세운동 격문 인쇄 및 살포 계획 발각으로 해체(1926.6)

④ 3차 조선공산당(1926. 9) : 김철수 책임비서 코민테른 승인, 통일공산당 결성, 책임비서 안광천 정우회 조직 신간회 결성에 영향, 일제에 발각 해체(1928. 2)

⑤ 4차 조선공산당(1928. 3) : 선진적 노동자 차금봉 책임비서, 반제국주의 혁명노선, 조직 발각(1928.7)

⑥ 12월 테제(1928. 12) : 코민테른은 공산당 조직 문제는 고질적 당내 분파 투쟁 단정, 노동자·농민 중심의 당 재건 명령

⑦ 9월 테제(1930. 9, 프로핀테른) : 신간회를 소부르조아적 정당조직 판단, 혁명적 노동운동 전환 명령

(4) 결과 : 민족주의와 대립, 노선 내부의 갈등, 민족 유일당의 필요성 대두

2) 민족 유일당 운동의 전개와 신간회

(1) 민족 유일당 운동의 배경

① 자치운동론 대두(1923)

ⓐ 주장 : 이광수·최린 등 민족주의 계열 인사 주장

ⓑ 의미 : 일제의 지배 인정하는 범위 내 자치권 획득 운동, 타협주의적 개량운동

ⓒ 한계 : 민족운동 혼란과 분열 초래, 일제 기만적 문화정치 도와준 민족 분열정책의 한 변형

② 중국의 제1차 국·공합작(1924) : 민족주의와 사회주의가 연대한 항일 통일 전선 형성

③ 북경촉성회의 창립(1926. 10) : 안창호는 좌파 원세훈 및 생해 등지 여러 독립단체에 대동단결 촉구, 대독립 당조직북경촉성회 창립

④ 6·10 만세운동(1926) : 학생과 사회주의계 주축, 민족주의계와 민족적 공감대 형성

⑤ 조선민흥회 조직(1926. 7) : 일부 사회주의자와 물산장려회 주도한 민족 주의계 인사 조직, 신간회 창립 선구적 역할

⑥ 정우회 선언(1926. 11) : 사회주의 단체인 정우회는 정치 투쟁 전환 주장, 비타협적 민족주의계와 제휴 모색, 선언 이후 신간회 창립 중요 계기

(2) 신간회(1927~1931)

① 창립 : 이상재·안재홍 등 자치운동 배격하고 비타협적 민족주의계와 사회주의계 협력 창립(1927. 2)

② 3대 강령 : 기회주의자 배격, 정치·경제적 각성 촉진, 민족의 단결 공고

③ 규모 : 전국 144여개 지회 설치, 일제치하 최대의 합법적 항일 단체

④ 활동 : 민중대회와 연설회 개최, 노동운동과 농민운동 지원, 청년·여성·형평 운동과의 조직적 연계

⑤ 항일 운동의 전개

　㉠ 광주 학생운동 지원 : 조사단 파견, 민중대회 개최 등 반일시위 시도, 일제의 철저한 탄압으로 중단

　㉡ 갑산 화전민 학살 사건 : 1929. 6. 16일 함경도 갑산군 보혜면 대평리 평퍼물의 화전민 학살 사건 총독부에 진상규명 요구

⑥ 자치운동과의 타협론 등장 : 김병로 위원장 취임 후 일제와 직접적 충돌 피하는 자치론과 타협 시도, 지회 및 사회주의자는 극렬히 비판

⑦ 신간회 해체

　㉠ 이념 대립 : 민족주의 계열 타협적 노선 등장으로 사회주의계 신간회 해소 주장

　㉡ 집행부의 우경화 : 지도부의 비타협주의 무시하고 합법운동 전환 시도

　㉢ 신간회 해소 : 일제의 탄압과 코민테른의 지시로 해소(1931. 5)

(3) 근우회(1927. 5)

① 조직 : 김영순·김활란·황신덕·사회 각계각층 여의사·교사·종교인 등 40여 명

② 이념 : 여자의 단결과 지위향상

③ 전개 : 여성의 단결, 남녀평등, 여성교육 확대, 여성노동자 권익 옹호, 새생활 개선 운동 등 전개, 신간회의 자매단체

④ 해산 : 스스로의 역량 부족과 일제의 탄압 등 정식 해산 발표도 없이 해체(1931)

⑤ 의의 : 여성계의 민족유일당

3. 사회적 민족 운동의 전개

1) 청년 운동

(1) 배경 : 3·1운동 이후 많은 청년단체 조직

① 표면적 : 청년의 품성도야·지식계발·체육장려·단체 훈련 강화 등

② 실제적 : 민족 역량의 향상을 통한 자주독립의 기초 이룩하는 민족실력 양성운동

(2) 활동

① 지식향상 : 강연회·토론회 등 개최, 학교·강습소·야학 등 설치 운영

② 심신단련 : 운동회 · 조기회 등

③ 사회교화와 생활개선 : 단연회 · 금주회 · 저축조합 등 결성

(3) 청년 운동 단체

① 조선청년연합회(1920) : 서울청년회등 116개 단체 오상근을 위원장으로 결성, 지 · 덕 · 체의 함양 목표

② 조선청년총동맹(1924) : 서울청년회와 신흥청년동맹 중심, 대중본위의 신사회 건설 · 조선민족 해방운동 선구자 주장, 청년계의 민족유일당

(4) 분열 : 사회주의 사상 확산으로 무산계급의 해방을 주장하는 계급투쟁 추구로 청년운동 분열 · 대립

2) 소년 운동

(1) 전개 : 어린이를 어른과 동등한 인격체로 대우하려는 운동

(2) 소년 운동 단체

① 천도교 소년회 : 천도교 청년회가 소년부 설치

② 조선소년연합회(1927) : 방정환 · 조철호 등 중심, 어린이날 제정(1922. 5. 1), 어린이 간행(기사 : 국한문혼용, 문예물 : 한글), 조선소년군 창설(조철호, 보이스카우트의 전신)

(3) 해산(1937) : 중 · 일 전쟁 이후 일제의 청소년 운동 일체 금지로 청소년 단체들이 모두 해산

3) 여성 운동

(1) 배경 : 3 · 1 운동 이후 본격적 활성화, 1920년대 여자 청년부 · 부인회 등 200여개 여성 운동 단체 조직

(2) 여성 단체 : 대한애국부인회(1919), 조선여자교육회(1920, 김미리사), 조선여자 교육협회(1922), 조선여자청년회, 조선여자기독교 청년회(1920) 등

(3) 활동

① 1920년대 초반 : 전통적 인습 · 가부장제 타파, 여성 권익과 교육 증진 등 여성 계몽적 성격의 실력 양성 운동 전개

② 1920년대 후반 : 사회주의 운동과 결합, 여성해방을 계급 및 민족 해방의 문제로 간주

(4) 통합 운동 전개 : 여성계 민족유일당으로 근우회(1927. 5) 조직, 1931년 신간회가 해산 되면서 근우회도 해산

(5) 분열 : 사회주의 사상의 영향으로 무산계급 여성해방이 주장되면서 분열

4) 형평 운동

(1) 배경 : 갑오개혁(1894) 이후 법적 신분제 폐지는 사회적 편견과 차별 잔존, 백정의 새 신 분 도한 및 붉은 점 표기하여 차별

(2) 조선형평사 조직(1923. 4)

　① 조직 : 경상남도 진주 이학찬 · 강상호 등 백정 중심 조직

　② 목적 : 계급 및 칭호 폐지 · 교육균등과 지위향상 등 저울처럼 평등한 사회의 구현

　③ 확대 : 각지 지회 및 지부 설치, 조선형평사혁신동맹창립총회(1924. 3, 천안), 형평이라 는 잡지 발간, 피혁공장 설립

(3) 전개 : 형평사전조선대회(1925. 4) 개최로 다른 사회 운동과 밀접한 관계

(4) 분열 및 해체 : 온건파 · 급진파의 대립, 일제의 탄압과 대동사(1935 개칭으로 순수한 경제적 이익 운동 변질

4. 경제적 민족 운동의 전개

1) 농민 운동(소작쟁의)

(1) 원인

　① 토지조사사업(1912~1918) : 지주제 강화 농민 기한부 계약 소작농 전락

　② 산미증식계획(1920~1933) : 고율소작료에 생산비용까지 농민 이중 수탈

　③ 사회주의 운동 : 농민단체 결성을 통해 농민의 조직화 기여

(2) 전개

　① 1920년대 초반 : 생존권 투쟁의 성격

　　㉠ 주체 세력 : 소작인 조합 중심

　　㉡ 내용 : 생존권 투쟁, 소작료 인하 및 소작권 보장

　　㉢ 대표적 소작쟁이 : 암태도 소작쟁이(1923), 재령의 동양척사주식회사 소작쟁이 (1924)

　② 1920년대 후반

　　㉠ 주체 세력 : 자작농을 포함 농민조합이 소작쟁이 주도

　　㉡ 쟁이 확대 : 중반 사회주의 영향으로 조선농민총동맹(1927. 9)결성 이후 전국 조직 적 전개

　③ 1930년대 이후 : 생존권 · 계급 · 항일 운동 성격

　　　　ⓒ 성격 : 일제의 식민 지배 자체를 부정하는 반제국주의적 항일운동

　　　　ⓛ 투쟁 방법 : 비합법적 혁명적 농민운동

　　　　ⓒ 한계 · 소멸 : 일제의 농민회유정책으로 조직 와해, 쟁의의 수는 산발적 증가하는 반

　　　　　면 참여 농민 감소

　　(3) 농민회유정책

　　　① 농민진흥정책(1932~1940)

　　　　ⓒ 배경 : 1930년대 혁명적 농민운동 확산 대비 산미증식계획 중단 대신 전개

　　　　ⓛ 내용

　　　　　ⓐ 형식적 : 춘궁퇴치, 차금퇴치 및 예방, 자력갱생

　　　　　ⓑ 실질적 : 농촌 통제와 간섭, 농민의 긴축생활과 납세 이행 독려

　　　② 조선소작조정령(1932)과 조선농지령(1934) 발표

　　　　ⓒ 배경 : 소작쟁의 방지와 소작농 지위 안정 및 소작지 생산력 향상 목적, 실질적으로

　　　　　는 일제의 조선농민 회유와 단속을 위한 목적

　　　　ⓛ 내용 : 소작기간 설정, 소작권 이동 금지, 소작료 감면청구권 등

　　　　ⓒ 결과 : 소작쟁의의 조정은 지주 · 자본가 · 금융인 등에 의하여 지주측 유리, 소작쟁

　　　　　의에 대한 법적 통제 강화

2) 노동 운동(노동쟁의)

　(1) 배경 : 사회주의 운동 대두로 노동자 각성 및 단결 강화

　　① 노동자 수 증가 : 일제 식민지 공업화로 일본 기업 증가(1931년 14만명, 1943년 73만명)

　　② 근무 : 낮은 임금과 열악한 노동환경, 민족 차별

　(2) 전개

　　① 1920년대 초반

　　　　ⓒ 주체 세력 : 지하 노동조합 중심으로 자유노동자 참여

　　　　ⓛ 내용 : 노동 시간 단축 · 환경 개선 · 임금 인상 등 생존권 합법적 투쟁

　　② 1920년대 후반

　　　　ⓒ 쟁점 변화 : 사회주의 사상 대두로 생존권 문제에서 벗어나 노동자의 권익신장과

　　　　　제도개선 방향 변화

　　　　ⓛ 조직 확대 : 전국적 확산과 조선노동총연맹(1927) 결성으로 노동운동 조직화

　　　　ⓒ 대표적 노동쟁의 : 영흥 노동자 총파업(1928), 원산 노동자 총파업(1929) 등

　　③ 1930년대 이후 : 병참기지화 정책 · 전시 동원 정책으로 노동쟁의 통제 강화

ㄱ 성격 : 반제국주의적 항일민족운동 전개의 비합법적 투쟁

ㄴ 한계 : 일제의 병참기기화 정책과 강경책으로 노동쟁의 감소, 1940년 이후 소멸

| 노동 및 농민 단체 조직 |

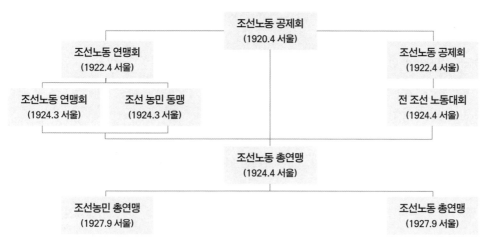

5. 생활 모습의 변화

1) 인구의 증가와 도시의 변화

(1) 인구의 증가

1910년대 말 1,700만 명, 1930년대 2,000만 명, 1942년 2,600만 명 인구 증가

(2) 서울의 변화

① 서울(경성)인구 : 1920년 24만 명, 1940년 93만 명 증가

② 도시 개수 계획 : 총독부 주관, 총독부·경성부 청사·경성 역사 건립 등 식민지 도시
풍경 변화

(3) 남촌과 북촌의 형성

① 시구 개정 사업(1912~1929) : 굽은 도로 직선화 및 도로 폭 확장

② 일본인 거리 : 1930년 일본인 10만여 명 거주, 일본인 거리 형성 본정(충무로)·명치
정(명동)·황금정(을지로)

③ 청계천 중심 경계

ㄱ 남촌 : 남쪽 일본인 거리, 정치 및 상업의 중심지로 근대 도시 모습

ㄴ 북촌 : 북쪽 한국인 거리, 근대 시설 없음

2) 의식주 생활의 변화

(1) 의생활의 변화

① 남성 : 직장인 중심 양복 착용, 대부분 한복 · 모자 · 고무신 등 한식과 양식 혼합

② 여성 : 1910년대 쪽진 가르마 머리, 도시는 서양복식(블라우스 · 스커트 · 단발머리 · 파마머리 · 하이힐 등) 착용

③ 1940년대 전시체제 남녀복장 변화

    ㉠ 남성 : 국방색 국민복과 전투모와 각반 착용

    ㉡ 여성 : 치마 대신 일본 농촌 여성의 작업복 몸빼 착용

(2) 식생활의 변화

① 내용 : 1910년 이후 과자 · 빵 · 케이크 · 비프스테이크 · 아이스크림 등 서양 음식이 대중에게 본격적 소개

② 구분

    ㉠ 도시 상류층 : 서양 식품 주 소비층

    ㉡ 일반 서민 : 식량 사정 악화

        ⓐ 산미증식계획 이후 : 쌀 유출 증가로 1인당 쌀 소비량 감소

        ⓑ 중 · 일 전쟁 이후 : 쌀 공출제 실시로 식량 부족 심화

        ⓒ 서민 : 잡곡밥 · 조밥 · 수수밥 · 소나무 속껍질로 만든 송기떡 · 콩깨묵 · 술찌끼로 연명

(3) 주택 공간의 변화

① 배경 : 도시에 인구가 증가하면서 새로운 양식의 주택 등장

② 변화 : 1920년대 이후 상류층(문화주택) · 중류층(개량한옥) · 중하류층(영단주택)

③ 구분

    ㉠ 1920년대 개량한옥 : 사랑방과 문간방 없어지고 대청마루에 유리문과 니스에 페인트를 사용한 혼합형 가옥

    ㉡ 1930년대 문화주택 : 2층 양옥으로 복도와 응접실 · 침실 · 아이들방 등 독립된 공간 마련

    ㉢ 1940년대 영단주택 : 서민 주택난 해결 목적으로 지은 국민 연립주택

    ㉣ 토막집 : 서울 변두리 빈민 거주

④ 특징 : 전통적 양반가의 주택과 달리 남녀가 같은 공간에서 생활

V. 민족 문화 수호 운동

■ 학습 방법
- 일제 강점기 민족주의 사학, 사회·경제 사학, 실증주의 사학의 특징 구분, 학자들의 활동 사항과 저서 함께 숙지
- 한말의 국문연구소와 일제강점기의 조선어 연구회, 조선어 학회의 활동 구분 학습
- 일제 강점기 각 종교의 활동 파악, 문학과 예술은 시기별로 구분 숙지

■ 출제 빈도
    上 中 下 일제 강점기의 한국사의 연구
    上 中 下 일제 강점기 문예활동

1. 일제의 식민지 교육 · 문화정책

1) 식민지 교육정책

(1) 목표 : 일제의 식민통치에 순응하는 국민과 식민지 공업화에 필요한 노동력 양성

(2) 1910년대 교육정책 : 일제에 순응하는 선량한 국민 육성

  ① 우민화 정책 : 서당 및 사립학교 등 민족교육 억압, 식민지 국민의 의무만 강조

  ② 제1차 조선교육령(1911) : 우민화 정책, 대학 교육 불허, 기능인 양성 기술교육만 실시, 보통 교육 수업 연한 4년으로 단축

  ③ 서당규칙(1918) : 서당설립 허가제 전환, 반일적 서당 설립 및 교육활동 억압

(3) 1920년대 교육정책 : 친일파 육성 교육

  ① 배경 : 3·1 운동 이후 반일 감정 무마용 교육제도 개편

  ② 내용

    ㉠ 조선어 필수 과목 규정 : 조선어·조선역사·조선지리 교육 실시, 일제 왜곡 내용

    ㉡ 제2차 조선교육령(1922) : 일본식 학제 변경 및 일본어 보급 확대 및 강화 추진

    ㉢ 교육 : 표면상 일본인과 동등교육, 실질적 교육 차별

    ㉣ 경성제국 대학 설립(1924) : 민족대학 설립운동 무마용 설립

(4) 1930년대 교육정책 : 민족 말살 교육

  ① 배경 : 만주사변 및 중·일 전쟁 후 동화주의 교육 실시, 황국식민화 정책 강화

② 내용

    ㉠ 황국식민화 정책 : 황국신민 서사암송 · 신사 참배 강요, 조선어 · 역사 교육 등 폐지

    ㉡ 내선일체 강조 : 민족 말살 정책 강화, 창씨개명 강요

    ㉢ 제3차 조선교육령(1938) : 일본어 국어 상용, 소학교 초등학교로 개칭

    ㉣ 제4차 조선교육령(1943) : 교육의 군사 체제화, 조선 국어 및 역사 폐지

    ㉤ 제5차 조선교육령(1945) : 전시 교육령, 전교생 결전 태세, 학도대결성

2) 식민지 문화정책(식민사관)

(1) 목적 : 한국인 독립정신 말살과 한국사 왜곡으로 일제의 식민통치 합리화

(2) 내용

  ① 타율성론 : 우리민족의 주체적 역량 자율적이 아닌 외세에 의해 타율적 성립

    ㉠ 남선경영설 · 임나일본부설 : 고대 한반도 북쪽은 중국 세력의 지배, 남쪽은 일본 세력 지배 주장

    ㉡ 반도성격론 : 한반도 지정학적 특성으로 대륙과 해양 세력 영향 주장

    ㉢ 만선사관 : 한국의 역사는 만주 대륙사의 일부분 주장

  ② 정체성론 : 한국의 역사는 오랫동안 발전하지 못하여 일본의 도움 필요 주장

  ③ 당파성론 : 우리 민족성은 분열성이 강하여 항상 내분 주장

  ④ 일선동조론 : 한국과 일본 시조 동일, 단군 조선 부정 등 특히 고대사 크게 왜곡

(3) 일제의 한국문화 왜곡 단체

단체	내용
법전조사국(1912)	한국의 관습 · 풍속 · 의식 등 연구, 3 · 1운동 후 중추원 이관
고적조사위원회(1916)	관야정 등 일인사학자 주체 경주 · 낙랑 등 각종 문화재 발굴 조사, 미술품 탈취 고적조사도보 편찬
조선사편수회(1925)	한국사 왜곡 및 서술하기 위해 총독부 내 설치 조선사 · 조선사료총간 · 조선사료전집 등 간행
청구학회(1930)	식민사관에 입각한 한국사 재구성 청구학보 · 청구학총 발간

3) 언론정책

(1) 무단정치 : 한국의 언론 · 집회 · 결사의 자유 박탈, 일제에 항거하는 신문 폐간

(2) 문화통치 : 3 · 1 운동 후 언론 · 집회 · 결사의 자유 허용, 조선 · 동아일보 발행 허용

(1920), 치안유지법(1925)으로 탄압 · 검거

　(3) 민족말살정책

　　① 언론의 폐간 : 중앙 · 동아 · 조선일보 등 언론과 한글로 된 잡지 모두 폐간(1940)

　　② 허가제 : 모든 집회와 결사 허가제 전환, 조직적 민족해방운동 철저 봉쇄

2. 국학 운동의 전개

1) 국어 연구와 한글 보급

　(1) 활동 단체 : 국문연구소(대한제국), 조선어연구회(1921), 조선어학회(1931), 한글학회
　　(1949)

　(2) 조선어연구회(1921) : 한글의 연구와 보급

　　① 조직 : 주시경 제자 임경재 · 최두선 · 장지영 등 중심 국문연구소 계승

　　② 활동 : 최초의 한글날인 가갸날(1926) 제정, 잡지 한글(1927) 간행 등

　(3) 조선어학회(1931)

　　① 개편 : 조선어연구회가 조선어학회로 개편, 국내 가장 강력한 항일문화 운동 발전

　　② 활동 : 한글 맞춤법 통일안(1933) 발표, 사정한 조선어 표준말 모음(1936) 발표, 외래
　　　어 표기법 통일안(1941) 공표, 우리말 큰사전 편찬 시도 일제 방해

　　③ 조선어학회사건(1942. 10)

　　　㉠ 배경 : 일제는 치안법 위반으로 조선어학회를 독립운동 단체로 규정

　　　㉡ 전개 : 우리말 큰사전 편찬 원고 몰수, 이윤재 등 다수 인사 고문 및 옥사 · 투옥, 한
　　　　글 잡지 폐간, 조선어학회 해체

2) 한국사의 연구

　(1) 민족사학의 전개

　　① 배경 : 한국사를 왜곡하는 일제의 식민사관에 맞서 우리 역사의 주체적 발전 및 올바른
　　　민족사를 연구 전개

　　② 대표 사학 : 민족주의사학 · 사회경제사학 · 실증주의사학 · 신민족주의사학

　(2) 민족주의사학

　　① 목적 : 역사 연구 독립운동의 방법 인식, 민족사의 자주성과 주체성 강조

　　② 학자

ㄱ 박은식(백암)

    ⓐ 유교구신론 : 공자(대동사상)과 맹자(민본주의 회복)의 형식의 혁신적 실천적인 양명학 발전 주장

    ⓑ 민족정신 : 혼이 담긴 민족사의 중요성 강조

    ⓒ 저서 : 한국통사(1915), 한국독립운동지혈사(1920), 연개소문전, 안중근전 등

ㄴ 신채호(단재)

    ⓐ 민족정신 : 화랑도의 낭가사상 강조

    ⓑ 저서 : 고대사 연구 치중한 조선상고사(1931, 역사는 아와 비아의투쟁), 조선사연구초(1929), 독사신론, 이순신전, 꿈하늘 등 저술

ㄷ 정인보(위당)

    ⓐ 사상 : 신채호 계승 고대사 연구 및 실학사상 연구 정리

    ⓑ 민족정신 : 얼 중심의 정신사적인 역사관 강조

    ⓒ 저서 : 민족 시조 단군 설정한 5천 년간 조선의 얼(동아일보 연재), 조선사 연구 저술, 광개토왕릉 비문 연구 재해석 등

ㄹ 문일평(호암)

    ⓐ 민족정신 : 세종을 대표로 하는 조선심 또는 조선사상 강조

    ⓑ 저서 : 한미50년사(1934), 호암전집

ㅁ 최남선(육당)

    ⓐ 민족정신 : 조선정신 강조하고 사상과 불함문화론 주장

    ⓑ 저서 : 조선역사(1930), 고사통(1943)

    ⓒ 조직 : 고문헌의 보존과 고문화 선양 목적 조선광문회(1910)조직 ③조선학 운동(1934)

    ㄱ 배경 : 일제의 민족말살 정책에 대항 민족문화 수호 및 학문적 체계화

    ㄴ 전개 : 정인보·문일평·안재홍 등 여유당전서(1934) 간행 계기

    ㄷ 특징 : 기존 역사학 국수주의로 비판과 실학에서 자주적 근대사상과 주체성 모색

(3) 사회경제사학

 ① 특징 : 일제의 한국사에 대한 정체성이론 비판과 사적유물론에 입각한 세계사적 보편성 위에 체계화 주장

 ② 학자

  ㄱ 백남운

    ⓐ 주장 : 사적유물론에 세계사적 보편성에 발전, 식민사관의 정체성이론 비판, 연합

성 신민주주의 건설 주장

  ⓑ 저서 : 조선사회경제사(1933), 조선봉건사회경제사(1937)

 ⓛ 이청원 : 조선사회사독본(1936), 조선역사독본(1937)

 ⓒ 기타 : 이복만·김광진·전석담 등 노예제사회 결여론 입각 봉건사회 로의 직접적
  인 이행 주장

(4) 실증주의사학

 ① 특징 : 개별적 사실을 객관적으로 밝히는 학술 활동, 식민사학의 타율성론 비판

 ② 학자 및 활동

  ㉠ 이병도 : 개관적 역사 서술 지향, 한국고대사연구 저술

  ㉡ 진단학회(1934) 조직 : 청구학회에 대항하며 조윤제·이병도 등 조직, 진단학보 발행

(5) 신민족주의사학

 ① 특징 : 일제 시기 민족주의 사학 계승, 민족 내부의 균등과 단결 중시, 민족적 자유와 평
  등 실현 목적으로 역사적 사실 재평가와 민족사 체계화

 ② 학자

  ㉠ 손진태

   ⓐ 주장 : 민족 단결과 자주 독립·평등 강조

   ⓑ 저서 : 조선민족사개론, 국사대요, 조선민족설화의 연구 등

 ㉡ 기타 : 안재홍(조선상고사감), 홍이섭(조선과학사), 전형필(우리 문화재의 보존과 국외
  유출 막음)

3. 과학 대중화 운동과 종교 활동

1) 과학 대중화 운동

(1) 배경

 ① 한국인의 과학교육 부재 : 일제는 식민통치에 유용한 하급기술인력 양성 교육만을 실시

 ② 과학교육의 필요성 인식 : 세계열강들이 부국강병의 수단이 과학기술의 진흥에서 구
  하였다는 사실 인식 후 민족 지도자 과학 진흥 주장

(2) 전개

 ① 1920년대 과학 대중화 운동

  ㉠ 배경 : 일본에서 비행사가 된 안창남의 고국 방문으로 민족의 자신감과 긍지

ⓛ 주도자 : 일본에서 유학한 김용관(1897~1967) 주도

ⓒ 발명학회 창설(1924) : 김용관 주도 대중화 운동 전개, 창립 이후 활동 미비

ⓔ 단체 : 과학 문명 보급회(1924), 고려 발명 협회(1928)

② 1930~1940년대의 발명학회

ⓐ 과학조선 간행(1933) : 우리나라 최초의 과학 잡지

ⓛ 과학 지식 보급회(19834)창립

　　ⓐ 창립 : 발명학회의 과학 주간 행사로 100여명의 인사

　　ⓑ 이념 : 생활의 과학화, 과학의 생활화

　　ⓒ 해체 : 대중 운동으로 발전 가능성에 탄압하고 일제가 만든 과학 보급 협회에 강
　　　　제 흡수

2) 종교 활동

(1) 개신교 : 신문화 운동 전개, 신사참배 거부(교단과 지도자 박해)

(2) 천주교 : 경향 잡지 발행, 의민단 조직(1919), 고아원 및 양로원 등 사회사업

(3) 천도교(동학) : 3 · 1 운동에 커다란 기여

　① 제2의 3 · 1 운동 추진(1922) : 3 · 1운동에 참여 인사 자주독립 선언문 발표

　② 언론 · 출판 활동 전개 : 기관지 만세보 간행, 어린이 · 개벽 · 학생 등 잡지 발간

(4) 대종교

　① 적극적 항일운동 : 본부 만주로 이동 적극적 항일 운동 전개

　② 중광단 조직(1911) : 만주 길림 조직, 3 · 1 운동 후 김좌진 중심 북로군정서 개편

(5) 불교

　① 일제의 불교 침투 : 왜색 불교 침투 심화, 사찰령 시행(1911), 승려법(1911), 주지전횡
　　의 폐단 발생

　② 불교유신론(1910) : 한용운은 왜색의 불교 및 미신적 요소 배격하는 조선불교 유신론
　　주장

(6) 원불교

　① 창시(1916) : 전라도 박중빈 창시

　② 활동 : 불교의 현대적 생활 추구, 개간 및 저축운동 · 남녀평등 · 미신타파 · 금주 등 새
　　생활 운동 전개

4. 문학과 예술 활동

1) 문학 활동

(1) 근대 문학의 성격

① 일제와 타협한 대표적 문인

ㄱ 최남선 : 해에게서 소년에게와 같은 신체시 등 근대시 발전에 공헌, 소년 창간

ㄴ 이광수 : 무정을 통해 근대 문학의 기틀 마련

② 항일 투쟁에 참여한 대표적 문인

ㄱ 민족 문학가 : 한용운(님의침묵), 신채호(꿈하늘), 김소월(진달래꽃), 염상섭(삼대)

등 민족에게 힘을 실어주는 문학

ㄴ 저항 문학가 : 심훈(상록수), 이육사(청포도), 윤동주(서시) 등 일제의 식민지배와

사회적 모순 적극적 저항

(2) 3 · 1 운동 이후 문학

구분	잡지	시기	대표	특징
동인지	창조	1919	김동인, 주요한	최초 동인지, 순수문예지
	폐허	1920	김억, 염상섭	퇴폐적 낭만주의
	백조	1922	이상화, 현진건	3 · 1 운동의 실패와 경제적 궁핍 반영
종합 잡지	개벽	1920	천도교 계열	신경향파적 성격
	신생활	1922	사회주의 계열	최초 사회주의 잡지(매회 일제 압수)
	조선지광	1922	프로문학 계열	조선프롤레타리아 예술가 동맹(KAPF)의 준기관지

(3) 1920년대 중반의 문학

① 신경향파 문학(사회주의 문학)의 대두

ㄱ 배경 : 3 · 1 운동 이후 노동자 · 농민 사회참여 활발, 문학의 사회적 기능 강조

ㄴ 특징 : 순수문학 추구하는 문인 비판과 현실 참여적 문학 강조, 조선 프롤레타리아

예술가 동맹(1925) 조직

② 프로문학의 대두 : 극단적인 계급 해방을 강조

③ 동반작가 활약 : 염상섭(삼대), 현진건(빈처, 운수좋은 날)

④ 순수문학 대두 : 신경향파 반대, 예술성과 작품성 강조

⑤ 국민 문학 운동의 전개 : 민족주의 계열 중심 신경향파 반대, 민족애 및 전통문화 강조

(4) 1930년대 문학

① 순수문학 : 일제의 억압적 현실 도피적 성향, 문장(1939)

② 시문학 : 정지용, 김영랑

③ 농촌계몽 운동 : 이광수(흙), 심훈(상록수)

(5) 1940년대 문학

① 문학의 암흑기 : 침략 이후 일제는 우리문학 탄압, 군국주의로 탄압 강요

② 친일 매국 문학의 등장 : 이광수·최남선·노천명·서정주 등 일제의 침략전쟁 찬양 및 전시 동원체제 선전

③ 저항 시인 : 이육사·윤동주 등 저항 시인 활동 활발

2) 예술 활동

(1) 음악 활동

① 창가의 유행 : 한양가·거국가·학도가 등 망국의 슬픔이나 일제에 대한 저항을 노래하는 창가 유행

② 가곡 : 홍난파(봉선화)·현제명(고향생각)·안익태(코리아 환상곡)

③ 동요 : 색동회의 윤극영(반달, 고향의 봄) 동요 창작

(2) 미술 활동

① 한국화 : 장승업 제자 안중식 등 한국 전통 회화 계승 발전

② 서양화 : 고희동(최초로 서양화 개척), 나혜석(최초 여류 서양화가), 이중섭(민족 정서 대변하는 소 그림)

(3) 연극 활동

① 3·1 운동 이전 : 대중적 통속적인 신파극 유행

② 3·1 운동 이후 : 극단의 등장

　㉠ 극예술협회(1920) : 동경 유학생 중심 조직, 연극 통한 계몽활동 전개

　㉡ 토월회(1923) : 김기진·박승희 중심 조직, 신파를 벗어난 신극운동 시작

　㉢ 극예술연구회(1931) : 김지섭·유치진 중심 조직, 극예술(1934) 기관지 창간

③ 중·일 전쟁 이후 연극 : 오락 중심 가극 외 상연 금지, 일제 찬양 연극 공연

(4) 영화 활동

① 영화 발전의 제약 : 자본과 기술 및 기자재 부족

② 아리랑(1926) : 나운규 한국적 정서 담긴 아리랑 발표, 한국 영화 발전 시작

③ 일제 탄압 : 조선 영화령(1940) 발표로 제작 및 상영 금지, 식민 찬양과 침략 정당화하는 내용 영화만

7장
현대 사회의 발전

Ⅰ. 대한민국의 수립

1. 제2차 세계대전 이후의 세계

1) 냉전 체제의 성립

| 냉전 시대의 변화 |

2차 세계대전 중		2차 세계대전 후	
반 파십즘 세력 ↔ 파시즘 세력		자본주의 진영 ↔ 공산주의 진영	
미국·영국·프랑스·중국·소련	독일·일본·이탈리아	미국·영국·프랑스·일본·이탈리아	소련·동구권·중국·북한

(1) 냉전의 시작 : 세계대전 후 열강의 세력 약화, 미국 중심의 자유 민주주의 진영과 소련 중심의 공산주의 진영으로 대립

(2) 냉전의 격화

① 트루먼 독트린(1947. 3) : 미국 대통령 그리스 내전 계기로 터키에 경제 원조 및 군사지원 제공 약속 선언, 민주주의 수호를 위한 원조

② 소련의 베를린 봉쇄(1948. 6) : 소련이 미국·영국·프랑스에게 동독의 서베를린 관할권 포기 강요, 서베를린으로 통하는 수도·도로 통로를 봉쇄한 사건, 냉전의 심화 계기

③ 방위체제의 형성

　　　　⊙ 북대서양 조약기구(NATO, 1949) : 미국과 서방 진영 중심 결성

　　　　ⓛ 바르샤바 조약기구(WTO, 1955) : 소련과 동유럽 중심 결성

　　④ 냉전의 심화 : 중국 국 · 공 내전과 6 · 25 전쟁, 베트남 전쟁, 쿠바 위기

2) 냉전 체제의 붕괴

(1) 냉전 체제의 완화(데탕트)

　　① 흐루시초프의 평화공존론 : 스탈린 사망과 한반도와 인도차이나 휴전협정 조인 후 평

　　　화공존 표방으로 냉전 완화 시작

　　② 중 · 소 분쟁(영토분쟁) : 이념보다 국가 이익을 우선 냉전 점차 완화

　　③ 냉전 완화 : 1960년대 중반 이후 서유럽과 일본의 경제 발전, 유럽공동체(EU) 결성은

　　　미국과 소련의 다원주의 체제로 전환 계기

　　④ 닉슨 독트린(1969. 6) : 미국 대통령 닉슨은 동맹국 군사적 개입하지 않겠다는 외교정

　　　책 발표, 중국 유엔 가입(1971), 닉슨 중국방문(1972), 베트남 미군 철수(1973)

(2) 냉전 체제의 붕괴

　　① 소련 : 고르바초프는 개혁(페레스트로이카) · 개방(글라스노스트)으로 민주화 추진, 소

　　　련 붕괴(1991. 12)

　　② 동유럽 : 민주화 운동의 전개, 독일의 통일(1990), 독립국가연합(CIS, 1992)결성

(3) 제3 세계의 대두

　　① 배경 : 제1, 2차 세계대전에 속하지 않은 제3세계(아시아 · 아프리카 독립 신생국) 국가

　　　들은 민주주의 바탕으로 제3세계 형성

　　② 반둥회의(1955) : 제1회 아시아 · 아프리카 회의, 비동맹 29개국 대표 중립노선(반식

　　　민주의, 민족주의, 평화공존 등 평화 10원칙)표방

　　③ 유럽통합 : 유럽 경제공동체(EEC, 1958) 결성, 유럽공동체(EC), 유럽연합(EU, 1991, 통화

　　　단일화, 공동 방위 및 외교 정책 추구) 결성

2. 광복 직전 건국 준비 활동과 국제 정세

1) 광복 직전 국외 건국 준비 활동

(1) 대한민국 임시정부(충칭)

　　① 한국독립당(1940. 5) : 대한민국 임시정부는 민족주의 계열의 독립운동 단체들을 한국

독립당으로 통합하여 지지 기반 강화

   ② 건국 강령 반포(1941) : 보통선거를 통한 민주 공화국 수립과 조소앙의 삼균주의(정치·경제·교육의 균등)를 채택하여 제정 공포

   ③ 활동 : 광복군 창설과 조선민족혁명당 참여로 민족주의와 사회주의 결합, 해방 직전 김두봉 조선 독립 연맹과 통합 시도 일제 패망으로 중단

(2) 사회주의 계열

   ① 조선 독립 연맹(1942. 7) : 김두봉 주석 조직, 정규군 조선의용군 조직

   ② 건국 강령 : 토지국유제와 보통선거에 의한 민주 공화국 수립 제시

2) 광복 직전 국내 건국 준비 활동

(1) 조선 건국 동맹(1944. 8)

(2) 조직 : 여운형(사회주의 우파)·안재홍(민족주의 좌파) 중심 조직

(3) 건국 강령 : 일제 타도와 민족의 자유와 독립 회복 등 민주 공화국 건설

(4) 활동 : 전국 조직망 확대, 농민동맹 결성 식량 공출·군수물자 수송·징병·징용 등 방해

(5) 광복 후 : 조선건국준비위원회(1945. 8) 결성하고 실질적인 정부 형태로 개편 뒤 조선인민공화국(1945. 9) 선포

3) 건국 준비 활동의 공통점

(1) 민주 공화국 건립 목표 : 보통선거에 의한 민주 공화국 건립

(2) 토지국유화 : 정당한 절차를 통한 토지 분배 추구, 국유화 범위 및 사유 재산을 인정할지의 여부 각 단체마다 차이

4) 광복 이전 국제 정세

(1) 카이로 회담(1943. 11)

   ① 주체 : 미국(루스벨트)·영국(처칠)·중국(장제스)이 이집트 카이로 회담

   ② 내용 : 적절한 시기에 한국을 독립시킬 것을 결의

   ③ 의의 : 한국의 독립을 최초로 약속

(2) 얄타 회담(1945. 2)

   ① 주체 : 미국(루스벨트)·영국(처칠)·소련(스탈린)이 소련 크림반도 얄타 회담

   ② 내용 : 38선 기준 미국과 소련이 한반도 남과 북에 각각 진주할 것 제안

   ③ 결과 : 미·소 한반도 상당기간 신탁 통치 밀약(신탁통치 최초 언급), 맥아더의 일반 명

령 1호 확정

(3) 포츠담 선언(1945. 7)

① 주체 : 미국(트루먼)·영국(처칠)·소련(스탈린)·중국(장제스) 독일 포츠담 회담

② 내용 : 카이로 회담 내용(한국의 독립) 재확인

| 8 · 15 광복과 국제정세 |

카이로 회담 (1943.11)	얄타 회담 (1945.2)	포츠담 선언 (1945.7)	모스크바 3국 외상회의(1945.12)	미 · 소 공동위원회 (1946~47)
미국 · 영국 · 중국 한국 독립의 국제적 약속	미국 · 소련 군정 합의	미국 · 영국 · 소련 한국 독립 약속 재확인	미국 · 소련 공동위원회 설치 미국 · 영국 · 중국 · 소련 신탁통치	미국 · 소련 대립 결렬

3.8 · 15 광복과 분단

1) 8 · 15 광복

(1) 일본 항복 : 일본에 원자폭탄 투하 소련군의 참전, 1945년 8월 10일 통고

(2) 미국이 소련에 일반명령 1호 제안 : 만주 · 사할린 · 쿠릴 열도 · 38선 이북 일본 항복, 소련이 38선 이남과 일본 열도의 일본 항복 미국이 처리 제안

(3) 소련이 미국의 제안 수락 : 한반도의 분할 점령 결정

2) 광복 이후 국내 정세

(1) 미 · 소 군정의 실시

① 남한

㉠ 미 군정 체제의 확립 : 진주군 사령관 하지 중장과 군정장관 아놀드 소장 중심, 군정청 설치(1945. 9. 9), 조선인민 공화국과 대한민국 임시정부를 부정하고 친미적 우익 정부 수립 지원

㉡ 친일 관리와 경찰의 고용 : 미 군정청 치안문제 이유, 공산당원 활동만 엄격 통제

㉢ 미 군정의 경제 정책

ⓐ 삼일 소작제 실시(1945. 10) : 소작료 수확량의 3분의 1을 초과할 수 없다

ⓑ 신한공사 설립(1946. 2) : 총독부 및 일본인 자산 군정청 귀속, 몰수한 자산 관리

하기 위해 설립

    ⓒ 귀속 자산 불하 : 군정청 귀속 자산 기업 및 개인에게 불하, 자본주의 경제체제 및 산업 자본 형성에 기여

    ⓓ 경제 정책의 실패 : 기업은 원료·기술·자본의 부족으로 경영난과 물가 상승, 노동자 및 농민 시위 등 사회혼란(9월 총파업, 1946. 9. 23)

② 북한 : 소련과 공산주의자는 조만식 등 민족주의 계열 인사 숙청 및 공산주의 정권 수립 기반 확립

③ 결과 : 국토가 분단되고 독립국가 달성 지연

(2) 광복 직후 남한 정세

① 조선건국준비위원회(1945. 8. 15)

    ㉠ 성립 : 광복 후 최초의 정치 단체, 조선건국동맹을 모체로 발족

    ㉡ 활동 : 여운형 일제의 치안권 확보 및 치안대와 전국 지부 설치

    ㉢ 조선인민공화국 선포(1945. 9) : 조직 개편으로 좌파 공산주의 계열 강화, 조선 건국 준비위원회 해체(1945. 10), 지부는 인민위원회로 개칭

    ㉣ 결과 : 미군정은 건국준비위원회·조선인민공화국·충칭 임시정부도 인정하지 않았다, 송진우·김성수 등 민족주의 우파세력 불참

② 한국민주당(1945. 9) : 송진우·김성수 등 민족주의 우파 계열, 충칭 임시정부 지지와 미군정 적극 참여

③ 조선공산당(1945. 9) : 조선건국준비위원회 내의 재건파 박헌영·이강국 등 사회주의 좌파 계열이 장안파 조선공산당계를 흡수 독립된 정당 조직

④ 조선국민당(1945. 9)

    ㉠ 조직 : 안재홍 공화당·근우동맹·사회민주당 등 군소 정당 흡수 조직

    ㉡ 성격 : 김규식을 중심 충칭 임시정부 지지 및 중도우파 지향

    ㉢ 내용 : 민족의 대동단결을 통한 신민주주의·신민족주의 표방

    ㉣ 해체 : 당원의 한국독립당 및 신한민족당 등으로 이탈과 안재홍의 미군정 민정장관에 임명되면서 해체(1947. 7)

⑤ 독립촉성중앙협의회(1945. 10)

    ㉠ 조직 : 이승만이 자주독립을 위한 정당 통일 일환으로 시작, 초기 좌익 과 우익 50여 개 정당 참여 조직

    ㉡ 분열 : 무조건 단결론으로 친일파·민족반역자들이 조직 참여로 반대 세력 반발, 한국민주당을 비롯하여 보수적 우익 정당만 통합

   ⓒ 결과 : 단순 보수적 우익 정당들의 잠정적 통합에 불과하여 좌익과 우익의 대립이
    더욱 심화, 대한독립촉성국민회로 개편(1946. 2)
  ⑥ 조선인민당(1945. 11)
   ⊙ 조직 : 여운형의 조선건국동맹이 고려국민동맹과 인민동지회 등 군소 정당 흡수
   ⓒ 목표 : 민족의 완전한 해방을 위해 조선의 완전독립과 민주주의 국가 실현 목표
  ⑦ 민족자주연맹(1947. 12)
   ⊙ 조직 : 김규식을 중심으로 한 중도적 정치 조직
   ⓒ 활동 : 좌 · 우 합작 원칙을 견지, 남북제정당 · 사회단체연석회의(1948. 4) 주도
 (3) 광복 직후 북한 정세
  ① 소련 군정의 간접 통치 : 북한에 진주한 직후 민정부를 설치하고 각 지역에 조직된 자
   치 위원회를 통해 통치
   ⊙ 5도 임시 인민 위원회 조직(1945. 10) : 이북 5도 대표 회동하여 조직
   ⓒ 북조선 5도 행정국 : 소련군 사령부 승인하에 임시 인민 위원회 5도 행정국 변경(소
    련 군정의 직접 통제를 받지 않는 자생적 기관)
  ② 북조선 임시 인민 위원회 발족(1946. 2) : 김일성 위원장 · 김두봉 부위 원장으로 공산
   정권 창출하여 사회주의 강화
  ③ 북조선 인민위원회(1947. 2) : 1차 북조선 인민회의에서 결성(위원장 김일성)
  ④ 조선 민주주의 인민공화국 선포(1948. 9) : 김일성 내각 수상에 취임

4. 모스크바 3국 외상회의와 좌 · 우익 대립

1) 모스크바 3국 외상회의
 (1) 배경 : 3국(미 · 영 · 소) 외상이 모스크바에 모여 카이로 선언의 원칙에 한국 독립 문제
  협의
 (2) 내용 : 미 · 소 공동 위원회 설치, 최고 5년간 미 · 영 · 중 · 소가 신탁통치 확정 결의
 (3) 결과 : 우익 세력 반탁운동과 좌익 세력 찬탁운동으로 좌 · 우 대립 초래
  ① 우익 세력 : 김구 · 이승만 · 한국민당 등 신탁통치 반대, 반탁 운동을 반공운동으로
   확대
  ② 좌익 세력 : 초기 신탁통치 반대, 이후 회의 결정사항 지지
  ③ 중도 세력 : 김규식 · 여운형 등 신탁통치 찬성하되 정부 수립 후 결정 하자고 주장

2) 미·소 공동 위원회

(1) 제1차 미·소 공동 위원회(1946. 3, 서울 덕수궁)

  ① 소련 : 신탁통치 찬성하는 정치 단체만 참여 주장

  ② 미국 : 신탁통치 찬성 및 반대하는 정치 단체 참여 주장

  ③ 결과 : 소련의 미국과 민족주의 세력 무력화 의도로 위원회 결렬

(2) 제2차 미·소 공동 위원회(1947. 5, 서울과 평양)

  ① 소련 : 신탁통치 반대 단체를 완전 협의 대상 제외 주장

  ② 미국 : 협의 대상 문제 4개국 외상 회담 제의

  ③ 결과 : 미국은 한국 문제를 10월 국제연합(UN)으로 이관

3) 공산 세력의 활동

(1) 민주주의 민족전선의 조직(1946. 2)

  ① 배경 : 김구와 이승만 중심의 우익 세력 강화로 이에 대항하기 위해 조직

  ② 조직 : 여운형·박헌영·허헌·김원봉·백남운 등 공산주의자들이 조선공산당·조선
인민당·남조선신민당 등 좌익 중심 단체들이 통합 결성

  ③ 주장 : 모스크바 3상회의 결정과 미·소 공동위원회 지지, 친일파 및 민족반역자의 처
단, 토지 문제의 민주적 해결, 8시간 노동제 실시 등 주장

  ④ 활동 : 제1차 미·소 공동위원회가 무기한 휴회와 미군정의 좌익 탄압 본격화로 미·
소 공동위원회 재개 요구 대중 시위 및 좌우 합작 운동을 미군정의 친미정권 수립이라
철저 배격

(2) 조선 정판사 위조지폐 사건(1946. 5)

  ① 주도 : 조선공산당이 재정난 타개 목적 1945. 10월부터 위조지폐 발행

  ② 전개 : 조선 정판사에서 일제가 남겨둔 지폐 원판 이용 약 1,200만원 위조지폐 발행 조
선공산당 자금으로 사용

  ③ 결과 : 미 군정청은 조선공산당의 조직적 사건으로 결론, 조선 정판사에서 인쇄하던 기
관지 해방일보 폐간

  ④ 영향 : 조선공산당이 남한 내 치명적 타격, 반미 투쟁 노선으로 입장 전환

4) 좌익과 우익의 통합 시도

(1) 단독 정부 수립의 대두

  ① 배경 : 제1차 미·소 공동체 결렬

② 내용 : 이승만의 정읍 연설 남한만이라도 단독 정부 수립 주장(1946. 6)

(2) 좌·우 합작운동

① 배경 : 이승만의 정읍 연설 등 단독정부 수립 대두로 김규식·여운형 등 중도파 인사들 사이에 좌·우 합작의 필요성 대두

② 좌·우 합작 운동의 전개

㉠ 좌우 합작 위원회 설치(1946. 7) : 미군정의 지원으로 중도 우익의 김규식·안재홍 과 중도 좌익의 여운형 등 중도파 인사 중심 조직

㉡ 좌우 통합의 난항 : 통합 위해 회담 실시, 좌익의 합작 원칙 5개 조항 과 우익의 합작 8원칙 발표로 결렬

㉢ 좌우 합작 7원칙 발표(1946. 10) : 여운형의 절충안 7원칙 결정, 김구와 한국독립당 찬성, 이승만 조건부 찬성, 한국민주당·조선공산당 반대

③ 결과

㉠ 미군정의 지지 : 미군정은 좌·우 합작 7원칙 지지 성명 발표

㉡ 남조선과도입법위원 창설(1946. 12)

ⓐ 구성 : 김규식 의장, 45명 민선의원(이승만계, 한국민주당계), 45명 관선의원(좌우 합작파)의 남조선 입법의원 구성

ⓑ 분열 : 여운형 등 중도 좌파 입법 기구 조직 반대로 합작 위원 탈퇴

㉢ 남조선 과도 정부 발족 : 미군정 민정장관에 안재홍을 임명(1947. 2)

④ 실패

㉠ 주도 세력의 불참 : 여운형 탈퇴와 김구·이승만 세력과 조선공산당 등 주도세력 불참으로 실질적 역할 미비

㉡ 미군정의 지지 철회 : 트루먼 톡트린 발표(1947. 3)와 세계적 냉전 구도로 단정 수 립을 지지하는 방향 전환(우익 지원)

㉢ 해체 : 제2차 미·소 공동위원회 결렬(1947. 5)과 합작 중심인 여운형 암살(1947. 7), 합작 실패 위원회 해체(1947. 12)

5. 대한민국의 수립과 개혁

1) 남한만의 단독 정부 수립

(1) 한국문제의 유엔 상정

① 배경 : 제2차 미·소 공동위원회 결렬(1947. 10)된 이후 미국 한국문제 국제연합(UN)에 상정

② 유엔 총회의 결의(1947. 11)

   ㉠ 독립 정부 수립 결정 : 유엔 감시하에 인구 비례에 따른 선거 실시로 한국 독립 정부를 한반도에 수립 결정

   ㉡ 소련과 북한의 반대 : 소련은 유엔 한국 임시위원단의 북한 입국 거부(1948. 1)

③ 유엔 소총회 결의(1948. 2) : 소련의 거부로 유엔은 선거가 가능한 지역에서만 총선거 실시하여 정부 수립도록 결정

(2) 통일 정부 수립 운동

① 남북 제정당·사회단체연석회의(남북협상 1948. 4. 27~30)

   ㉠ 주체 : 김구·김규식 등이 김일성·김두봉에게 협상 제안에 성사

   ㉡ 내용 : 단독 정부수립 반대, 미·소 양군의 동시 철수 관한 결의문 체택

   ㉢ 활동 : 공동성명 발표와 5·10 총선거 불참, 통일 정부수립 운동 전개 결의, 미국 정부와 이승만은 남북협상 결정 반대

② 제주 4·13 사건(1948. 4)

   ㉠ 배경 : 제주 내의 좌익 세력 강성, 전국 단독 정부수립 반대 시위 발생(유혈충돌)

   ㉡ 전개 : 미군정이 경찰과 우익단체(서북청년단)를 동원하여 무력 탄압, 좌익 세력 주동으로 좌파에 대한 탄압 중지·단독 정부 반대·미군정 반대 등 구호를 외치며 봉기, 미군정은 군대까지 동원 무차별 발포로 진압

   ㉢ 결과 : 초토화 진압 작전 많은 양민 희생, 3개 선거구 중 2곳 총선거 무산

③ 여수·순천 10·19 사건(1948. 10)

   ㉠ 배경 : 제주 4·13 사건으로 여수 주둔 군대 출동 명령에 대한 부대 내 좌익 세력 동족 학살과 제주도 출동 반대, 통일 정부수립 주장 봉기

   ㉡ 전개 : 반란군 여수·순천 및 전라도 동부 5개 지방 장악

   ㉢ 결과 : 이승만 정부 여·순 지역 계엄령 선포 및 광주 군대 이용 신속 진압, 군대 내 좌익 세력 숙청, 생존한 좌익 지리산 피신 빨치산활동 전개

(3) 대한민국 정부 수립

① 5·10 총선거(1948. 5)

   ㉠ 전개 : 김구·김규식·공산주의자들 대거 불참, 최초의 민주 보통선거에의한 남한만의 단독 선거 실시

   ㉡ 결과 : 198명 중 한민당계(29명)와 이승만의 독립촉성계(55명), 무소속(85명)이

당선

② 제헌 국회 개원(1948. 5. 31) : 제헌국회 의장 이승만과 부의장 신익희·김동원 선출

③ 남북한 내의 총선거 반대 움직임

    ㉠ 김구·김규식 활동 : 통일 독립촉성회(1948. 7) 결성 통일 정부수립 노력, 김구 암살 (1949. 6)과 김규식 6·25전쟁 당시 납북

    ㉡ 남조선 노동당 : 격렬한 선거 반대 투쟁 전개

    ㉢ 북한 : 5·10 총선거에 대한 보복으로 남한 전기 공급 중단

④ 헌법 제정(1948. 7. 17) : 대한민국 임시정부의 법통을 계승한 민주공화국 체제의 헌법 제정(대통령 중심제, 대통령은 국회에서 선출하는 간선제)

⑤ 정부 수립(1948. 8. 15) : 대통령 이승만·부통령 이시영 선출과 대한민국 수립을 국내외에 선포

⑥ 유엔 총회 승인(1948. 12. 12) : 제3차 파리 유엔총회 한반도에서 대한민국 합법 정부 승인

⑦ 분단 체제 고착화 : 북한은 대한민국 정부 수립 직후 사회주의 체제에 입각한 정부 수립 공표(1945. 9. 9), 남북에 별개의 정부수립으로 분단 심화

| 8·15 광복과 국제정세 |

2) 친일파 청산과 농지 개혁

(1) 친일파 청산

① 배경

    ㉠ 미군정 : 치안 이유로 일제 행정·통치 기구 활용하여 친일파 등용, 공산당원들의

활동만 엄격히 통제

ⓒ 남조선 과도 입법의원 : 민족반역자·부일협력자·간상배에 대한 특별 조례 제정
(미군정의 인준 거부로 무산)

② 전개

㉠ 반민족 행위 처벌법 제정(1948. 9. 22, 반민법) : 제헌 국회에서 친일파 처벌로 민족
의 정기를 바로 잡겠다는 취지로 제정 공포

ⓒ 반민족 행위 특별조사 위원회와 재판부 구성(1948. 10)

ⓐ 구성 : 10명의 국회의원, 의원장(김상덕)·부위원장(김상돈), 특별 검찰부와 재판
부 설치(기소와 재판 담당)

ⓑ 활동 : 반민족 행위자 7,000여명 친일파 선정과 박흥식·최린·노덕술·최남선·
이광수 등 친일파 체포

③ 반민특위의 좌절과 해체

㉠ 이승만 정권 : 정권 유지에 친일파 협조를 받던 이승만은 반민특위를 공산주의로
매도, 친일파를 애국지사로 둔갑시켜 여론 조성

ⓒ 경찰의 반민특위 습격(1949. 6. 6) : 국회 프락치 사건이 터진 후 일제 경찰출신 반
민특위 습격 직원 연행 및 체포

ⓒ 반민족 행위 처벌법 개정 : 처벌기한 축소, 1년 만에 해체(1949. 8. 31)

④ 역사적 평가 : 이승만 정권 방해 공작으로 친일파 청산 실패, 민족정기와 정의 바로 서
지 못함

(2) 농지 개혁

| 남북한 농지개혁 비교 |

구분	남한	북한
개혁	농지개혁법(1949)	토지개혁법(1946)
원칙	유상매입, 유상분배	무상몰수, 무상분배
토지제한	3정보	5정보
대상	산림과 임야 제외	전 토지

① 배경

㉠ 국민의 개혁 요구 : 국민 대다수 소작농, 일본인 소유 토지 분배 및 지주제 개혁

ⓒ 북한의 토지개혁 실시(1946) : 무상몰수, 무상분배의 방법으로 토지개혁 단행

ⓒ 산업화의 토대 마련 의도 : 토지제도를 산업자본으로 변환 시도

② 남한의 농지개혁법 제정(1949)

　　　　⑦ 소유 면적 : 1가구당 3정보(1정보는 약 3,000평)제한

　　　　ⓛ 분배 : 3정보 이상 부재지주 농지 국가 유상 매입하여 농민에게 유상 분배, 매입 시

　　　　　　정부는 지주에게 지가증권 발급

　　　③ 결과 및 한계

　　　　⑦ 결과 : 소작농 감소와 자영농 증가로 일시적 농민 생활 안정

　　　　ⓛ 한계 : 지주들의 편법 토지 매각, 지가증권 현금화 어려워 산업자본 전환 한계

　　　④ 의의 : 지주 중심의 토지 소유 폐지, 농민 중심의 토지 소유제 확립

6. 북한 정권의 수립

1) 북한 정권의 수립 과정

　(1) 평남 건국 준비 위원회 결성(1945. 8)

　　① 조직 : 조만식 등 민족주의자들 중심 평양에서 조직

　　② 전개 : 각지에 조직 결성 후 활동 전개, 소련 군정에 의해 좌·우 합작 인민위원회로 개편

　(2) 소련 군정의 영향력 강화

　　① 김일성의 등장 : 소련군과 함께 평양 진주, 북조선 5도 임시위원회 설립(1945. 10. 8), 조선

　　　　공산당 북조선 본국 설치(1945. 10. 20), 북조선 5도 행정국 개편(1945. 11. 18), 신탁통치

　　　　반대하는 조만식 등 민족주의 제거(1946. 1), 북한 내 정치 세력 확대

　　② 북조선 임시 인민위원회(1946. 2)

　　　　⑦ 성립 : 중앙 행정 기관, 위원장 김일성·부위원장 김원봉 선출

　　　　ⓛ 정책 : 토지개혁(무상몰수, 무상분배)·남녀 평등법·산업 국유화·8시간 노동제

　　　　　　실시 등 공산주의 체제 강화, 이 과정 친일파 및 지식인등 대거 월남

2) 북한 정권의 수립

　(1) 북로당 창당(1946. 8)

　　① 남로당(남한, 남조선노동당) : 조선공산당(박헌영)·조선인민당(여운형)·남조선 신민

　　　　당(백남운) 합당

　　② 북로당(북한, 북조선노동당) : 조선공산당 북조선 본국(김일성)·북조선 신민당(김두봉)

　　　　합당,

(2) 북조선 인민위원회(1947. 2)수립 : 위원장 김일성, 북한의 집권당 등극

(3) 조선민주주의인민공화국 수립(1948. 9. 9) : 대한민국 정부가 수립된 직후에 김일성 중심 남로당계와 연안계 포섭하여 북한 정부수립 공표(수상 김일성 · 부수상 박헌영, 홍명희, 김책)

(4) 조선노동당 통합(1949. 6) : 북로당과 남로당 통합, 남한 공산주의자 월북하여 조선노동당의 일당독재 확립

| 광복 후 주요 인물의 정치적 입장 비교 |

구분	좌익	중도파	우익	
	박헌영	여운형, 김규식	김구	이승만
정당	조선공산당	조선인민당	한국독립당	대한독립촉성국민회
목표	인민적 민주주의	좌 · 우 합작	임시정부를 계승한 정부수립	반공주의 강조
토지개혁	무상몰수, 무상분배	무상몰수, 무상분배	무상몰수, 국유화	유상매수, 유상분배
친일파	즉시 처단	즉시 처단	즉시 처단	처단 반대
통일민족 국가건설	단독 정부수립 반대 좌 · 우 합작 7원칙 반대	좌 · 우 합작을 통한 통일정부 수립	좌 · 우 합작 운동 지지	좌우 합작 반대, 단독 정부 수립

7. 한국 전쟁

1) 6 · 25 전쟁

(1) 국제 정세 및 국내 동향

① 중국의 공산화(1949. 10) : 중국이 공산화되어 중화인민공화국 수립

② 미군 철수(1949. 6) : 유엔 결정(1948. 12)으로 남한 주둔 미군 철수, 500명의 군사 고문단 잔류

③ 미국의 애치슨 선언(1950. 1) : 태평양 방위선에 한국 및 타이완 제외

④ 북한의 남침 준비

　㉠ 조 · 소 군사비밀협정 체결(1949. 3) : 북한과 소련의 비밀협정으로 탱크 및 비행기 등 무기 도입

　㉡ 조 · 중 상호방위협정 체결(1949. 3) : 중국공산군과 비밀협정 체결

　㉢ 군사력 강화 : 5만의 조선의용군 인민군에 편입

　㉣ 위장 평화 공세 : 남북한 지도자 협상 제의, 평화통일 선언서 유엔 제출

⑤ 남한의 정세

　　㉠ 소요사건 : 여 · 순 10 · 19사건 등 공산주의자들의 소요 사건 빈번(무력 진압)

　　㉡ 남조선노동당 추종세력 활동 : 지리산 · 태백산 · 오대산 등 북한유격대 남파 지원

　　㉢ 군사 충돌 : 38도선 일대 소규모 군사 충돌 발생

　　㉣ 경제 상황 : 심각한 적자수준 상태, 물가 상승과 공업

　　　생산량 감소

(2) 전쟁의 전개

① 북한의 남침(1950. 6. 25) : 3일 만에 북한군 서울 점령

　　(1950. 6. 28), 국군 낙동강까지 후퇴

② 유엔군 참전(1950. 7) : 유엔 안전보장이사회 결의로 16

　　개 유엔군 참전

③ 인천상륙작전(1950. 9) : 미국 맥아더의 지휘로 전개, 서

　　울 수복(1950. 9. 28)

④ 평양 점령(1950. 10) : 평양 점령 후 압록강변의 초산까

　　지 진격

⑤ 중공군의 참전(1950. 10. 25) : 유엔군의 만주 진격 우려

　　대규모 군대 파견

6 · 25 전쟁의 전개

　　㉠ 흥남철수(1950. 12. 24) : 육로 차단으로 흥남부두에

　　　서 해상으로 철수

　　㉡ 1 · 4후퇴 : 1951. 1. 4 중공군에게 서울 재 함락

　　㉢ 서울 수복(1951. 3) : 국군과 유엔 서울 재 수복, 그해 여름 38도선 전선교착

⑥ 휴전 협상의 진행(1951. 7~1953. 7) : 소련 말리크 유엔에서 휴전 제의

　　㉠ 협상 주체 : 유엔군과 중공군 및 북한군 참여

　　㉡ 협상 쟁점 : 군사분계선 설정 및 포로 송환 문제로 난항

　　㉢ 이승만 정부의 휴전 협상 반대 : 북진 통일 주장과 범국민적 휴전 반대 운동 전개 거

　　　제도 방공포로 석방(1953. 6.18)

　　㉣ 포로 송환 문제 쟁점

　　　ⓐ 원인 : 유엔(자유 송환으로 개인의사 존중), 북한(자동 송환)

　　　ⓑ 합의 : 송환 원하지 않는 포로는 중립국 포로 송환위원회에서 처리

⑦ 휴전 협정 체결(1953. 7. 27) : 미국과 중국 · 북측 서명(남한 및 소련은 제외)

⑧ 군사 정전위원회와 중립국 감시위원단 설치 : 휴전 조인국과 스위스 · 체코 · 스웨덴 ·

폴란드로 구성된 중립국 감시위원단 설치

　⑨ 제네바 회의(1954. 4) : 한국 통일문제 최초 논의(성과 없음)

(3) 전쟁 중 이승만 정부의 실정

　① 국민 보도연맹원 사건(1950. 7) : 좌익 전향자 조직 보도연맹원 경북 문경에서 집단학
　　살(최초 민간인 학살)

　② 노근리 사건(1950. 7) : 충북 영동군 황간면 노근리 미군이 민간인 학살 사건

　③ 국민방위군 사건(1951. 1) : 고급 장교들이 군수품 탈취 사건

　④ 거창 양민 학살 사건(1951. 2) : 국군 경남 거창 양민 공산군으로 오인 사살 사건

2) 전쟁의 영향

(1) 전쟁의 피해 : 약 500만 명의 인명 피해, 생산시설 파괴 등

(2) 전쟁의 영향

　① 분단의 고착화 : 남북 간의 적대감 심화로 무력 대결 태세 지속

　② 남북한의 독재 강화 : 북한 김일성과 남한 이승만의 독재 체제 강화

　③ 격심한 사회 변동 : 수백만명 월남, 농촌 인구 도시 이동, 서구문화 무분별 유입

　④ 한·미 상호방위조약 체결(1953. 10) : 한국과 미국 사이에 어떠한 외부 침략에 상호
　　협력 및 대항한다는 내용

Ⅱ. 민주주의의 시련과 발전

1. 이승만 정권(제1공화국, 1948~1960)

1) 반공 위주의 정책

(1) 친미 외교 정책 실시 : 자유 민주주의 체제 유지 위해 반공과 미국과의 외교 중시

(2) 반공 포로 석방 : 전쟁 기간 중 반공 포로 석방(거제도, 1953. 6)

(3) 국민의 자유 제약 : 반공 명분으로 국민의 자유 및 국회의 정상적 정치활동 제한

2) 이승만 정부의 장기 집권 도모

(1) 발췌개헌(1952, 1차 개헌)

  ① 배경 : 제2대 총선 반 이승만 세력 다수 당선, 이승만 당선 가능성 희박

  ② 개정 과정 : 자유당 창당(1951. 12)과 공비 토벌 명분 계엄령 선포, 부산 정치파동
   (1952. 5), 군경 국회 포위 기립표결로 발췌개헌안 통과

  ③ 내용 : 대통령 간선제를 직선제·국회 단원제를 양원제(실제 단원제로운영)

  ④ 제2대 대통령 선거(1952. 8) : 여당의 압도적 승리

  ⑤ 결과 : 이승만 대통령 재선 성공, 부통령 함태영 당선

(2) 사사오입 개헌(1954, 2차 개헌)

  ① 배경

    ㉠ 민족 청년단 축출 : 장기집권 목적 이범석 민족청년단 축출 및 이기붕 체제 성립

ⓛ 개헌 시도 : 3선 금지 조항으로 장기 집권 불가능에 대한 개헌 시도

② 내용

㉠ 무소속 의원 포섭 : 자유당이 의원수가 개헌선에 미치지 못해 무소속 의원 포섭

㉡ 헌법 개정안 제출 : 초대 대통령에 한하여 중임 제한(3선 금지 조항) 철폐

㉢ 헌법 개정안 부결 : 가결선 1표 부족한 135표로 부결

③ 결과

㉠ 헌법 개정안 통과 : 사사오입의 근거로 이미 부결된 개헌안 통과 번복 선포

㉡ 민주당 창당 : 민국당과 야당 계열은 호헌동지회를 구성하여 민국당과 무소속 의원 규합하여 민주당 창당

(3) 3대 정·부통령 선거(1956) : 이승만 정권의 위기

① 내용 : 자유당 이승만·이기붕, 민주당 신익희·장면, 무소속 조봉암 선거 출마

② 결과 : 민주당 신익희 급사로 대통령 이승만, 부통령 장면 당선

③ 의의 : 조봉암의 득표율 30%와 장면 당선으로 이승만은 독재 체제 강화

(4) 독재 체제 강화

① 진보당 사건 조작(1958. 1) : 조봉암의 득표율에 따라 위기감을 느낀 이승만은 진보당 당수 조봉암과 박정호 등 간첩 혐의로 조작하여 사형(2·4 정치파동, 2011. 무죄선고)

② 보안법 파동(1958. 12) : 보안법과 지방자치 개정안 야당의원 감금한 뒤 통과

③ 언론 탄압 : 정부에 비판적인 야당지인 경향신문 폐간(1959)

④ 3·15 부정선거(1960) : 조병옥 사망으로 이승만 4대 대통령 당선, 이기붕을 부통령으로 당선 위해 조직적 부정선거 자행

3) 4·19 혁명

(1) 배경 : 이승만의 장기집권과 미국의 경제원조 감소로 경제 악화와 실업자 증가, 3·15 부정선거 계기 시민들이 혁명

(2) 전개 과정

① 마산 : 부정선거 규탄, 학생과 시민 시위, 경찰 무력 진압, 한 달 뒤 김주열의 시신 발견 (4. 11)

② 고려대 학생 시위(4. 18) : 정부의 마산 시위 공산분자 행위로 몰아 세워 정치 폭력배를 동원 진압

③ 4·19 : 학생이 앞장서고 시민이 참여한 대규모 시위

(3) 결과

① 비상 계엄령 선포 : 정부는 군대 동원, 군부의 지지를 받지 못함

② 대학 교수단 시국 선언(4. 25) : 재야인사와 대학교수 시국선언 발표와 대통령 하야 요구 시위

③ 대통령 하야 : 4. 27일 이승만 대통령 하야 성명과 하와이로 망명

(4) 의의 : 독재 정권을 타도한 최초의 민주주의 혁명

4) 과도 정부의 수립과 3차 개헌

(1) 허정의 과도 정부 수립 : 대통령 하야로 외무장관 허정의 과도 정부 수립

(2) 제3차 개헌(1960. 6)

① 3차 개헌 : 국회는 민주당 주도로 내각책임제와 양원제

② 결과 : 새 헌법에 따라 민의원과 참의원 선출(7월 총선), 민주당 압승

2. 장면 내각(제2공화국, 1960~1961)

1) 성립

(1) 총선거 실시(1960. 7) : 민주당 압승

(2) 장면 내각 구성 : 대통령 윤보선(민주당 구파) · 국무총리 장면(민주당 신파) 선출

2) 장면 내각의 정치 활동

(1) 국정 과제 지표 : 독재 정권의 유산 청산, 민주주의 실현, 경제 개발, 남북관계 개선

(2) 민주당 구파와 신파의 갈등 : 윤보선 중심의 구파와 장면 중심의 신파의정권 장악 투쟁, 구파는 신민당으로 분당

(3) 제4차 개헌(소급 입법 특별법 재정, 1960. 12. 31)) : 반민주 행위 처벌 목적, 반민주 행위자 공민권 제한법 제정, 법을 적용시키지못한 채 정권 붕괴

3) 장면 내각의 경제 활동

(1) 경제 제일주의 표방 : 국토 건설단 조직 댐 · 도로 · 교량 등 국토 건설 사업 추진

(2) 경제 개발 5개년 계획 수립 추진 : 5 · 16 군사 정변으로 좌절

4) 민주화의 진전과 통일 운동

(1) 민주화의 진전 : 시민들의 민주화 요구, 언론의 활성화, 노동 운동, 교원 노조 운동, 학생 운동 등 다양한 활동을 최대한 보장

(2) 통일 운동의 활성화

① 혁신계와 일부 학생 : 중립화 통일이나 남북 협상에 의한 통일 주장

② 진보세력과 학생 : 통일 운동 추진하는 조직 결성 자주 · 민주 · 평화의 원칙으로 남북 협상 시도

③ 장면 내각 : 북진 통일론 폐기하고 평화 통일론 공식적 채택, 선건설 후통일로 통일 운동과 남북 대화 소극적

5) 장면 내각의 한계

(1) 당내 정치적 갈등 : 신 · 구파의 갈등, 구파는 신민당 분당, 부정부패 소극적 대처

(2) 통일 운동 부정적 : 민간의 통일 논의 활성화되었으나 정부는 부정적

(3) 사회 혼란 : 실업인구 및 농촌의 빈곤 가중, 잦은 시위 사회의 무질서와 혼란 지속

3. 5 · 16 군사정변과 군정 실시(1961~1963)

1) 5 · 16 군사정변(1961)

(1) 배경

① 군부의 위기 : 6 · 25 전쟁 이후 군부 세력 성장, 장면 정부의 군 감축 정책 불만

② 정군 운동 : 군 내부 부정부패와 불합리한 진급제 개선운동 실시하였으나, 진행 미비로 박정희 군사정변 추진

③ 구실 : 정부 통일 운동에 대한 미흡 대응과 4 · 19혁명 이후 사회혼란과 무질서

(2) 전개

① 정변발생(1961. 5. 16 새벽) : 박정희 등 육사8기생 중심 서울 주요기관 점령 및 전국 계엄령 선포(장면 정부 9개월만에 붕괴)

② 군사 혁명위원회 조직 : 정권 장악 후 육군참모총장 장도영 의장과 박정희 부의장, 반공 강화 · 민생 안정을 표방하는 6개항 혁명공약 발표

③ 국가 재건 최고회의 : 초헌법적 최고 통치기구(입법 · 행정 · 사법)로 국가 재건 최고회의 설치하고 의장 박정희 취임(3년간 군정 실시)

④ 중앙정보부 설치(1961. 6. 10) : 국가 재건 최고회의 직속기구, 김종필 부장 취임

2) 군정 실시(1961~1963)

(1) 정치

① 강권 정치 : 정치활동 정화법(1962. 3) 제정으로 구 정치인 활동 금지, 용공 분자 색출, 3 · 15 부정 선거 관련자 법에 따라 처리

② 5차 개헌(1962. 12) : 대통령 중심제 · 단원제 국회 새 헌법 제정, 대통령 선거(1963. 4) · 국회의원 선거(1963. 5) · 민정이양(1963. 8) 등 약속

③ 재건국민운동(1961~1964) : 국민 복지를 이룩하고 국민의 재건의식을 높인다는 범국민운동, 구테타의 목적이 사회 건설로 합리화하고 자신의 지지 세력 끌어모으기 위한 정치적 목적

④ 민주공화당 창당(1963. 2) : 민정 이양 후에도 군부의 집권 기반이 되는 공화당을 중앙정보부 주도로 비밀리 창당 추진, 4대 의혹 사건(새나라 자동차, 파친코, 증권파동, 워커힐사건) 발생

(2) 경제

① 정책 : 농어촌 고리채 정리, 부정 축재자 처벌, 화폐 개혁(1962. 6) 등 추진

② 경제 개발 5개년 계획 추진(1962) : 국내 자금 조달 어려움과 미국의 적극적인 개입으로 수정

(3) 사회 : 불량배 소탕으로 사회 기강 정비

(4) 민정 이양(1963) : 제5대 대통령 선거에서 민주공화당 후보로 출마한 박정희 당선

4. 박정희 정권(제3공화국, 1963~1972)

1) 정권 출범

(1) 민정 이양과 군부 집권 : 민정 복귀 약속 외면, 민주공화당 창당

(2) 제5대 대통령 선거(1963. 10. 15) : 박정희 대통령 당선, 이후 국회의원 선거에서 민주공화당 압승(군부에 기반을 둔 제3공화국 탄생)

(3) 국정 지표 : 경제 제일주의와 조국 근대화 · 국가 안보로 체제 정당성 확보

2) 한·일 외교 정상화(1965, 경제 개발 자금 확보)

(1) 배경

① 외교 : 미국의 수교 요구와 경제 개발에 필요한 자금 확보에만 치중

② 김종필·오히라 메모(1962) : 일본 외상과 액수의 대강을 타결하는 메모, 식민지 지배에 대한 배상금이 아니라 독립 축하금 명목 무상 3억 달러·차관 3만 달러·민간 상업 차관 1억 달러 받는 조건 합의

(2) 전개

① 6·3시위(1964) : 굴욕적 한일 협정 반대·민족적 민주주의 장례식 등 외치며 시민과 대학생들의 전국적 시위

② 계엄령과 위수령 선포 : 정부는 시위를 강제 진압하고 한·일 협정 체결(1965)

(3) 결과 : 동북아시아 사회주의 세력에 대한 한·미·일 공동 안보체제 형성

(4) 한계 : 식민지 지배에 대한 사과·일본군 위안부·강제 징용 및 피해자·원폭 피해자 등에 대한 배상·독도 문제 등 제대로 해결하지 못함

3) 베트남 파병(1964~1973)

(1) 배경 : 미국의 한국군 파병으로 베트남 전쟁을 국제화로 세계 비판여론 무마 목적, 정부는 미국의 경제적 지원과 군사적 원조를 목적으로 파병

(2) 전개 : 의료부대(1964) 파병 시작, 전투부대 파견(1965)

(3) 브라운 각서(1966. 3) : 한국군 전력 증강과 경제 개발을 위한 차관 제공 약속

(4) 평가 : 베트남 특수로 달러와 군의 전력향상과 인력 수출·기업 해외진출 등 경제 성장을 위한 발판 마련

4) 한·미 행정 협정(SOFA, 1966)

(1) 주한미군 지위 협정 : 6·25 전쟁 중 대전 협정(1950. 7)을 개정

(2) 내용 : 한국 내 시설과 구역 사용 권리 광범위 부여·한국인 고용에 대한 자유로운 해고·형사 재판 관할권의 행사 주도권 부여 등 불평등 조항 대거 포함

5) 박정희 재집권과 3선 개헌(1969)

(1) 제6대 대통령 선거(1967. 5) : 박정희 윤보선을 누르고 당선, 7대 국회의원 선거에서 부정선거 논란 속에 민주공화당 압승(1964. 6)

(2) 민주화 운동 탄압

① 인민 혁명당 사건(1964. 8) : 인혁당 사건으로 중앙정보부는 혁신 인사 및 언론인, 교수, 학생 등 인민 혁명당 결성 후 국가 전복 도모 이유로 탄압

② 동백림 사건(1967. 7) : 동베를린 간첩단 사건을 중앙정보부는 윤이상·이응로·천상병 등 북한 대사관 및 평양에서 간첩교육 이수 주장 탄압

(3) 한반도의 긴장 고조

① 1·21사태(1968, 청와대 기습) : 김신조 등 31명 무장공비 기습 사건, 계기로 향토예비군 창설(1968. 4)과 684 특수부대(실미도) 비밀리 조직

② 푸에블로호 납치 사건(1968. 1) : 북한 영해침공 이유로 미 첩보함 나포

③ 울진·삼천 무장공비 사건(1968. 11) : 군경 합동 소탕 작전(반공 교육강화)

④ 실미도 사건(1971. 8) : 1·21 사태에 대한 보복 목적 창설된 부대, 북파대원들의 자폭 사건

(4) 3선 개헌(1969. 9) : 재선된 박정희 대통령 집권 연장 위한 중임 제한을 폐지하는 3선 개헌안 공화당 의원들에 의해 변칙 통과(국민투표 확정)

(5) 제7대 대통령 선거(1971. 4) : 신민당 김대중을 누르고 3선에 박정희 대통령 당선(영호남의 지역 대결과 여촌야도 현상 출현)

(6) 8·3 경제 특별 조치(1972)

① 배경

㉠ 수출 주도 정책 : 1963년부터 고도성장한 한국경제는 외자에만 의존한 수출 주도 경제의 모순 발생 1969년부터 심각한 불황 국면

㉡ 차관의 만기 도래 : 무분별한 차관 도입으로 원리금 상환기일에 대한 부담

㉢ 미국의 경제 규제 강화 : 미국의 한국산 경공업 제품에 대한 수입 규제 강화로 도산·휴업·은행관리로 넘어가는 기업 증가

② 내용 : 3,500억 원 규모의 기업 사채를 강제로 동결하고 금리를 대폭 인하하는 대통령 긴급재정 처분명령, 기업의 금융특혜 허용 5. 10월 유신과 유신체제(4공화국, 1972~1979)

5. 10월 유신과 유신체제(4공화국, 1972~1979)

1) 배경

(1) 국제 정세 : 닉슨독트린(1969. 7) 발표, 베트남에서 미군철수, 중국의 유엔 가입 등 냉전

체제 완화, 주한미군 감축 계획 추진

(2) 국내 정세

  ① 경제 불황과 노동·시민 투쟁 : 석유파동 등 경제 불황으로 국민 불만 고조, 전태일 분신(1970. 11) 등 노동운동 격화, 광주 대단지 사건(1971. 8) 등 시민투쟁 활성화

  ② 8대 국회의원 선거 야당의 정치적 성장 : 김대중(신민당) 후보의 선전 및 야당 득표율 상승

  ③ 국가 비상사태 선언(1971. 12) : 국가 보위에 관한 특별 조치법(1971.12)을 통해 국민의 기본권 제한 등 강경 탄압

2) 성립

(1) 명분 : 한국적 민주주의 토착화, 국가 안보와 지속적 경제성장, 정치적 안정 중요

(2) 10월 유신 선언(1972. 10. 17) : 비상 계엄령을 선포하여 국회를 해산시키고 모든정치 활동 금지, 대통령에게 초법적 권한 부여

3) 유신헌법 내용

(1) 대통령 권한 극대화 : 긴급조치권, 국회의원 1/3추천권(유신정우회), 국회 해산권 등

(2) 대통령 선출 : 통일주체 국민회의를 통해 대통령 간접 선거, 임기 6년, 중임제한 철폐를 개정하고 8대 대통령 박정희 선출(1972. 12)

4) 유신체제의 성격

(1) 대통령의 영구 집권 가능 : 통일주체 국민회의에서 간선제 선출, 6년 임기

(2) 의회·사법부 통제 : 국회의원 1/3 대통령이 임명, 국회 해산권, 법관 인사 및 긴급 조치권 등 의회 및 사법부 통제(한국적 민주주의)

5) 유신체제의 탄압과 저항

(1) 유신 정부의 탄압 : 1974년 1월 긴급조치 발동

  ① 노동 운동 탄압 : 단체 교섭권 및 단체 행동권 제한

  ② 김대중 납치 사건(1973. 8) : 일본에서 반유신 활동, 김대중 납치 자택 연금

  ③ 긴급조치 발동 : 반유신 활동에 대한 정부는 긴급조치 1호부터 9호까지 선포하여 민주 인사들을 투옥하거나 해직

(2) 유신체제의 저항 : 정치인 및 종교인·문화인·언론인·학생 등 광범위 계층 참여

① 개헌 청원 백만인 서명운동(1973. 12) : 장준하ㆍ백기완 중심(긴급조치 1, 2호)

② 민청학련 사건(1974. 4) : 전국 민주 청년학생 총연맹 조직 전국적 연대 투쟁(긴급조치 4호 발표 180여명 학생 구속 및 기소)

③ 제2차 인민 혁명당 사건(1975. 4) : 인혁당을 재건하고 민청학련 활동 배후 조종 명목 1천여 명 체포 및 253명 구속, 8명 사형한 사건

④ 3ㆍ1 구국 선언(1976. 3) : 미사를 마친 7명의 신부 및 김대중ㆍ윤보선ㆍ문인환 등 명동성당에서 긴급조치 철폐ㆍ박정희정권 퇴진 등을 요구한 민주 구국 선언 낭독

⑤ 정부의 유신체제 유지 노력 : 1975년 국민투표로 유신찬반 투표 실시, 찬성으로 유신체제 유지

6) 10ㆍ26 사태와 유신체제 붕괴

(1) 유신체제의 동요

① 야당의 총선 승리(1978. 12) : 야당인 신민당이 공화당에 승리

② 국제 사회의 비판과 경제 불황 : 인권 탄압에 대한 국제적 비판과 석유 파동ㆍ중화학 공업 과잉 투자로 경제 불황

③ YH 무역 사건(1979. 8) : YH 무역 폐업에 노동자 신민당사 농성, 경찰의 강제 진압으로 노조 집행위원장 김경숙 사망 사건

④ 부ㆍ마 항쟁(1979. 10) : YH 사건으로 신민당 당수 김영삼 국회의원직 제명으로 부산과 마산 등 대규모 유신철폐 및 반독재 시위 발생(계엄령 선포 및 공수부대 동원 강경 진압)

(2) 유신체제의 붕괴

① 10ㆍ26 사태(1979) : 권력 내부 갈등 중앙정보부 김재규에 의해 박정희 피살

② 박정희 정권 종말 : 18년간의 박정희 시대 종말

6. 전두환 정권(5공화국, 1981~1988)

1) 신군부 세력의 대두와 5ㆍ18 민주화 운동

(1) 신군부 세력의 대두

① 10ㆍ26사태 이후 : 전국 계엄령 선포, 최규하 대통령 선출(1979. 12. 6)

② 12ㆍ12사태(1979) : 전두환ㆍ노태우 등 신군부 세력 군부 장악

③ 서울의 봄(1980. 5)

　㉠ 주장 : 유신헌법 폐지ㆍ전두환 등 신군부 세력 퇴진ㆍ비상계엄 철폐 등

ⓛ 전개 : 10여만 명 시민과 학생들 서울역에서 대규모 민주화 요구 시위 전개, 정부는
비상계엄 전국 확대(5. 17)

(2) 5 · 18 민주화 운동

① 배경

ⓐ 서울의 봄 좌절 : 전국적 비상계엄 확대, 일체의 정치 활동 및 국회 폐쇄, 언론 검열
강화 등

ⓑ 민주화 세력 탄압 : 학생운동 지휘부 및 김대중에게 내란 음모죄 적용 등 민주 인사
및 학생 등 탄압

② 과정 : 광주 전남대 학생 중심 대규모 민주화 시위 전개

ⓐ 과잉 진압 : 신군부 계엄군 투입 무차별 유혈 사태 발생, 시민과 학생들 시민군조직
무장 봉기

ⓑ 시위 확대 : 계엄군과 시가전 격화, 영광 · 함평 · 나주 · 화순 등 확대, 시민군 전남
도청 장악 등

ⓒ 무력 진압 : 계엄군 광주시 외곽 봉쇄, 5. 27일 새벽 계엄군 무자비한 진압

③ 의의 : 1980년대 민주화 운동의 토대 마련 및 반미 감정 고조

2) 전두환 정부와 6월 민주 항쟁

(1) 전두환 정권의 성립

① 국가 보위 비상 대책위원회 설치(1980. 5) : 대통령 자문 보좌 기구, 사회 안정 이유로
입법 · 사법 · 행정권 장악

② 대통령 선출 : 통일주체 국민회의 간선제를 통해 전두환 제11대 대통령 취임(1980.
9)

③ 8차 개헌(1981) : 헌법 개정, 대통령 간선제와 7년 단임제 개헌

④ 민주정의당 창당(1981. 1) : 민정당 창당과 간선제로 제12대 대통령 전두환 선출
(1981. 2)

(2) 전두환 정부 정책

① 통치 이념 : 정의 사회 구현과 복지 사회 건설

② 강압 정책 : 삼청 교육대 설치와 언론 통폐합

③ 유화 정책 : 대규모 예술제 개최(국풍 81), 민주화 인사 복권, 교복 · 두발 자율화, 야간
통행금지 해제, 해외여행 자유화, 프로야구 출범, 88올림픽 대회 유치 등

④ 경제 성장 : 3저 호황(저유가, 저달러, 저금리), 물가안정, 국제수지 흑자

⑤ 금강산 댐 건설 계획 발표(1986. 10) : 북한의 금강산 댐 건설 발표로 정부는 평화의 댐 건설 목적 성금 강요

⑥ 한계 : 부정 · 부패의 정권, 민주운동 탄압과 국민의 불신으로 대통령 직선 제 개헌 요구하는 민주화 운동 전개

(3) 6월 민주 항쟁(1987. 6)

① 배경 : 박종철 고문치사 사건(1987. 1), 4 · 13 호헌조치, 대통령 직선제 개헌 요구, 전두환 정부에 대한 국민의 불신 심화

② 전개 : 민주헌법쟁취 국민운동본부 발족(1987. 5)으로 박종철 고문치사 및 4 · 13 호헌 철폐 등 주장, 전국적 민주화 투쟁으로 발전

③ 결과

㉠ 6 · 29 민주화 선언 : 대통령 직선제 개헌 약속하는 8개항 시국 수습 방안 발표

㉡ 9차 개헌(1987. 10) : 5년 단임의 대통령 직선제 개헌

④ 6월 민주 항쟁의 의의 : 4 · 19 혁명 이후 가장 큰 규모의 민주화 운동

7. 노태우 정권(6공화국, 1988~1993)

1) 노태우 정부 출범

13대 대통령 선거(1987. 12) : 야권의 분열과 지역감정 심화로 여당 후보 노태우 대통령 당선

2) 국정 지표와 활동

(1) 국정 지표 : 민족자존 · 민주화합 · 균형발전 · 통일번영 표방

(2) 노태우 정부의 활동

① 5공 청문회 개최 : 5 · 18 민주화 운동 진압 진상 및 부정 · 부패 비리 등 조사

② 서울 올림픽 개최 : 88 서울올림픽 성공적 개최로 국제사회에서 한국의 지위 향상

③ 여소야대 정국(1988) : 1988 총선 야당의 승리로 노태우 정권의 정치적 위기

④ 3당 합당(1990) : 민주정의당(노태우) · 통일민주당(김영삼) · 신민주공화당(김종필) 합당으로 민주자유당 창당

⑤ 부분적 지방자치제 실시(1991) : 기초 자치단체 의회와 광역 자치단체 의회 의원 선출

⑥ 북방 외교 : 소련(1990) · 중국(1992) 및 동유럽 공산주의 국가와 수교, 남북한 유엔 동시 가입(1991.9)과 남북 기본 합의서 채택(1991. 12)

8. 김영삼 정권(문민정부, 1993~1998)

1) 김영삼 정부 출범

(1) 14대 대통령 선거(1992) : 여당 민주자유당 김영삼 대통령 당선

(2) 문민정부 : 5·16 군사정변 이후 33년 최초 민간인 출신 대통령 등장

2) 국정 지표와 활동

(1) 국정 지표 : 깨끗한 정부·튼튼한 경제·건강한 사회·통일된 조국 건설 표방

(2) 김영삼 정부의 활동

① 개혁 정책 : 공직자 재산 등록, 금융실명제 실시, 지방 자치제 전면 실시

② 역사 바로 세우기 운동 : 12·12사태와 5·18 민주화 운동 진상 조사로 전두환·노
태우 등 신군부 세력 구속, 조선총독부 건물 철거, 국민학교를 초등학교로 개칭 등

③ OECD 가입(1996) : 경제 협력 개발기구에 가입(OECD) 등 시장 개방 정책 실시

④ 권력형 비리와 외환위기(1997) : 한보 사건 등 대형 사건과 경제 위기로 국제통화기금
(IMF)에 구제금융 신청

⑤ 각종 대형사고 발생 : 아시아나 항공기 추락(1993), 서해 훼리호 침몰(1993), 성수대교
붕괴(1994), 삼풍백화점 붕괴(1995) 등

9. 김대중 정권(국민의 정부, 1998~2003)

1) 김대중 정부 출범

(1) 15대 대통령 선거(1997) : 야당의 새정치국민회의 김대중 대통령 당선

(2) 국민의 정부 : 헌정 사상 최초 선거에 의한 평화적 여야 정권 교체

2) 국정 지표와 활동

(1) 국정 지표 : IMF 위기탈출·민주주의와 시장 경제의 병행 발전·국민 화합의 실현·법
과 질서의 수호·남북 교류와 협력 등 국가적 과제 제시

(2) 김대중 정부의 활동

① 외환위기 극복 : 민주주의와 시장 경제의 병행 발전 표방, 노사정위원회 설치, 기업과
공공 부문의 구조 개혁, 벤처기업 육성 등

② 햇볕 정책 : 남북 간의 평화 정착, 남북 정상회담을 통한 6 · 15 남북 공동 선언(2000. 6. 15)

③ 그 외 활동 : 금강산 관광(1998), 경의선 철도 복원(2000. 9), 노벨평화상 수상(2000. 12),
개성공단 사업(2002) 등

10. 노무현 정권(참여 정부, 2003~2008)

1) 노무현 정부 출범

(1) 16대 대통령 선거(2002) : 새천년 민주당 후보 노무현 대통령 당선

(2) 참여 정부 : 진정한 국민 참여를 바탕으로 한 정부 지향

2) 국정 지표와 활동

(1) 국정 지표 : 국민과 함께하는 민주주의 · 더불어 사는 균형 발전 사회 · 평화와 번영의
동북아 시대

(2) 노무현 정부의 활동

① 복지 정책 : 저소득층을 위한 복지 정책 강화

② 사회 개혁 : 시민 사회를 위한 비정부 기구(NGO) 활성화, 정경유착 단절, 권위주의 청산
노력 등

③ 남북 관계 개선 : 2007년 2차 남북 정상 회담 개최, 10 · 4 남북 공동 선언 발표

④ 그 외 : 대통령 탄핵 사태 발생(2004), 행정 수도 이전 문제, 한 · 미 FTA 체결 등 정책
논란

11. 이명박 정권(실용 정부, 2008~2013)

1) 이명박 정부 출범

(1) 17대 대통령 선거(2007) : 야당인 한나라당 이명박 후보 대통령 당선

(2) 실용 정부 : 창조적 실용주의 실천 이념을 통해 성과 중시, 친기업주의 가치 표방

2) 국정 지표와 활동

(1) 국정 지표 : 국민을 섬기는 정부 · 열린 시장경제 지향 · 생산적, 맞춤형 복지 추구 · 성숙
한 세계국가 및 글로벌 코리아 지향

(2) 이명박 정부의 활동

① 4대강 살리기(2008) : 정부의 예산 부족으로 복지 등 다른 공공부문 예산 축소로 사업 자체의 본질적인 회의 대두

② 대북 정책 : 햇볕정책 포기하고 대북강경책 입장 선회, 천안함 사건(2010. 3), 연평도 포격사건(2010 .11) 발생

③ 언론 정책 : 거대 재벌에 매수되는 편향적 언론정책 양산으로 비판

④ 그 외 : 노무현 서거(2009. 5), 김대중 서거(2009. 8), 김정일 사망(2011. 12), 한·미 FTA 발효(2012. 3), 서울 핵 안보 정상회담(2012. 3) 등

12. 박근혜 정권(2013~)

1) 박근혜 정부 출범

(1) 18대 대통령 선거(1212) : 새누리당 박근혜 대통령 당선

(2) 출범 : 창조경제·민심안정 표방

2) 국정 지표와 활동

(1) 국정 지표 : 경제부흥·국민행복·문화융성·평화 통일의 기반 구축

(2) 박근혜 정부의 활동

① 인천 아시안 게임(2014) : 성공적 개최 한국 위상 과시

② 평창 동계 올림픽 유치 : 2018년 평창 동계 올림픽 개최 유치

Ⅲ. 통일 정책과 평화 통일의 과제

1. 북한 체제와 북한의 변화

1) 북한 체제의 고착화

(1) 남한 : 반공 정책, 북진 통일 주장하는 이승만 정부의 독재 강화

(2) 북한 : 김일성 독재 체제 확립되고 군사력 강화로 무력 적화 통일 추구

(3) 고착화 : 6·25 전쟁 이후 냉전이 격화되는 등 무력 대결 태세 지속

2) 1950년대(김일성 1인 지배 체제 구축)

(1) 연안파 무정 숙청(1950. 12) : 전쟁 기간 중 평양사수 실패의 책임으로 숙청

(2) 소련파 허가이 제거(1951. 11) : 소련계 대표적 인물, 전쟁 기간 중 당 조직 운영 실패 이유로 비서직 해임된 이후 스스로 자결

(3) 남로당 계열 제거(1953. 3) : 부수상 박헌영 등 남로당 핵심간부 간첩 혐의 체포 처형함으로 조선 노동당 내의 내부 분파 몰락

(4) 8월 종파사건(1956. 8) : 연안파 부주석 최창익과 소련 계열 부수상 박창옥 등 조선 노동당 전당대회에서 김일성 공개적 비판, 반당종파로 몰리고 김두봉 등 연안파 세력 숙청

(5) 결과 : 1960년대 후반 개인숭배 성격을 띤 김일성 1인 지배 체제 확립

3) 1960년대(김일성 유일 체제 구축)

(1) 4대 군사 노선 채택(1962. 12) : 전 인민 무장화·전 국토의 요새화·전 군의 간부화·

전 군의 현대화(국방비 증가와 경제 발전 둔화)

(2) 주체 노선 강조 : 노동당 유일사상, 정치의 자주ㆍ경제의 자립ㆍ국방의 자위

(3) 중ㆍ소 이념 분쟁(1963~1964) : 흐루시초프의 스탈린 비판과 미소평화 공존을 중국공
산당은 수정주의라 비판

(4) 주체사상의 통치 이념화 : 김일성 중심 체제 유지를 위해 유일 사상 체계 확립의 필요성
강조(독자적 사회주의 강화)

(5) 갑산파 숙청(1967) : 경제건설을 우선시하는 갑산파 숙청

4) 1970년대

(1) 사회주의 헌법 공포(1972) : 주체사상을 헌법에 최초 규범화로 김일성 독재 권력 체제
의 제도화가 완성

(2) 3대 혁명 추진 : 3대 혁명 소조 운동(1973, 과학자ㆍ기술자ㆍ청년 지식인), 3대 혁명 붉은
기 쟁취운동(1975, 사상운동과 생산 혁신 결합)

(3) 혁명 제2세대의 등장 : 빨치산 출신 혁명 1세대 숙청하고 실무형 관료 성격의 혁명 제2세
대 등장

5) 1980년대 이후(김일성 후계 체제의 출범)

(1) 김일성 후계 구도 확립

　① 김정일 등장 : 1960년대 이후 노동당에서 조직ㆍ문화ㆍ예술ㆍ홍보 관계 업무 수행

　② 주체사상에 대한 해석 독점 : 1970년대 이후 김정일 후계자로 부각

(2) 김정일 체제의 기반 마련

　① 1970년대 당과 정부의 사업 주도 : 3대 혁명 소조 운동ㆍ속도전ㆍ3대 혁명 붉은기 쟁
취운동 등

　② 김정일 후계 체제 공식화 : 조선 노동당 대회(1980)

　③ 국방위원장 : 1993년 김정일 취임

(3) 김일성의 사망과 김정일 체제의 출범

　① 김일성 사망(1994) : 김정일 주도의 유훈통치 시행

> ● 유훈 통치 : 죽은 자가 남긴 뜻에 따라 통치한다는 의미로 김일성 사후 3년간 북한에서 전개

　② 권력 승계 공식화(1997) : 조선 노동당 총비서에 추대

③ 헌법 개정(1998. 3차) : 주석직 폐지, 군사 최고 기구인 국방위원장이 북한 통치, 군을 우선 시하는 선군 정치 전개

6) 북한 경제의 변화

(1) 사회주의 경제 건설(1950~1960년대)

① 전후 복구 3개년 계획(1954~1956) : 중공업 우선의 농업과 경공업 동시 발전, 모든 농장의 협동농장화 전환

② 5개년 경제 계획(1957~1961) : 본격적 사회주의 경제체제 확립(사유제 부정), 천리마 운동 전개(중공업 우선 정책으로 농업과 공업간의 불균형 심화)

③ 제1차 7개년 계획(1961~1967) : 기술 개혁과 문화혁명 및 인민생활 개선 목표(소련의 경제원조 중단과 군사비 부담 가중)

(2) 경제 위기 심화(1970~1990년대)

① 인민 경제 발전 계획 : 6개년 계획 등 2~3차 7개년 계획 시행

② 결과 : 자본 부족과 기술 낙후 등 철저한 계획 경제와 지나친 자립 경제 정책 그 밖에 군사비 부담, 동유럽 사회주의 붕괴 등으로 인해 식량난과 경제위기

(3) 개방 정책(안으로 우리식 사회주의로 단합 강조)

① 서방 국가와의 교류 확대 시도 : 남북한 유엔 동시 가입(1991), 미 · 일과 관계 개선 도모

② 나진 · 선봉 자유 무역 지대 설치 공포(1991) : 경제 위기와 식량난 극복 위한 중국의 경제특구 전략 모방

③ 합영법(1984)과 합작법(1992) 제정 : 외국인 투자유치를 위한 법, 외국 기업과의 합작과 자본 도입 적극 추진하였으나 실패

④ 신의주 특별 행정구 기본법 제정(2001) : 중국과 합의 중국 단동과 신의 주 경제특구 설치 약속

⑤ 시장 기능의 보완(2002) : 생활필수품 및 식량

2. 통일 정책과 남북 대화

1) 1950년대 이승만 정부의 통일 정책

(1) 정부 수립 초기 : 남북 모두 무력에 의한 통일 주장

(2) 제네바 회담(1954. 4. 26) : 인구 비례 남북 총선거 제의(실패)

(3) 한국전쟁 이후 : 이념 대립과 적대 심화로 통일 논의 부진

(4) 평화 통일론 탄압 : 북진 통일론을 주장하며 진보당 사건(1958)으로 조봉암 처형

(5) 북한 : 미군 철수 전제로 남북 총선거 주장과 위장된 평화 공세

2) 1960년대 장면 정부의 통일 정책

(1) 선경제 후통일론 강조 : 통일 정책에 소극적

(2) 총선거 : 유엔 감시하의 총선거 실시 주장

(3) 민간 차원의 통일 운동 : 4 · 19혁명 이후 학생회담 개최, 중립화 통일론 등 주장(5 · 16 군사정변으로 중단)

3) 1960년대 후반 박정희 정부의 통일 정책

(1) 반공 정책 : 강력한 반공 정책 실시로 승공 통일 주장

(2) 선경제 후통일 정책 : 국토 통일을 위한 실력 배양 통일의 기본 방향 제시

(3) 북한의 도발로 관계 악화

① 푸에블로호 사건(1968) : 미국정보 수집함 푸에블로호 납치사건

② 1 · 21청화대 습격 사건(1968) : 무장간첩 31명 청화대 습격위해 청운동까지 침입 사건, 1968년 4월 1일 향토 예비군 창설

③ 울진삼척 무장공비 침투(1968. 10) : 북한 무장공비 120명 울진 · 삼척 침투 사건

4) 1970년대 유신 체제하의 통일 정책

(1) 대외 상황 : 닉슨독트린 이후 국제 정세의 냉전 체제 완화, 박정희 정부 남북 교류 제의, 이산가족 찾기 운동을 위한 적십자 예비 회담

(2) 8 · 15 선언(평화 통일 구상 선언 1970) : 대북 정책의 전환점

① 내용 : 한반도 평화 정책, 남북 교류 협력, 총선거 등

② 의의 : 북한을 대화와 협상 상대로 인정

(3) 남북 적십자 회담(1971) : 대한적십자사 1천만 이산가족 찾기 운동 전개

(4) 7 · 4 남북 공동 성명(1972)

① 3대 원칙 합의 : 자주 · 평화 · 민족 대단결

② 남북 조절 위원회 구성 : 서울 평양간 직통 전화 개설, 통일 문제 협의 목적

③ 한계 : 남한은 유신체제와 북한은 사회주의 체제의 공식화를 위해 정치적 이용

(5) 6 · 23 평화 통일 선언(1973)

① 목표 : 1민족 2국가 체제

② 내용 : 남북한 유엔 동시 가입 제의, 호혜 평등의 원칙아래 공산권 국가에 대한 문호 개방 제시, 인구 비례에 의한 남북한 자유 총선거 제의

(6) 북한의 통일 방안 제시

① 조국 통일 5대 강령(1973) : 고려 연방제 통일 방안 제시

② 남북 대화 중단 선언 : 6 · 23 선언 내용 중 2개의 국가로 인정하는 조항 문제 삼아 대화 중단 선언

③ 판문점 도끼 만행 사건(1976) : 판문점 공동경비구역 미군 장교 2명 도끼로 살해(전쟁 위기 직면 김일성 사과로 마무리됨)

5) 1980년대 전두환 정부의 통일 정책

구분	남 한	북 한
통일 방안	• 민족 화합 민주 통일 방안(1982) 　- 민족 통일 협의회 구성 　- 민주 방식 국민투표로 통일 헌법 확정 　- 헌법의 의한 남북 총선거 　　　(통일 민주공화국 건설)	• 고려 민주 연방 공화국 창설 방안(1980) 　- 과도적 형태가 아닌 완성된 통일 국가로서 연방제 　- 전제 조건 : 미군 철수, 국가보안법 및 반공법 철폐 등
남북 교류	- 1984년 북한의 수재물자 제공제의 수용 : 대규모 물자 교류(남북의 새로운 국면) - 남북 경제 회담, 적십자 회담, 체육 회담 개최 - 남북한 이산가족 방문(1985.9) : 분단 이후 최초로 서울과 평양에서 이산가족 상봉 실현 - 북한의 대화 회피 : 팀스피리트 훈련 중단, 보안법 철폐 요구	
북한의 이중적 태도	- 아웅산 묘소 테러(1983.10) : 미얀마 방문중이던 전두환 대통령 및 수행원 대상으로 자행한 테러 사건 - KAL기 폭파사건(1987.11) : 북한공작원 김현희 등에 의해 미얀마 안다만 해역 상공에서 비행기가 폭파되어 115명 전원 사망한 사건	

3. 탈냉전 시기의 남북 대화

1) 노태우 정부의 통일 정책(대화 노력)

(1) 7 · 7 특별 선언(1988) : 민족 자존과 통일 번영을 위한 특별 선언, 이산 가족 왕래 및 상호 방문, 교역은 민족 내부 교역, 남북을 동반자 관계 규정

(2) 적극적 북방 외교 : 소련(1990), 중국(1992)과 수교

(3) 한민족 공동체 통일 방안 제시(1989) : 자주 · 평화 · 민주 통일의 3원칙 아래 남북 연합

을 구성하여 민주 공화제의 통일 국가 수립하자는 것

(4) 남북 대화의 재개

① 남북 고위급 회담 시작(1990) : 남북 문화 및 체육 교류 활발

② 남북한 유엔 동시 가입(1991) : 1민족 2체제 2정부 인정

③ 남북 기본 합의서 채택(1991. 12) : 남북 사이의 화해와 불가침 및 교류 협력에 관한 합의

④ 한반도 비핵화 공동 선언(1992) : 핵무기 개발 금지, 한반도의 평화 정착 추구

2) 김영삼 정부의 통일 정책

(1) 남북 교류 중단 : 북한이 핵 확산 금지조약(NPT) 탈퇴(1993. 3)

(2) 3단계 3기조 통일 방안 제시(1993)

① 3단계 : 화해협력 · 남북연합 · 통일국가

② 3기조 : 민주적 국민 합의 · 공존공영 · 민족복리

(3) 민족 공동체 통일 방안(1994)

① 성격 : 한민족 공동체 통일 방안(1989)과 3단계 3기조 통일 정책(1993) 을 수렴

② 내용 : 자주 · 평화 · 민주의 3원칙과 3단계의 통일 방안

(4) 남북 정상회담 개최 합의(1994) : 김일성 주석의 사망(1994. 7)으로 무산, 조문 파동으로 남북 관계 냉각

3) 김대중 정부의 통일 정책(햇볕 정책)

(1) 햇볕 정책 실시

① 정책 3원칙 : 무력 도발 금지, 흡수 통일 배제, 화해와 협력 추진

② 정주영 회장의 소떼 방북(1998) : 소 1,001마리 방북(남북 관계 급진전)

③ 금강산 해로 관광 사업 실시(1998. 11) : 정주영 회장의 노력으로 유람 선을 통한 해로 관광으로 금강산 관광 사업 시작

(2) 6 · 15 남북 공동선언(2000) : 최초 남북 정상 회담

① 제1차 남북 정상회담 개최 : 김대중 대통령 평양 방문하여 분단 55년 만에 최초 남북 정상 회담 진행

② 영향 : 경의선 복구 사업 착공(2000. 9), 개성공단 착공(2003. 6), 금강산 육로 관광 실시(2003. 9~2008. 7. 11중단), 본격적 이산가족 상봉(2000. 8)

③ 의의 : 남북 간의 긴장 완화와 화해 협력 진전

4) 노무현 정부의 통일 정책

(1) 평화와 번영 정책 : 햇볕 정책 계승, 북핵 문제를 평화적으로 해결하고 한반도에 평화를 정착시켜 남북 공동 번영을 추구로 평화 통일 기반 조성

(2) 10 · 4 남북 공동 선언(2007. 10)

① 제2차 남북 정상 회담(2007) : 노무현 대통령 평양 방문 2차 정상회담 개최

② 내용 : 6 · 15공동 선언 방침 고수, 정전체제 종식과 서해 평화 협력 특별 지대 설치 합의, 이산가족 상봉 확대 및 영상 편지 교환 사업 등 추진

5) 이명박 정부의 통일 정책

(1) 대북 강경책 : 집권 초부터 대북 강경책 고수하여 남북 관계 경색, 2010년 천안함 사건 계기로 1994년 한반도 핵 위기 이래 최대의 긴장 상태

(2) 남북 관계의 악화

① 금강산 관광 중단(2008. 7. 11) : 남한 관광객 피살로 잠정적 중단

② 연평도 포격사건(2010. 11. 23) : 북한의 정권교체 이후 연평도에 포탄 발사 남북 관계 더욱 악화

| 남북한의 통일 방안 비교 |

구분	남한	북한
명칭	민족 공동체 통일 방안	고려 민주 연방 공화국 창립 방안

통일과정	• 화해 협력
	• 남북 연합
	  - 남북 연합 헌장 채택
	  - 남북 연합 기구 구성 및 운영
	• 통일 국가 완성
	  - 국민 투표로 통일 헌법 확정 총선거 실시
		• 남한의 국가 보안법 폐지
		• 주한 미군 철수
		• 고려 민주 연방 공화국 수립
		• 최고 민족 연방 회의 구성
		• 연방 상설 위원회 설치

과도체제	남북 연합	없음
최종국가	1민족 1국가 1체제	1민족 1국가 2체제
특징	민족의 통일을 우선시 (민족 통일 → 국가 건설)	국가 수립을 우선시 (국가 건설 → 민족 통일)

Ⅳ. 경제 발전과 사회 · 문화의 변화

■ 학습 방법
• 시기별 경제 상황 및 사회 문화 현상을 순서대로 정리, 정부별로 구분
• 이승만 정부, 박정희 정부, 김영삼 정부, 김대중 정부 때의 경제 상황 주목

■ 출제 빈도
(上) (中) (下) 이승만 정부 시기의 경제
(上) (中) (下) 박정희 정부 시기의 경제
(上) (中) (下) 1980년대 이후의 경제

1. 경제 발전

1) 광복 직후의 경제 혼란과 전후 복구

(1) 광복 직후의 경제 혼란

① 광복 직후 : 원료와 기술, 자본 부족의 어려움

② 미군정 시기 : 물가 폭등, 생필품 부족사태로 경제 혼란 가속

㉠ 광복 직후 : 일제와 미군정의 재정적자의 타결책으로 거액 지폐발행(통화량급증)

㉡ 미곡의 자유 거래 허용 : 매점매석과 식량부족

③ 북한의 전기 공급 중단 : 남한의 경공업 중심 경제 타격

④ 인구와 실업자 증가 : 해외 동포 귀국과 북한 동포의 월남

(2) 미군정기의 경제 체제

① 소작 문제와 곡물 수집

㉠ 최고 소작료 결정(1945. 10) : 총 수확물의 1/3을 초과 금지

㉡ 곡물 수집령(1946) : 극심한 매점매석으로 미군정 곡물 수집 결정, 지주와 악덕 상
인은 제외한 농민의 미곡 수탈로 미군정에 대한 민중의 불만 고조

㉢ 소작료 규정 개편(1946. 6) : 총 수확고가 아닌 주요 수확의1/3

② 신한공사(1946. 2) : 남한에 설립한 미군정청의 재산 관리 회사

㉠ 귀속 재산의 관리 : 일본인 소유의 재산은 미군정청 소유로 이전

ⓛ 신한공사의 설립과 운영 : 동양 척식 주식회사 소유 농지와 일본인 소유 농지의 보전, 이용 및 회계 담당(1948. 3 중앙 토지 행정처로 개칭)

(3) 이승만 정부의 경제 정책과 농지 개혁

① 경제 정책 방향 : 농업ㆍ공업의 균형 발전과 귀속 재산의 정부 인수, 소작 제도 폐지와 경자유전의 원칙 확립하고 사회보장 제도 실시

② 재정 확충 : 한ㆍ미 경제 원조 협정 체결(1948)하고 귀속 재산 처리법을 재정하여 남은 귀속 재산을 민간에게 불하

③ 농지 개혁법 제정(1949) : 농지 개혁법을 제정ㆍ시행하여 농촌 경제 안정 꾀함

(4) 전후 복구 사업과 원조 경제

① 전쟁 직후의 경제 상황

㉠ 전쟁의 피해 : 도로ㆍ철도 등 물류 교통 시설 파괴, 제조업 생산 시설 42% 파괴

ⓛ 물가 폭등과 물자 부족 : 전쟁 비용 마련을 위한 정부의 막대한 재정 지출로 인플레이션 가속되고 국민생활 어려움

② 전후 복구와 경제 재건 사업 : 미국의 원조와 유엔 한국 재건단(UNKRA)의 지원

③ 미국의 경제 원조와 농업 기반 몰락

㉠ 배경 : 전쟁 피해 복구, 공산화 방지, 한국의 경제 불안 해소

ⓛ 내용 : 주로 생활필수품과 면화, 설탕, 밀가루 등 소비재산업 원료 공급

ⓒ 긍정적 영향 : 식량 및 물자 부족 해소, 원조 물자를 가공하는 삼백 산업 등 소비재 산업 발달

ⓔ 부정적 영향 : 공업(제철, 철강 등)부분의 불균형 심화, 미국의 잉여 생산물 대량 도입으로 농산물 가격 폭락과 농가 소득 낮아 농업 기반이 몰락

④ 원조 감소와 유상 차관 전환(1958년 이후)

㉠ 배경 : 1950년대 후반 국제 수지 악화

ⓛ 결과 : 공장 가동율 감소로 많은 중소기업 파산 및 삼백 산업 타격으로 서민 생활 어려움 가중

2) 경제 성장과 자본주의의 발전

(1) 경제 개발 5개년 계획의 추진

① 이승만 정부(1959) : 미국의 원조 감소와 유상 차관 전환으로 경제개발 7개년 계획 수립(4ㆍ19혁명으로 중단)

② 장면 정부 : 경제 제일주의를 내세워 5개년 계획 수립(5ㆍ16군사정변으로 중단)

(2) 박정희 정부의 경제 개발 5개년 계획(1차에서 4차까지 추진)

① 특징 : 정부 주도의 공업 중심 경제 개발, 수출 주도형 성장 중심의 경제 정책

② 제1차 경제 개발 5개년 계획(1962~1966)

　　㉠ 목표 : 공업화와 자립 경제 기반 구축

　　㉡ 내용 : 외국 자본 유치와 국내의 노동력 결합하여 의류·신발·합판 등 경공업 중심

　　　의 수출 산업 육성, 수출 상품의 가격 경쟁력 위해 저임금 정책

　　㉢ 결과 : 연평균 44%의 수출 증가율, 10%의 경제 성장률

③ 제2차 경제 개발 5개년 계획(1967~1971)

　　㉠ 목표 : 산업 구조의 근대화와 자립 경제의 확립

　　㉡ 내용 : 경공업 수출 주도형 공업화 정책 유지, 기초 산업 개발과 철강 공업, 화학 공

　　　업 및 기계 공업 육성, 베트남 파병 특수에 따른 경제 성장

　　㉢ 결과 : 경제 대외 의존도 심화, 외채 급증, 경제적 불평등 심화

④ 제3·4차 경제 개발 5개년 계획(1972~1981)

　　㉠ 정책 재조정

　　　ⓐ 원인 : 차관의 원금 및 이자 증가와 경공업 제품 수출 감소

　　　ⓑ 내용 : 재벌 중심의 수출 주도형 중화학 공업 추진, 외국인 직접 투자 유치, 기업

　　　　에 대한 각종 특혜 제공(8·3조치, 사채동결)

　　㉡ 경제 성장 특징

　　　ⓐ 수출 자유 지역(마산, 이리(익산) 등) : 외국인 기업 유치

　　　ⓑ 중화학 공업 발전 : 포항·광양 제철소 및 울산·거제 조선소 건설

　　㉢ 1차 석유 파동 위기 : 수출과 건설업의 중동 진출로 석유 파동 극복

　　㉣ 사회 간접 시설 확충 : 경부고속도로(1970) 및 공항, 항만 등 확충되어 전국 1일 생활권

　　㉤ 녹색 혁명 추진 : 간척 사업과 작물의 품종 개량(통일벼)으로 식량 생산 증대

　　㉥ 성과 : 산업구조의 고도화와 수출 증대(1977, 100억 달러 수출), 한강 의 기적

　　㉦ 문제점 : 개발 독재의 지속과 재벌 중심의 경제 성장, 빈부 격차 심화

| 시기별 경제 현황 |

구분	경제 성장율	수출입 증가율	수입 증가율	수출 의존도	수입 의존도
1차	7.9%	44.0%	21.5%	11.9%	20.3%
2차	9.6%	33.8%	28.0%	16.1%	26.5%
3차	9.7%	51.0%	32.4%	31.2%	34.3%
4차	6.1%	22.6%	24.9%	37.7%	47.2%

(3) 전두환 정부의 1980년대 경제

　① 경제 위기 : 중화학 공업에의 과잉 투자, 2차 석유 파동(1979), 정치적 불안정

　② 경제 안정화 정책 : 시장 경제의 자율성 도모, 자본 자유화 정책(개방) 실시

　③ 1980년대 중반 이후 : 저금리 · 저유가 · 저달러의 3저 호황으로 수출 증가, 경상 수지
　　　흑자, 년 10% 경제 성장, 1인당 국민소득 5천 달러

　④ 영향 : 경제 발전으로 중산층 증가, 민주화에 대한 열망 증가(6월 항쟁으로 민주화 추진)

(4) 노태우 정부의 경제

　① 내용 : 3저 호황의 종식과 우루과이 라운드의 진행 등 경제 불황

　② 결과 : 아시아 · 태평양 경제 협력체(APEC) 가입(1989)

(5) 김영삼 정부의 시장 개방과 한국 경제(1990년대 이후)

　① 개방 압력 : 우루과이 라운드 타결(1993), 세계 무역 기구(WTO)가 출범(1995)

　② 시장 개방 : 쌀을 제외한 농산물 시장 개방(1994), 경제 협력 개발 기구(OECD) 가입
　　　(1996), 공기업의 민영화 등

　③ 외환위기(1997)

　　　㉠ 원인 : 무리한 과잉투자, 개방화 정책, 대기업의 부도 사태, 외국 자본의 이동 등

　　　㉡ 결과 : 국제 통화 기금(IMF)의 긴급 금융 지원과 관리, 기업 간 구조 조정, 실업자 증
　　　　가, 국가 신용도 하락

(6) 김대중 정부의 외환위기 극복

　① 경제 정책 : 신자유주의 정책을 바탕의 개혁 추진

　② 노사정 위원회(1998) : 구조조정에 따른 실업과 노사문제 해결로 위원회 구성

　③ IMF 관리체제 극복 : 경제 구조 조정 및 금모으기 운동 등

　④ 경제 위기 극복 : 정보 통신 기술, 자동차 공업, 선박 제조, 반도체 생산 등 새로운 산업
　　　성장으로 극복

(7) 노무현 정부 : 한 · 미 무역협정(FTA) 체결, 빈부 격차 해소의 복지 정책 추진, 부동산 값
　　폭등 등 문제는 미 해결

2. 사회 변화와 사회 문제

1) 산업화와 사회의 변화

(1) 도시와 농촌 문제

① 산업화와 도시화

㉠ 변화 : 1960년대 정부의 공업화 정책으로 산업화 과정 전개

㉡ 도시 인구 증가 : 농촌 인구 도시 이동, 공업과 서비스업 발달로 인구 집중

㉢ 문제 발생 : 주택난 · 도시 공해 · 교통난 · 실업 · 빈부 격차 등

② 농촌 사회의 변화

㉠ 농촌 문제 : 농업 인구 감소와 산업화의 진전, 저곡가 정책 등으로 도 · 농간의 소득 격차 확대

㉡ 새마을 운동(1970) : 정부 주도로 농촌 생활환경 개선

ⓐ 배경 : 도시화와 도 · 농간의 소득 격차 확대로 농촌 불만 증가

ⓑ 기본정신 : 근면 · 자조 · 협동

ⓒ 내용 : 농어촌 근대화와 소득 증대 사업, 박정희 정부의 집권 정당화 수단 이용

ⓓ 확대 : 점차 도시로 확대하여 전국적인 의식 개혁 운동으로 전개

㉢ 농민운동 : 가톨릭 농민회 결성, 함평 고구마 사건(1976)을 전개, 1980년대 이후 농산물 시장 개장 압력에 저항, 1993년 우루과이 라운드 협상 타결로 농산물 개방, 농가 부채 증가 등 극복하기 위해 농민운동 활성화

(2) 노동 운동

① 배경 : 노동자의 저임금 정책, 열악한 노동환경, 노동 3권의 유명무실화 초래

② 1970년대 노동 운동

㉠ 전태일 분신 사건(1970. 11) : 근로 기준법 준수 외치며 분신 자살 사건, 학생 · 지식인 지원으로 노동 운동 활성화

㉡ YH 무역 사건(1979. 8) : 여성 노동자 중심 생존권 투쟁, 유신체제 붕괴 계기

③ 1980년대 : 6월 민주항쟁 이후 노동 운동 확산, 대다수 직장 노동조합 결성

④ 1990년대 이후 노동 운동

㉠ 민주 노총 결성(1995) : 노동자 권익을 도모하기 위해 설립된 노동 조합 연맹체, 기존의 한국노총과 경쟁

㉡ 노사정 위원회 구성(1998) : 김대중 정부 실업과 노사문제 해결 위해 구성

㉢ 공무원 노동조합(2004) : 노동 3권 중 단체 행동권을 제외한 단결권과 단체 교섭권 인정

2) 사회 문제 해결을 위한 노력

(1) 시민운동과 환경 운동, 여성 운동

　① 시민 운동 배경 : 1980년대 후반 사회 민주화의 진전과 1990년대 정치 민주화, 지방자
　　치제 실시, 세계화 등 사회적 변화에 대응

　② 시민 운동 활동 : 시민 단체(NGO)구성과 연대 활성화, 사회 개혁 · 복지 · 환경 · 여성
　　문제 등 다양한 사회적 쟁점 해소 노력

　③ 환경 운동 : 급격한 산업화에 따른 환경오염 발생, 환경 파괴 감시와 저지 전개, 환경부
　　설치(1994)

　④ 여성 운동 : 여성의 사회 참여 확대로 역할 증대, 남녀 고용 평등법(1987), 가족법
　　(1991), 여성부 출범(2001), 성매매 금지법(2004), 호주제 폐지(2008)

(2) 사회 보장 제도 발전

　① 산재보험(1964) : 산업재해로 근로자와 사업주 보호 목적 도입

　② 국민연금(1988) : 고령화 사회 대비 국민 생활 안정 위해 연금제도 실시

　③ 의료보험(1989) : 전 국민 의료 혜택을 받을 수 있는 제도 마련

　④ 기초 생활 보장법(1999) : 생활 어려운 국민에게 최소한의 기초 생활 보호 목적

　⑤ 노인 장기 요양 병원(2008)

(3) 해외 이주 동포

　① 이주 동포 증가 : 정부의 해외 이주 장려 정책으로 증가

　② 한민족 네트워크의 형성과 활성화 : 우리 민족 번영과 세계 평화에 기여 목적

3. 현대 문화의 동향

1) 교육 활동

(1) 광복 이후 미군정기

　① 미국식 교육의 도입 : 일제 교육 청산과 미국식 민주주의 교육 도입(6-3-3학제와 남녀
　　공학제의 도입)

　② 조선교육 심의회 : 홍익인간, 애국심 함양, 민주시민의 육성 등 교육이념 채택

　③ 문제점 : 한국사회의 현실과 민족교육이념 무시한 미군정의 교육정책과 갈등

(2) 이승만 정부

　① 교육기관 확충 : 국립대학 및 고등교육기관의 설립과 초 · 중등 교육기관 팽창

② 의무교육규정 및 교육 기본이념 : 헌법에 초등학교 의무교육 규정과 홍익 인간을 교육 기본이념으로 하는 교육법(1949)제정

③ 6 · 25전쟁 중의 교육

　　㉠ 교육의 중점 : 반공필승 신념과 집단 안보의식의 이념 고취, 국방교육 등 강조

　　㉡ 교육자치제(1952) : 자치제 실시로 의무교육을 추진하는 밑바탕

(3) 장면 정부 : 3대 방침인 학원 정상화, 사도확립, 교육 중립성 확보를 제시

(4) 5 · 16 군사정부 : 인간개조운동과 재건국민운동 강력 추진, 교육자치제 폐지

(5) 박정희 정부 : 반공교육 기초, 인간개조, 빈곤타파, 문화혁신 등 실천 강화

① 1960년대(3공화국)

　　㉠ 명목상 교육자치제 부활 : 교육의 중앙집권화와 관료의 통제

　　㉡ 국민교육헌장 선포(1968) : 민족주의적 · 국가주의적 교육이정표 제시

　　㉢ 군사교육실시 : 4 · 19혁명 후 해체된 학도호국단을 다시 편성 군사 교육실시

　　㉣ 대학 예비고사제 실시(1969) : 과도한 입시경쟁과 대학의 정원이상 모집 방지

　　㉤ 중학교 무시험 진학제도(1971) : 1968년 서울, 1971년 전면 실시

② 1970년대(4공화국)

　　㉠ 국사와 국민윤리교육의 강화 : 교육을 통한 식민지 잔재 청산 목적 국사교과서 국정화(1973), 반공 및 도의교육으로 하는 국민 윤리교육 강화와 새마을교육 실시

　　㉡ 고교 평준화 실시(1974) : 과열된 고교 입시 준비교육 해소 목적

(6) 전두환 정부 : 국민정신교육 강조, 통일 안보교육, 경제 교육, 새마을 교육 실시

① 1980년대 전반 : 대학입시 본고사 폐지하고 내신제를 도입한 대학입시 제도와 함께 과외금지(1980) 조치, 두발 및 교복 자율화(1984)

② 1980년대 후반 : 교육개혁심의회가 대통령직속기구로 설치(1985), 전국 교직원 노동조합 결성(1989)하여 참교육 주장

(7) 노태우 정부(1988~1993) : 전문대 교육 강화, 지방대학 육성, 특목고 확충

① 컴퓨터 교육 강화(1988) : 초중고 정규과목으로 신설

② 기타 : 과외허용(1989), 초등학교 중식 제공(1991)

(8) 김영삼 정부(1993~1998) : 대학수학능력시험 전면 실시(1993), 국민교육헌장 삭제(1994), 국민학교를 초등학교로 개칭(1996)

(9) 김대중 정부(1998~2003) : 교육정보화 사업으로 전 교원 컴퓨터 제공 및 교실에 멀티미디어 시스템 구축, 고등학교 급식 전면 실시(1999), 중학교 의무교육(2002) 등

(10) 노무현 정부(2003~2008) : 신자유주의에 입각한 교육 개방, 초중고 주5일 수업(2003),

고등학교 수·우·미·양·가 폐지(2005), 교원평가제 전면 실시(2008) 등

(11) 이명박 정부(2008~2013) : 영어교육 강화, 서울 초·중학교 원어민 영어교사 배치
    (2009) 등

2) 학술 활동

(1) 광복 후 우리 학계의 과제 : 식민사관의 청산과 전통문화에 대한 재정립 필요

(2) 한국학 연구의 발전

　① 우리말 큰 사전 완간(1957) : 한글학회가 조선어학회사건으로 중단된 사전 완간

　② 식민사관 극복과 민족주의적 성격 강화 : 역사 발전과 식민사학의 폐해를 극복

　③ 한국학 연구의 진전 : 한국 정신문화연구원에서는 한국 민족문화대백과 사전 편찬

3) 언론의 발전

(1) 광복 이후 미군정기

　① 자유주의적 언론정책 : 언론의 자유 허용

　② 좌익신문에 대한 통제(등록제→허가제)

　　㉠ 좌·우익의 대립 : 편향적 보도와 특정세력의 선전지 역할(좌 : 해방일보(공산당 기
　　　관지), 조선인민보·우 : 조선일보, 동아일보)

　　㉡ 조선정판사 위조지폐사건(1945. 10) : 조선공산당의 정치자금 조달하기 위해 정판
　　　사에서 위조지폐 발행, 이 사건으로 미군정은 남한 내 공산당 활동 탄압

　　㉢ 언론계의 중심역할 : 허가제로 전환, 좌익신문 정간으로 우익신문 중심 역할 담당

(2) 1950년대 : 이승만 정부 국가보안법 개정안을 통해 언론통제 및 탄압(경향신문 폐간
    (1959)

(3) 1960년대 이후

　① 장면 정부 : 4·19혁명 이후 허가제 폐지 등록제 시행으로 언론매체들 난립

　② 박정희 정부 : 5·16혁명 이후 언론 통폐합 단행

　③ 텔레비전 방송 : 본격적 대중문화 발달 기여, 신문에서 텔레비전으로 언론 매체 전환

　④ 1970년대 : 언론자유수호선언 발표(1971. 4), 언론 자유 항거하는 기자 해직

(4) 1980년대 이후

　① 전두환 정부의 언론 탄압 : 보도지침 시행하고 언론 통폐합 비판적 성향 기자 해직, 언
　　론기본법 통해 언론기관 완전 장악

　② 언론기관의 권력화 : 언론기관과 권력기관의 유착관계로 여러 가지 문제점 발생

③ 방송의 탈정치화 유도 : 3S정책으로 여론 무마 및 대중 정치적 무관심 유도

④ 언론의 자유 확대 : 6월 민주 항쟁 이후

(5) 1990년대 이후 : 언론과 권력기관의 유착관계 심화, 인터넷 및 다양한 언론매체가 등장

4) 사상과 종교 활동

(1) 사상

① 광복 이후 이념 혼재 : 민족주의는 정치·사회적으로 남용, 민주주의는 일부 독재 정치로 큰 시련, 남북 분단 상황에서 반공 이념이 강조

② 1960년대 이후 : 민주화의 진전으로 민족주의와 민주주의가 중요한 이념 부각

③ 1980년대 이후 : 5·18 및 6월 민주 항쟁 등으로 민족주의·민주주의 이념 고착

④ 1980년대 말 이후 : 동유럽 사회주의 몰락으로 냉전 체제 붕괴로 남북 간 화해의 기운 고조

(2) 종교 활동

① 유교계

㉠ 유도회 총본부 구성(1946) : 유교정신 선양과 사회질서 확립 및 윤리적 가치 실현하고자 노력

㉡ 성균관 대학 설립(1946. 9)

② 불교 : 일대 혁신 운동을 통하여 농촌 및 도시에 지속적 발전 이룩

③ 개신교 : 많은 교단 혼잡, 교단통일과 사회참여 모색하여 선교활동 강화

④ 천주교

㉠ 경향신문과 경향잡지 재발간

㉡ 1970년대 이후 : 천주교정의구현 전국사제단이 민주화운동에 공헌

㉢ 교황 방한(1984) : 103위 순교자의 시성 등 획기적 발전 이룩

⑤ 기타 종교계 : 민족종교인 천도교와 대종교·원불교는 그 나름대로 기반 확립과 교세 확장 노력

5) 문화 활동과 과학기술의 발전

(1) 문화 활동

① 광복 직후 ~ 1950년대

㉠ 좌·우익의 대립 : 일제부터 지속된 문화 색체가 분단과 함께 확연히 드러남

㉡ 갈등과 고조의 확산 : 조선문학건설중앙협의회(좌익)·전국문화단체총 연합회(우

익)의 발족과 사상 논쟁 가열, 문학 및 예술계 심각한 대립

　　ⓒ 6·25전쟁 이후 : 미국식 자유주의 문화 주류, 순수문학과 반공문학 중심 발달

② 1960년대 : 대중문화 본격적 성장 시작

　　㉠ 참여문학론과 민족문학론 대두 : 4·19혁명 후 사회현실에 대한 참여와 민족 문학의 확립 주장하는 움직임 대두

　　ⓒ 대중화의 토대 마련 : 국립극장 및 드라마센터 등 건립, 대학 예술분야 학과 설치

③ 1970년대 : 20대 젊은 층 중심의 청년문화 등장

　　㉠ 민족문학론 확산 : 계간지 창작과 비평·문학과 지성 등

　　ⓒ 민중문학운동 : 노동자 및 농민 등 민중의 생활현실을 다루는 문학작품 전개

　　ⓒ 정부 지원 : 세종문화회관(1978) 및 문예진흥원 등 건립

④ 1980년대 이후 : 대중문화의 새로운 소비 집단은 10대 청소년층 등장

　　㉠ 대중문화 발전 : 경제 발전으로 영화·가요 등 다양한 성격의 대중문화 발전

　　ⓒ 민중예술 발전 : 소극장 중심 문화활동 활성화, 탈춤 등 전통적 민중 예술 부흥

　　ⓒ 포스모더니즘 등장 : 기존 문화의 틀에서 벗어나 자유분방한 경향 추구

⑤ 2000년대 : 1990년대 이후 일본과 중국, 동남아시아 등에서 생긴 한류는 선풍적 인기

⑥ 문제점 : 전통문화는 점점 대중화와 서양화에 밀리고 감각적, 상업적 대중 문화 성행

(2) 과학 기술의 발달

① 1950년대 : 원자력 연구소 설립(1959)으로 연구개발과 생산 및 이용 촉진

② 1960년대

　　㉠ 과학기술진흥 5개년 계획(1962~1966) : 과학기술 발전 토대 마련

　　ⓒ 한국과학기술연구소(KAIST) 설립(1966) : 해외에 활동하는 우수한 인재 유치하여 과학단지 조성 및 연구소 설치

③ 1970년대 : 한국과학원을 통한 과학자 양성 및 과학재단 설립하여 연구비 지원

④ 1980년대 : 과학기술원과 과학기술대학의 건립으로 인재 양성 및 첨단 과학 기술 분야에 이르기까지 획기적 발전

⑤ 1990년대 : 다목적 실용 인공위성 발사, 우리별 1호(1992. 8)·2호(1993. 9)·3호(1999. 5) 등 우리나라 과학기술 우수성을 보여줌

⑥ 고속 철도 사업(2004) : 경부선 철도의 여객 수송 문제점 해소 목적 프랑스 KTX 도입, 2010년 한국 독자기술로 개발한 KTX 산천 운행중

6) 체육 활동

(1) 1960년대 : 박정희 정부는 태릉선수촌을 설립(1966)하여 지도자 및 국가 대표 선수 강화훈련으로 엘리트 육성

(2) 1980년대

① 체육 경기 발전 : 전두환 정부는 프로야구 및 프로축구, 민속씨름, 프로농구 등 창설하여 체육 경기는 하나의 산업으로 발전

② 10회 아시아 경기대회(1986) : 서울 개최, 종합 2위 달성

③ 서울 올림픽(1988) : 올림픽을 유치 종합 4위 달성, 한국의 발전과 역량 과시

(3) 1990년대

① 남북 체육 회담(1990) : 남북통일 축구 서울과 평양 개최

② 남북 단일팀 참가(1991) : 41회 세계 탁구 선수권 대회, 6회 세계청소년 축구대회

(4) 한 · 일 월드컵(2002) : 한국과 일본의 공동 개최한 월드컵, 한국 4강 신화 달성

7) 의식주의 생활 변화

(1) 의생활의 변화

① 시대별 변화

㉠ 광복 이후 : 일제 강요로 입은 국민복과 몸뻬 퇴출하고 다시 한복착용

㉡ 6 · 25전쟁 후 : 나일론 소재 블라우스(여성), 물들인 군복(남성)

㉢ 5 · 16정변 후 : 신생활 재건운동 추진, 남성(재건복), 여성(신생활복) 권장

㉣ 1980년대 이후 : 캐주얼웨어 인기, 스포츠 · 레저용 의류 소비 증가, 텔레비전 영향으로 의복의 색상이 화려하고 다채로워짐

② 여성 의류 변화

㉠ 1950년대 : 플레어스커트 · 맘보바지 · 타이트스커트 등 유행

㉡ 1960년대 : 미니스커트와 바지통이 넓은 판탈롱 등장

㉢ 1970년대 : 다양한 양장 모델(미니, 맥시, 핫팬츠 등)과 기성복 시대

③ 남성 의류 변화

㉠ 1970년대 : 통기타와 팝송 상징하는 청년문화 복장인 청바지와 장발 유행

㉡ 1980년대 이후 : 기성복 시대

(2) 식생활의 변화

① 광복 이후 : 인구의 빠른 증가

② 6 · 25전쟁 후 : 베이비 붐 현상으로 식량난, 미국 원조의 잉여생산물(밀가루 등)과 정

부의 보리혼식 및 분식 장려

③ 1970년대 중반 : 쌀의 자급 달성(1977), 밀·콩·옥수수 등 수입 증가

④ 1980년대 이후 : 식생활 서구화로 가공식품과 동물성 식품 소비 증가, 쌀 생산의 과잉 상태, 생활 습관병과 비만 등 문제 발생

⑤ 1990년대 : 건강식품 인기, 무공해 유기농산물 관심 증가

(3) 주택의 변화

① 휴전 이후 : 재건 주택(유엔 한국 재건단의 원조로 건립된 9평정도의 흙 벽돌집)

② 1960년대 : 도시의 새로운 주거 형태 아파트 등장

③ 1970년대 : 강남과 잠실 아파트 단지 건설, 서울 달동네의 빈민촌 형성

④ 1980년대 : 전국적 대규모 아파트 단지 형성, 달동네 및 판자촌 재개발

⑤ 1990년대 : 서울 주변 신도시 건설, 지방 도시 아파트 확산, 국민 절반 이상 거주

4. 올바른 동북아시아 역사 인식의 자세

1) 한국과 중국의 역사 분쟁(동북 공정)

(1) 중국의 동북 공정 추진 : 중국 동북 3성(랴오닝성, 지린성, 헤이룽장성) 위원회 참여 2002년부터 학술 연구 프로젝트 추진(고구려사와 발해사를 중국사로 편입 목적)

(2) 중국이 주장하는 동북 공정 내용

① 고구려와 발해가 중국의 한 지방 정권이다.

② 부여와 고구려는 중국의 상 왕조와 같은 혈통의 사람이 세웠다.

③ 발해는 중국 정부에 귀속된 말갈의 수령인 대조영이 세웠다.

(3) 간도 문제 : 간도 협약(1909) 이후 간도 중국 영토 편입, 조·중 변계 조약(1962)에는 백두산 영토에 대한 결정, 간도 문제는 언급 되지 않음

(4) 동북공정 추진 의도 : 한반도 통일 시 발생 가능한 영토 분쟁 미리 차단 목적

2) 한국과 일본의 역사 분쟁

(1) 독도 영유권 문제

① 연합국 최고 사령관 훈령

㉠ 2차 세계대전 종결 후 : 연합국 일본이 침략하여 빼앗은 영토 반환 작업 시작

㉡ 연합국 최고 사령관 각서(1946. 1) : 제주도·울릉도·독도 한국에 반환

© 최고 사령부 지령 제1033호(1946. 6) : 일본 어부

　　　② 미국 연합국의 옛 일본 영토 처리 합의서 작성(1950) : 합의서 3항 한국 본토와 부
　　　　속 섬들은 대한민국 주권에 완전 이양 명시

　② 샌프란시스코 강화 조약과 한국의 평화선

　　　⑤ 샌프란시스코 강화조약(1951. 9) : 제2조 일본의 한국독립 승인과 한국에 대한 모
　　　　든 권리·권원 및 청구권 포기 명시

　　　⑥ 정부 발표(1952) : 인접 해안의 주권에 대한 대통령 선언 발표(독도 포함)

(2) 일본 역사교과서의 한국사 왜곡 : 학생들에게 잘못된 역사 인식 강화 목적

(3) 식민지 지배의 청산 문제 : 보상 문제 및 군대 위안부 문제 등 미 해결

(4) 영토 갈등에 선 일본 : 최근 일본 우경화 경향(평화 헌법 개정)

　① 센카쿠(조어도)열도 영유권 문제 : 중국이 청·일 전쟁 중 빼앗긴 영토 반환 요구(일본
　　의 점유권 주장)

　② 쿠릴 열도 문제 : 2차 세계대전 후 소련이 러·일 전쟁으로 사할린 남부와 북방 4개 섬
　　차지(일본은 4개 섬(쿠릴 열도) 반환 요구)